대한민국 국부 도산 안창호

대한민국 국부
도산 안창호

박만규 지음

역박엽

도산 국부론에 대하여

반세기 넘는 세월 동안 도산 선생을 사숙해 왔다. 돌아보면 처음에는 상당한 기간 동안 저자 스스로가 아직 정신적으로 미숙해서 도산 선생의 정체가 무엇인지 혼란스럽고 그래서 방황하기도 했다. 그러나 공부를 계속하면서 점차 오늘과 같은 저자 나름의 확고한 도산관을 정립하게 되었다. 그런 도산 선생의 진면목을 널리 알려야겠다는 생각이 커져 왔고 나아가 선생의 간절한 꿈과 소망을 오늘에 접목해 되살리고 실천하는 데 기여해야겠다는 사명감까지 갖게 되었다.

그 과정에서 틈틈이 쓴 글들을 모아 이번에 두 권의 책을 펴내게 되었다. 하나는 논문들을 모아 『도산 안창호의 민족혁명론』이라고 이름 지었다. 그 밖의 소논문, 기고문, 특강녹취록 등의 다양한 원고들을 모아 『대한민국 국부 도산 안창호』로 엮게 되었다. 주위의 몇몇 분들에게 이런 저간의 경위를 상의했더니 대부분 의아하다는 표정이었다. 책의 제목들이 선뜻

이해되지 않는다는 반응이었다. 특히 '도산 국부'론에 대해서는 다들 반대였다. 취지는 이해하나 걱정된다는 것이었다. 몇 가지 이유에서였다.

첫째는, 너무 낡은 표현이 아니냐는 것이었다. 지금 세상에 무슨 국부 타령이냐는 다소 감각적인 반응이었다. 둘째는, 오히려 도산 선생의 격을 떨어뜨릴 수 있다는 진정 어린 우려였다. 지금까지 많이 사용되어 온 민족의 스승이나 사표가 더 무난하고 품격 있는 것 아니냐는 생각이었다. 셋째는, 요즘처럼 진영 간 대립이 첨예한 시기에 도산 선생을 상당한 정치적 함의까지 포함된 듯한 국부로 표현하게 되면 공연한 비판과 논란을 불러올 수도 있다는 진지한 걱정이고 반대였다. 넷째는, 남북분단의 상황에서 도산을 남한만의 대한민국 국부로 표현하는 것은 매우 부적절하다는 지적도 날카로웠다. 명색이 역사학자로서 역사의식의 심각한 결핍 아니냐는 비판이었다.

그럼에도 불구하고 저자는 애초의 생각을 그대로 가져가기로 했다. 나름 다 일리 있는 지적이고 우정 어린 충고들이어서 고마웠지만 암만 생각해 보아도 더 이상의 다른 표현을 찾을 수 없었다. 국부라는 말이 진부한 발상이고 표현이라는 점은 저자보다 뒷 세대의 어느 누군가가 극복해 주기를 기대할 수밖에 없다. 지금 나로서는 다른 적당한 말을 찾지 못하고 있기 때문이다. 한때 열렬한 도산 전도사였던 이당 안병욱 선생께서는 일찍이 도산을 '민족의 스승, 겨레의 사표'라고 정의한 바 있었다. 나도 거기에 흔쾌히 동의한다. 진실로 그의 인격과 도덕성은 그 영광된 표현에 조금도 부족함이 없다고 생각하기 때문이다. 그러나 도산을 그런 정신적 윤리적 잣대만으로 평가할 수만은 없다고 본다. 그는 매우 실질적이고 실천적인 분이기도 했다. 대한민국을 하나의 건축물에 비유하면 그는 설계자였고 기초 공사까지도 직접 수행한 분이기도 했다. 비록 그 준공식에 참석해 테이프를 끊지는 못했지만 적어도 가장 큰 공로자로서 그 업적까지를 담는 데는 '대한민국의 국부'라는 타이틀이 가장 근접한 표현이라고 생각한다. 세 번째의 지적에 대해서는 사실 저자로서도 약간의 염려가 없는 것은 아니다. 우리 사회의 풍토가 서로 견해가 다를 때 차분한 토론이 아니라 감정적이고 맹목적인 비난을 앞세우는 경우가 많다고 여기기 때문이다. 그러나 필요하다면 이 점은 충분히 감내할 수 있다고 스스로 믿고 있다. 마지막 지적에 대해서도 최소한의 답이 필요하다고 본다. 해방 전에 돌아가신 도산 선생께서 소망하고 추구했던 대한민국 혹은 대한공화국은 물론 오늘의 남쪽만의 반쪽 국가일 수는 없다. 당연히 한반도를 포괄하는 민족국가였다. 대한민국은 도산이 소망한 그 통일 민족국가를 표상하는 국호였다고 말하고 싶다. 도산은 일찍부터 대한이라는 말을 애용하였다. '대한 민족' '대한 강산' 등의 말을 늘 사용하였다. 장차 어느 시기에 남북이 다시 화해하고 나아가 합쳐지게 되면 그때 국호가 반드시 대한민국이리라는 보장은 없다. 그때 가서 민족 구성원들의 다수 의견에 따라 결정될 것이다. 그러나 그 통일국가는 국호가 무엇이든 반드시 지난 20세기 전반 도산이 꿈꿨던 대한민국과 정신적으로 강하게 연결되리라고 믿기 때문에 큰 문제가 되지 않는다고 생각한다.

 어쨌든 여러모로 부족하지만 『대한민국 국부 도산 안창호』를 표제로 한 이 책이 도산 선생 개인을 추앙하는 데 그치지 않고 우리 나라와 겨레

의 과거와 오늘을 성찰하고 내일을 모색하는 데 작은 참고라도 될 수 있
다면 큰 보람이겠다.

이 책을 흔쾌히 펴내 준 역사바로잡기연구소의 황현필 소장님과 실무
를 맡아 정성을 기울여 준 공정범 출판대표 그리고 공지영 선생께 깊은
감사를 드린다.

2022년 11월 9일
도산 안창호 선생 탄신 144주년 기념일에, 박만규 씀

차례

2부   진정한 민주공화국을 향한 대공주의 大公主義 정립

3부   도산 안창호의 리더십

1부

민주공화국가 대한민국 디자인

I. 20세기 초 청년 안창호의 대한민국 설계

1. 1906년 말 안창호의 〈민족혁명 구상도〉

안수산 여사를 비롯한 도산 안창호 선생의 유족들이 독립기념관에 기증하여 보관되고 있는 도산의 유품 속에는 2장짜리 친필 메모지가 포함되어 있다. 그중 한 장은 초안본이고 또 한 장은 그 초안본을 조금 다듬어 다시 쓴 정서본인데 약간의 차이는 있으나 내용은 거의 같다. 이 메모들은 1999년에 발간된 총 14권의 『도산안창호전집』 중 제1권에 사진판으로 실려 각각 〈독립운동 구상초안〉(1910년대)과 〈독립운동 구상안〉(1910년대)이라는 이름으로 공개되어 있다.

도표 형식의 이 메모들은 아주 간략하고 따라서 분량도 많지 않으나 담고 있는 내용은 실로 그 의미가 크고 깊다. 왜냐하면 우리 민족이 국권 상실 직전의 암울한 상황에서 어떻게 다시 살아날 것인가 하는 데 대한 대비전과 구체적인 전략을 담고 있기 때문이다. 한국 민족 전체의 입장에서 보면 지난 20세기 초 제국주의의 격랑에 휘말려 있던 절체절명의 시기에 참으로 지혜롭게도 민족 부활의 완벽한 방안을 창출해 냈음을 뜻하고, 그 작성자인 안창호 개인으로 보면 일생을 견지해 갈 민족운동의 대방침을 확립한 것이었다.

군이 그 가치를 비견하자면 우리 근현대사 속에서는 〈기미독립선언서〉가 3·1운동의 대의를 밝힌 대문장이라 할 수 있거니와, 도산의 〈민족혁명 구상도〉는 그보다 훨씬 더 큰 민족사적 의미를 담고 있는 문건이다. 왜냐하면 〈기미독립선언서〉는 단지 식민지하 한국 민족이 내외에 자주독립의 의지를 천명한 것인데 비해, 도산의 〈민족혁명 구상도〉는 그런 의지는 물론이고 한국 민족이 당시 처해 있던 가장 밑바닥에서부터 장차 도달할 가장 높은 최고 목표까지의 치밀한 설계를 아울러 담고 있기 때문이다.

〈민족혁명 구상도〉 초안본

〈민족혁명 구상도〉 정서본

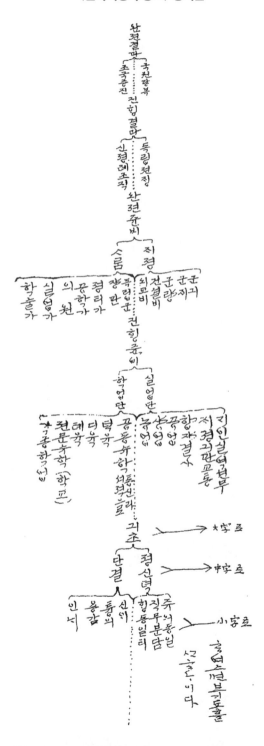

그런데 이제 그 내용에 대한 검토에 앞서 그 작성 시기에 대한 오해를 먼저 바로잡고, 〈민족혁명 구상도〉라는 필자 나름의 작명에 대해서도 간단히 설명해 두려고 한다.

『도산안창호전집』에서는 〈독립운동 구상초안〉과 〈독립운동 구상안〉이라는 제목 뒤에 각기 '1910년대'라고 부기하였기 때문에 자연스럽게 1913년의 흥사단 창립 준비와 직접 관련된 것으로 이해하게 하였다. 그래서 다들 그렇게 알고 있으나 실제로는 흥사단 창립보다 6년 반 이상 앞선 1906년 말에 작성된 것이다. 그 근거는 다음과 같다.

우선, 초안본과 달리 정서본에서는 실질 내용과는 관계없이, "큰 글자 大字로, 중간 글자中字로, 작은 글자小字로 하였으면 보기 좋을 듯하나이다."라는 말을 부기해 놓고 있다. 그런데 이는 도표 형식 문서의 시각적 효과를 높이기 위해 주변의 정서인에게 당부한 것이거나, 아니면 인쇄를 전제로 하면서 편집자에게 당부한 말이라 할 수 있다. 즉 도산이 어떤 계기에 사용하기 위해 좀 더 정돈된 정서본 혹은 활자 인쇄본을 필요로 했음을 말한다. 전자라면 도산이 소수 몇 사람과의 회합 시에 사용할 예정이었을 듯하고, 후자라면 여러 사람에게 보여주기 위해 인쇄를 하려 했던 것이라 생각해 볼 수 있다.

그런데 당시 도산의 정황으로 보면 그럴 필요성은 다음 세 가지 경우 가운데 하나였을 것으로 짐작된다.

첫째는, 미국에서 교민단체인 공립협회의 총회장으로 활동하던 도산이 1905년 11월 을사늑약 체결 이후 국내에서 본격적인 구국운동을 전개하기로 결심하고 나서, 1906년 말부터 1907년 초에 공립협회의 간부 동지들과 리버사이드에서 회합한 일이 있었다. 이때 몇몇 동지들과의 토의 자료로 공람하기 위해 한두 장 혹은 몇 장을 정밀 정서해 달라고 주위에 부탁하지 않았을까 하는 추정이 가능하다.

둘째는, 귀국한 다음에 국내 동지들에게 자신의 구국운동 구상을 쉽게 설명하려고 미국 출발 전에 미리 인쇄해 두려 했을 것이라는 추측도 가능하다.

셋째는, 전집에서의 이해처럼 1913년 흥사단 창립을 앞두고 주위 사람들에게 그 취지를 설명하고 입회를 권유하기 위해 다량을 인쇄하려 했을 수도 있다.

나는 첫째의 1906년 말부터 1907년 초 리버사이드에서 소수 동지들과의 토의용 준비 자료였으리라고 판단하고 있다. 왜냐하면 우선 둘째와 셋째의 인쇄용이라 할 경우 공식 문건으로서는 그 형식과 내용이 적절하지 않으려니와 다량의 인쇄를 했다면 그동안 도산의 유품을 포함해 어딘가에서 발견되었을 법한데 아직까지 그런 사실은 없다. 더욱이 둘째의 경우라면 국내에 불온한 내용의 인쇄물을 휴대하고 가서 내보이거나 배포하는 일 자체가 비밀결사를 조직하려는 입장에서 매우 위험한 일일 터였다.

셋째의 경우도 가능성이 없다. 무엇보다 내용적으로 맞지 않기 때문이다. 즉 만약 흥사단 창립을 눈앞에 두고 작성된 것이라면 기초 단계의 정신적 단결 부분에서 4대 덕목이 무실, 역행, 충의, 용감으로 기재되었을 것이다. 그런데 메모의 정서본에서는 신애, 충의, 용감, 인내로 표기되어 있다. 그런가 하면 초안본에는 무실, 역행, 충의, 신애, 인내, 용감 6개로 기록되어 있다. 즉 1913년에 창립된 흥사단의 4대 덕목과는 차이가 있는 것이다. 참고로 흥사단 창립 4년 전인 1909년에 신민회 활동의 일환으로 조직한 청년학우회의 덕목은 무실, 역행, 자강, 충실, 근면, 정제, 용감 등 7개였다. 즉 도산 자신도 한말 당시에는 장차의 흥사단 4대 덕목을 확정하지 못한 채 숙고를 거듭하는 과정에 있었음을 말해주고 있다.

이런 요소들을 두루 감안해 볼 때 〈민족혁명 구상도〉의 작성 시기는 공립협회 핵심 간부들과의 리버사이드 모임 직전인 1906년 말경으로 판단된다. 즉 동지들과의 중요한 회합을 앞두고 그 준비 자료로 도산이 정성을 기울여 작성한 것이다. 이때 도산은 공립협회의 창립 및 전임 총회장이자(당시 1906년 4월부터 2대 총회장은 송석준이었다.) 실질적인 최고 지도자였으며 그의 나이 만 28세였다.

이들 메모의 성격에 맞는 명칭에 대해서도 생각해 보기로 하자. 나는 『도산안창호전집』에서 이름 지은 〈독립운동 구상안〉 대신 〈민족혁명 구상도〉라고 부르려고 한다. 왜냐하면 이 메모에 담긴 내용을 곰곰이 음미해 보면 단지 을사늑약으로 침탈당한 국권의 회복, 즉 일제로부터의 독립만을 목표로 한 것이 아니고, 한국 민족의 완전한 혁신과 대한제국을 대신할 대한민국의 건설이라는 국가의 근본적 혁명을 목표로 한 것이었기 때문이다.

즉 도산은 당시의 국체를 군주국인 대한제국에서 민주공화국가인 대한민국으로 완전히 새롭게 변혁하려 하였다. 동시에 2천만 한민족을 지금까지처럼 군주의 소유물인 한갓 백성으로 놔둔 채 국권의 회복과 수호만을 목표로 한 것이 아니고 사회와 나라의 주인인 시민과 국민으로 혁신하려고 하였다. 즉 민족과 국가의 양면에서 기존의 존재들과는 완전히 다른 새로운 존재로의 한 단계 지양, 이를테면 〈새로운 민족, 새로운 나라新民新國〉로 바꾸려는 생각을 담았기 때문에 혁명이라는 개념이 가장 합당하다고 생각된다. 또한 이때의 민족은 한반도 내 인적 집합으로서의 민족만이 아니고 20세기 전반 상실당한 국가까지를 포괄하는 넓은 의미의 민족이라 할 수 있다.

아울러 그가 당시 이 같은 민족혁명의 최대 장애물로 대두해 있는 일본 제국주의를 주체적인 무장투쟁, 즉 장차 전 민족이 동참하는 독립전쟁을 통해 척결하려고 한 사실도 민족혁명이라는 말뜻에 잘 부합한다. 그는 당시 혼란스럽게 제기되던 국권 회복의 여러 방안들을 독립전쟁을 전제로 한 독립전쟁준비론으로 종합함으로써 비로소 다양한 부분과 다양한 차원에서 전 민족의 참여가 가능하도록 하였다. 대한제국 정부의 외교론이나 의병들의 무조건적인 즉각투쟁론은 매우 한정된 소수만이 참여할 수 있는 방안이었지만, 독립전쟁준비론은 일상생활의 전부가, 즉 공부하는 것도, 갖가지 방면에서 돈 버는 것도 신민신국이라는 그 목적의식만 함께 공유한다면 다 함께 전쟁준비의 일환으로 승화될 수 있었다.

따라서 민족혁명이라는 개념은 당시의 한국 민족이 당면한 시대적 과제에 대한 근본적이고 총체적인 응답을 담은 것이며, 동시에 민족 전체가 그 혁명의 대상이자 주체이기도 하였다. 그 점에서 독립운동이라는 한정된 개념보다 더 포괄적인 민족혁명 개념이 적합하다고 생각한다. 그래서 그런 취지를 담은 도산의 도표 형식 문서의 명칭은 〈민족혁명 구상도〉가 정확하다고 본다.

2. 〈민족혁명 구상도〉에 담긴 내용

이제 메모에 담긴 내용을 구체적으로 살펴보자.

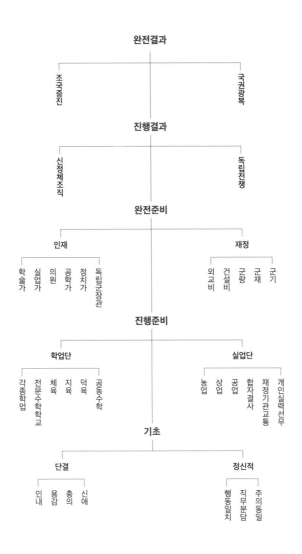

그는 우리가 가야 할 민족혁명운동의 진행 경로를 크게 다섯 단계로 상정하고 있었다. 즉 (1) 기초, (2) 진행준비, (3) 완전준비, (4) 진행결과, (5) 완전결과 다섯 단계였다. 위의 각 단계별 구상에 대해 그가 남긴 각종 말과 글 그리고 실천 활동들을 참작하면서 좀 더 부연해 설명하면 다음과 같다.

(1) 기초는 신애, 충의, 용감, 인내 등의 덕목을 가진 건전한 인격의 인물들을 주의의 동일主義同一, 직무의 분담職務分擔, 행동의 일치行動一致라는 원칙 아래 공고히 단결하도록 훈련함으로써 민족운동의 근간이 될 지도적 인물들을 양성하는 단계이다.

(2) 진행준비는 위의 기초 단계를 통해 배출된 지도적 인물들이 학업단과 실업단을 만들어 조직적으로 인재와 재정을 축적해 가는 단계이다. 학업단은 통신 혹은 서적을 통한 공동수학共同修學이나 학교 교육을 통한 전문수학專門修學 등으로 덕육德育, 지육智育, 체육體育의 학업을 수행하는 조직체를 결성하여 활동하는 것을 말한다. 실업단은 농업, 상업, 공업을 위한 회사를 조직하고 금융기관과 교통기관을 만들며 아울러 개인들의 경제력을 제고(개인 실력 선무)하는 모든 활동을 포함하였다.

(3) 완전준비는 위의 학업단과 실업단의 활동에 의해 각 부문의 인재들이 속속 양성되고 앞으로 소요될 재정이 착착 확보되는 단계이다. 즉 장차 적절한 기회에 결행할 독립전쟁에 대비한 군사비와 건설비 및 외교비가 비축되고, 독립군 지휘관을 비롯하여 정치가, 기술자, 의사, 실업가, 학자 등 각 분야 전문 인재의 확보가 이루어진 단계를 말한다.

(4) 진행결과는 마침내 일본과 독립전쟁을 결행하고, 그와 동시에 새로운 국가와 정부를 수립新政體組織하는 단계이다.

(5) 완전결과는 독립전쟁을 통해 일제를 구축하여 국권을 완전히 되찾은國權光復 다음, 새로 세운 나라를 문명부강한 국가로 가꾸어 가는祖國增進 단계이다.

여기서 보듯이 안창호는 압도적인 무력을 가진 일제의 국권 침탈이라는 최악의 상황에 직면해 있으면서도 두려워 회피하거나 절망하여 좌절하지 않고 오히려 민족의 자주독립과 번영 그리고 발전의 원대한 이상을 가꾸어가면서 그에 도달하기 위한 신민신국의 민족혁명운동의 전체 도정을 매우 정밀하게 그리고 있었던 것이다.

이제 여기서는 그의 민족혁명 구상을 보다 선명히 이해할 수 있도록 이를 세 단계로 집약하여 이해해 보기로 하자.

첫째, 기초단계이니 이는 위의 (1) 기초에 해당한다. 건전한 품성과 유능한 자질을 가진 청년들을 모집하여 조직적으로 인격훈련과 단결훈련을 시켜 민족운동의 엘리트 간부 집단으로 양성하는 과정을 말한다.

둘째, 준비단계이니 이는 위의 (2) 진행준비와 (3) 완전준비에 해당한다. 기초단계를 통해 배출된 간부급 인물들이 각 방면에서 조직적으로 교육 및 산업의 실력배양운동을 전개해 광복운동과 독립국가 건설의 과정에서 필요한 각 분야의 전문 인재 및 재정을 널리 확보해 가는 것을 말한다.

셋째, 운동단계이니 위의 (4) 진행결과와 (5) 완전결과에 해당한다. 준비단계를 통해 확보된 인재와 재정의 축적된 실력을 바탕으로 적절한 기회를 포착하여 본격적인 독립운동 곧 일제와 독립전쟁을 결행함으로써 국권광복을 달성한 다음, 한 걸음 더 나아가 문명부강한 자주독립의 근대국가를 건설해 번영을 누리는 것을 말한다.

안창호는 이 같은 구상에 따라 실제로 일생을 민족혁명운동에 헌신하였다. 그의 평생 동안의 활동을 개관해 보면 쉽게 확인되는 일이다. 그가 한말에 귀국해서는 국내에 청년학우회(1909)를 설립했으며 미국에 망명해서는 흥사단(1913)을 세웠던 것은 널리 알려진 사실인데, 이는 혁명운동에 헌신할 지도적 인물 곧 민족운동의 청년간부 양성을 가장 기초적인 일로 본 총체적 구상의 일환으로 나온 것이었다. 그가 직접 작성한 흥사단의 약법은 다음과 같았다.

"본 단의 목적은 무실역행으로 생명을 삼는 충의 남녀를 단합하여 정의를 돈수情誼敦修하며 덕, 체, 지 삼육을 동맹수련同盟修練하여 건전한 인격을 지으며 신성한 단체를 이루어 민족전도대업의 기초基礎를 준비함."

1929년 2월에는 흥사단우들에게 보낸 공개 서한을 통해 흥사단은 평범한 의미의 수양단체가 아니라 혁명투사의 자격을 갖추기 위한 훈련단체임을 강조한 바도 있었다.

다음으로 그가 점진학교(1899), 대성학교(1908), 평양자기회사(1909),

태극서관(1909), 북미실업회사(1912), 이상촌 건설 등 교육 및 산업의 각 종 부문 사업을 직접 추진했고 독립협회(1897), 공립협회(1904), 신민회(1907), 대한인국민회(1911), 임시정부(1919), 대독립당운동(1926) 등의 조직에 참여하거나 혹은 스스로 설립했던 것은 장차 다가올 본격적인 운동단계(독립전쟁과 국가건설)를 전망하면서 그에 대비하여 필수적으로 요청되는 인재와 재정의 확보 및 그것을 위한 조직 사업에 헌신함이었으니 모두 준비단계의 활동이라 하겠다.

마지막으로 안창호는 1931년 중국에서 일제의 만주 침략 소식을 접해 드디어 오래 기다리던 독립전쟁의 기회가 현실로 다가오고 있다고 판단하면서 상해에서 한국대일전선통일동맹(1931)을 결성하는 등 본격적인 반일투쟁을 모색하던 중 윤봉길 의거의 여파로 일제에게 체포당하고 말았다.

3. 안창호의 민족혁명 구상과 역사적 의의

한말·일제 시기의 최고 지도자였던 도산 안창호는 정치, 경제, 교육, 문화 등 여러 방면에 걸쳐 직접 실천운동을 전개하였다. 뿐만 아니라 그는 민족의 자주독립과 근대화를 달성하기 위한 실효성 있는 방안을 모색하기 위해 끊임없이 노력을 기울였던 이론가요, 사상가이기도 했다. 안창호가 그의 생애를 통해 해결책을 찾으려고 애썼던 과제를 크게 두 가지로 요약한다면, 그 하나는 한반도에 자주독립의 근대국가를 건설하는 일이었으며 다른 하나는 한국 민족을 대혁신하여 주권을 가진 근대국민으로 변화시키는 일이었다고 말할 수 있다.

그런데 이는 당시의 시대 상황에 비추어 볼 때 각기 별개의 다른 문제가 아니라 한국 근대 민족운동이 동시적으로 해결하지 않으면 안 될 복합적인 과제였다. 그러나 이 두 과제를 묶어 통합적으로 인식하여 현실성 있는 대응 방안을 마련하는 것은 결코 쉬운 일일 수 없었다.

실제로 우리 근대 역사에서는 근대국민 형성의 문제를 도외시한 채 국가의 수호나 국권 회복이라는 과제에만 초점을 맞춘 경우, 구지식인 유생들처럼 승패를 돌보지 않고 그 결과를 고려하지 않는 당위적 투쟁론에 치우치거나, 아니면 당시의 집권층들이 보여주었듯이 미국이나 러시아 또는 일본 등 특정 강대국에 의지하려는 아무 실효성 없는 외세의존적 외교론에 기대려는 경향을 보였다.

반대로 자주적 근대국가의 건설이라는 과제에 앞서 근대국민의 창출이 우선되어야 한다고 본 경우에는 결과적으로 국권수호와 민족자주의식의 약화를 불러 안이한 근대화지상론이나 침략적 외세 강대국들과의 타협론으로 전락하고 말았다. 상당수의 개화파 신지식인들이 결국 반민족·친일파로 전락한 정신적 배경이었다.

따라서 우리 근대 민족운동의 올바른 방향은 비록 그것이 지극히 어려운 일이고 상당히 장기간의 시일을 필요로 할지라도 민족자주국가 건설의 과제와 더불어 근대국민 형성의 문제가 유기적으로 결합되어 인식되고 양자가 동시적으로 추구되어야만 했다.

이 두 과제를 아울러 인식한 문제의식 위에서 그 총체적 해결을 위한 대응 방안과 실천의 노력을 보여 준 사례를 우리는 도산 안창호에게서 볼 수 있다. 비록 실제로 그것은 세계적으로 제국주의가 횡행하던 시기에 강력한 일제의 무력 침략과 식민지 강점이라는 가혹한 현실 때문에 당장 큰 결실을 거두지는 못하였지만 그 같은 통합적 인식과 대응 방안 그리고 실천이라는 노력 자체는 가장 올바른 길이었다. 그렇기 때문에 많은 사람들의 동의를 얻게 되고 시간의 흐름에 따라 그 구상에 담긴 내용들이 결국 점차로 현실화되었음을 확인할 수 있다. 오늘의 우리 대한민국은 민주공화국의 단단한 틀을 갖추고 있고 한국 민족은 근현대 사회에 아주 잘 적응하여 각 분야에 걸쳐 세계 도처에서 능력을 발휘하고 있다.

돌이켜 보면 지난 19세기 말부터 20세기 전반까지 우리 민족은 거세게 몰아치는 세계 제국주의의 거센 파도에 휩쓸려 고난을 당하다가 끝내 인접한 신흥 제국주의 국가 일본에게 국권을 빼앗기고 말았다. 격동의 세계사 진행 과정 속에서 제대로 대처하지 못한 한민족은 식민지 피압박 민족의 하나로 전락하였던 것이다. 그런데 고난에 찬 이 시기의 우리 민족사를 사상과 운동의 측면에서 보면 반대로 큰 발전과 대도약의 시기였다고 할 것이다. 그 선두와 중심에는 도산 안창호가 위치하였다. 그를 단순한 항일 독립운동가가 아니고 선각적 민족혁명사상가이고 선도적 민족혁명운동가라고 부르게 되는 이유이다.

그는 무너져 가는 국가와 그 안에 사는 2천만 민족을 근본적으로 변혁하고 혁신하려고 하였다. 그를 위한 구상을 주도면밀하게 체계화했고 실제로 실행에 옮겼다. 무력한 대한제국을 대신할 새로운 민주공화국가 대한민국을 설계하고 차근차근 그 길을 밟아 나갔다. 수천 년 낡은 백성의

식에서 탈피하지 못하고 있던 동포들을 나라와 사회의 주인으로 일깨워 세우려고 자아혁신과 인격혁명을 외치며 민족개조운동을 펼쳤다.

이처럼 안창호는 한말·일제 시기를 통해 근대국가 수립과 근대국민 형성이라는 양대 과제를 유기적으로 잘 통합한 총체적 민족혁명 구상을 그의 청년 시기에 일찍 정립하고, 그에 입각해 동지들을 모으고 조직하며 평생 동안 이를 직접 실천해 갔다. 물론 당시 극도로 제약된 상황 때문에 곧바로 큰 성과를 내지는 못하였으나 그의 민족혁명 사상과 운동은 시대의 과제를 올바로 꿰뚫어 보고 대응한 것이었으므로 비록 그 자신은 일찍 타계하였으나 점차 현실화되어 오늘의 유능한 한국 민족과 선진 대한민국을 이루는 밑바탕이 되었다고 할 것이다.

4. 덧붙이는 글

만 28세 청년기에 일찍 정립된 안창호의 〈민족혁명 구상도〉를 오늘의 관점에서 보면 물론 그의 사상과 운동을 완전히 다 포괄하고 있지는 못한다. 시기적으로 보면 그의 40대까지인 대개 1920년대 전반까지 안창호의 사상과 운동의 표현이고 지침서였다.

그가 당시에 지향했던 신정체조직, 즉 자유문명국 민주공화국가 건설 구상의 내용은 미국을 모델로 한 자본주의국가였다. 그러나 1920년대 중후반에 들어서면서 그가 신新민주국 또는 진眞민주국이라고 표현한 대공주의大公主義국가로 변화된다. 즉, 자유민주주의 대한민국건설론에서 사회민주주의 대한민국건설론으로 바뀌는 것이다.

　동시에 그의 사상적 지평도 크게 확장되었다. 자본주의 열강들과 공산주의 소비에트연방의 팽창적이고 침략적인 제국주의 체제를 대체하는 대공주의공화국연합의 세계평화 체제를 뜻하는 세계대공世界大公의 개념을 정립하게 되는 것이다. 세계대공은 말 그대로 세계 전체에 정치평등, 경제평등, 교육평등의 대공주의국가들이 수립되고 그들이 민족평등·국가평등의 원칙 아래 수평적으로 연대하여 평화와 번영을 누리는 세상을 뜻하였다. 그 경우 그가 모든 사람들이 바라는 궁극의 가치라고 생각했던 〈전 인류의 완전한 행복 실현〉이 이루어질 밑바탕이었다. 그 토대 위에서 애기애타의 사랑으로 충만한 인간관계가 발휘된다면 그것이 곧 전 인류 행복의 이상사회였다.

　이를 도표화 해 그의 만년까지의 〈민족혁명 구상도〉를 보완하면 다음과 같이 될 것이다.

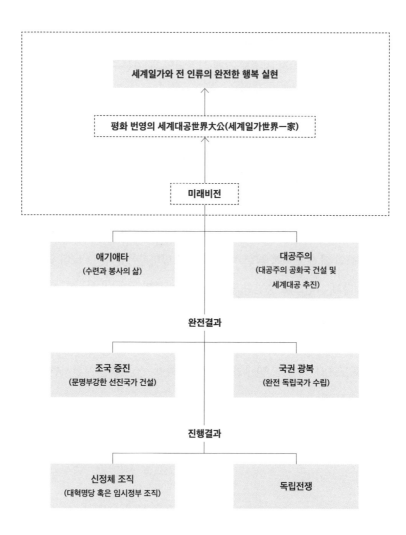

II. 20세기 초 독립전쟁론과 국민주권론의 혁명 선언

1907년 5월 12일 삼선평 연설

1. 삼선평 연설의 개요

1907년 5월 12일, 한창 무르익은 봄날이었다. 서울 동대문 밖 10리 허 삼선평에 서북지방(평안남·북도와 황해도) 출신의 청년학생들이 친목운동회를 위해 모였다. 혈기방장한 젊은이들이 운집한지라 떠들썩하고 활기에 넘쳤다. 종일토록 각종 운동 시합들이 진행된 다음 연설회가 열렸다. 먼저 여자교육회장 김운곡金雲谷이 나서서 여성 교육을 권장하는 취지의 연설을 하였다.

이어 젊은 청년 연사가 등단하였다. 그는 미국에 유학차 갔다가 샌프란시스코와 로스앤젤레스 등 캘리포니아 서부지역에서 교민들을 모아 공립협회를 만들고 이끌어 오던 도산 안창호였다. 5년 만에 귀국한 지 이제 갓 석 달이 되고 있었다. 귀국하자마자 그는 명연설로 이름을 날렸다. 첫

눈에 보아도 강건한 신체에 단아한 기품이 흘러넘쳤다. 쏘는 듯한 눈빛은 초롱초롱하게 빛났다. 목소리는 장중하면서도 활달하였다. 그의 연설을 들었거나 함께 담화를 나눠 본 사람들은 그의 포부와 식견이 보통이 아니라는 것을 즉시 알아챌 수 있었다. 1907년 벽두에 혜성처럼 등장한 그는 단연코 우뚝한 청년지도자로 주목을 받았다. 1878년에 출생한지라 이때 그의 나이 스물아홉이었다.

이날 그의 연설은 청년학도들에게 여태까지 들어보지 못했던 그야말로 전혀 새로운 내용이었다. 다행히도 이날 안창호의 연설은 함경도 출신의 김성열 金聖烈이라는 학생이 초록하여 서우학회가 발간하던 잡지 『서우西友』 제7호(1907년 6월 1일 발간)에 게재하였기에 오늘에까지 그 대강이 전해진다. 먼저 이날 연사에 대한 김성열의 소개 글부터 보기로 하자.

(한북학생 김성열 적음)

이날에 때마침 하늘은 맑고 기온은 따스한데 삼선평에서 서북학생들이 각종 운동을 순서대로 거행하고, 드디어 연설회에 이르러 여자교육회장 김운곡이 학생들의 학업 성취를 권면하며 여성계의 발달을 돕자고 권고하였고, 그 다음에 안창호 씨의 격렬한 연설이 다음과 같았다. 안 씨는 평안도 강서군 사람으로 금년 29세라. 몇 년 전에 미국에 유학하여 포부가 심히 크고 용모가 단아하며 눈빛이 사람들을 쏘고 말이 활발하여 연설의 통쾌함과 스케일이 크고 지략이 멀리까지 달관함은 과시 당대의 인걸이요, 청년들의 앞잡이 선도자이다.

나 또한 그날 방청하다가 감격을 이기지 못하여 그 내용을 간략히 서술

하되 그 만분의 일도 다 전하지 못하나 일언반구라도 실로 동포들을 일
깨우는데 유익함이 있을 터이다. 이에 약술하니 무릇 우리 대한의 혈성
동포들은 단지 한갓 '말인즉슨 옳다'라고만 하지 말고 서로 분발하고
전진하여 한 걸음 두 걸음 천신만고를 이겨 나가되 죽어도 (실행하기로)
기약하면 한 가닥 살아날 길을 얻을 수 있을지니 마음에 간직하고 뼈에
새길지어다. 단지 절망병을 끌어안고서 하릴없이 이르기를 '어찌할 길
이 없다'라고만 할진대 차라리 일찌감치 청산 숲에서 사슴 떼와 노닐
것을 꾀할지언정 우리 사회에 독충은 되지 말지어다.

『서우』 표지

(漢北學生 金聖烈 述)

是日也에 適值 天晴日暖하야 三仙坪에서 西北學生이 各種運動을 次第 擧行하고 及其 演說之場에 女子敎育會長 金雲谷이 學生의 成業을 勸勉 하야 女子社會를 傍助 發達케 함을 勸告하고 其次에 安昌鎬氏의 激論 이 如左하니, 氏는 平安道 江西郡人으로 今年 二十九라. 幾年 前에 留學 美國하야 抱負가 宏大하며 容貌가 端雅하며 眼彩가 射人하고 言辭가 活 潑하야 格論에 痛快와 氣宇의 雄烈과 志略의 遠觀은 果是 當世 人傑이 오 靑年 前導라.

余亦 當日 傍聽에 不勝刺激하야 略敍 顚末에 雖 不盡 其萬一하나 一言 半句라도 實有益於 同胞之警醒 故로 玆庸 略述하노니 凡 我 大韓의 血 性 同胞는 毋徒 曰 言則是也라 하고 互相 激發하며 互相 奮進하야 一步 二步에 千辛萬苦를 堪過하야 死而後已로 爲期하면 一條 生路를 可得할 지니 銘心刻骨할 지어다. 徜其 絶望病을 抱有하야 担云 莫可奈何라 할 진대 靑山松陰에 群鹿爲友를 早圖하고 生物界에 毒蟲이 되지 勿할 지 어다.

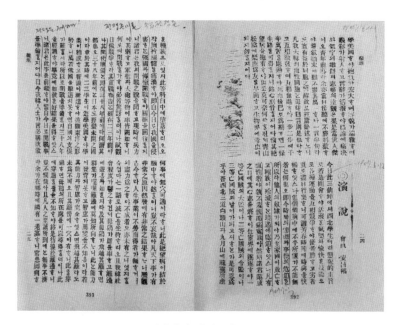

〈삼선평 연설〉 원문

　그러면 이제 김성열이 그날 연설을 듣다가 온몸을 찌르는 듯한 격한 감동을 이기지 못하여(當日 傍聽에 不勝刺激하야) 초록하였다고 하는 안창호의 연설 개요를 들어보자. 번역문 아래에 원문을 함께 소개하되, 이해와 설명의 편의를 위해 단락을 나누고 번호를 매겼다.

1) 오늘 여기 삼선평에서 서북학생들이 친목을 도모하는 뜻으로 이처럼 크게 모여 활발한 기개와 유쾌한 기능으로 각종 운동을 서로 경쟁하여 잘하는 이는 이기고 못하는 이는 패하였으되 종일토록 함께 즐겼으니 가히 한창 무르익은 봄날의 흥겨움을 마음껏 펼쳤다 하겠습니다. 하지만 여러분 모두의 가슴 속에는 불평의 느낌이 없을 수 없을 것입니다.

왜 그렇습니까? 이는 곧 현 시국이 비참하고 사태가 급박한 까닭입니다. 타인의 노예가 되며 나라가 패망하고 겨레가 모두 멸망할 지경에 다다랐으니 무릇 피끓는 자로서 어느 누가 부끄럽고 원통하지 않겠습니까.

그러한데도 여러분께서는 장차 졸업 후에 그 바라는 바가 기껏 벼슬길로 달려가 일등 망국적亡國賊인 대감이나 이등 망국적인 영감이나 삼등 망국적인 나으리나 되고자 합니까? 이런 일이 차마 있을 수 있겠습니까? 우리 서북 3도민은 백두산과 구월산의 정기를 받아 태어난 사람들인데 어찌 이런 벼슬길에서 타락할 수 있겠습니까?

今日 此 三仙坪에서 西北學生더리 懇親的 主旨로 若是團會하야 活

038

潑한 氣槪와 愉快한 技能으로 各種運動을 互相競爭하야 優者勝하고 劣者負로 盡日行樂하니 可謂 芳春時節에 時興을 快暢하얏스나, 但 個個 胸中에 不平 所懷가 不能無者는 何也오. 則 今日時局의 慘憺과 事機의 危迫한 所以라 他人의 奴隷가 되야 乃至 家國이 敗亡하고 種族이 殄滅하난 境遇에 臨迫하얏스니 凡有血性者야 孰不羞愧而痛寃哉아.

然則 諸君 業成之日에 其心地를 將하야 仕宦界에 逐逐하야 一等亡國賊의 大監이나 二等亡國賊의 令監이나 三等亡國賊의 날이(나으리)가 되고져 하는가. 是可忍爲呼아. 吾 西北三道, 白頭山과 九月山에 毓靈 所産한 種族으로 엇지 此等 科宦中에 墮落 하리오.

2) 오로지 가슴과 머릿속을 깨끗이 씻어낸 다음 곧 오늘부터 우리나라를 침해하는 강국에게 선전포고를 전하고 전쟁을 개시해 국권을 회복할 일입니다. 여러분은 나의 전쟁하자는 말을 듣고 현재 병력이 극히 약하고 군함과 대포 등의 군수물자가 아무것도 없는데 무엇을 가지고 전쟁을 할까 하며 반드시 모두 의아해 할 것입니다. 하지만 저 러일전쟁을 돌이켜 보십시다. 그 선전포고와 전쟁은 비록 2, 3년(1904~1905년) 전이었으나 그 전쟁 준비는 곧 38년(1868년 명치유신) 전이었습니다. 어찌하여 그렇게 말할 수 있습니까?

38년 전에는 일본도 야만 미개한 나라였었는데 다행히 그때에 두세 학생이 미국에 유학하여 배움이 조금씩 자라나고 지식이 점차 발달하여 멀리 동양의 형세를 관찰하니, 만약 러시아를 격퇴하지 못하면 자기 나라의 안전을 지탱하기 어려운지라, 그런 까닭으로 개전을 준비한 지 38년을 경과하여 마침내 저러한 좋은 결과를 얻었으니, 여러분은 다 이 일을 거울삼아 다짐하여 오늘로부터 개전할 일을 준비해야 하겠습니다.

오작 胸襟腦髓를 痛滌하야 卽自今日로 我國을 침해하는 强國과 傳檄開戰하야 國權을 回復할지니 諸君은 我의 開戰之說을 聞하고, 現時에 兵力이 甚弱하고 軍鑑과 大砲 等物이 率皆闕如하니 何로써 開戰할까 하여 必皆驚訝할 터이나 試觀 日俄戰爭하라. 其 宣戰布告는 雖在二三年 前이나 其開杖準備는 卽在三十八年 前이라, 何謂其然也오?

三十八年 前에는 日本도 野蠻未開之國이라 幸於其時에 二三學生이 遊學美國하야 學業이 梢成 하고 智識이 漸達하야 遠觀 東洋之形勢하니 萬若 俄國을 擊退치 못하면 自國의 支保가 難할 지라 所以로 開戰을 準備한지 三十八年을 經過하야 單竟에 如彼한 好結果를 得하얏스니 諸君은 此事를 前鑑하야 誓自今日로 開戰事를 準備할 지어다.

3) 요즘 우리나라 사람들이 말할 때마다 꼭, '무엇을 해보려고 해도 어찌할 방법이 없다'고 말합니다. 이는 곧 절망병이 뇌 속에 꽁꽁 뭉쳐서 그리함이니, 어찌 슬프지 않겠습니까. 무릇 천하의 모든 일이 비상한 원인이 있은 연후에 비상한 결과가 있는 법이니 과거와 현

재의 역사를 살펴보십시다. 인생의 사업들이 힘써 일하지 않고 얻을 수가 없거니와 또한 있는 힘을 다하면 이루지 못할 일도 없는 법입니다. 그런데 어찌하여 어쩔 수 없다는 말만 하면서 그대로 앉아서 멸망을 기다릴 것입니까.

또 우리 사회의 정도를 비유하자면 마치 어미 닭이 병아리들을 데리고 울타리 가에서 노는 것과 같습니다. 마침내 어미 닭이 그 울타리를 뛰어올라서 나가 버리면 병아리 떼는 쩩쩩거리면서 어디로 가야 할지를 모릅니다. 이는 몸의 기력이 아직 발육되지 못하고 지능이 주변을 살필 수 없는 까닭입니다. 만약 능력과 지혜가 완전하였으면 그 울타리를 뛰어 넘는 것도 가능할 것이요 또는 그 울타리 가에 구멍이 한 개쯤 뚫려 있으리니 거기로 뚫고 나가면 어미 닭이 있는 곳을 찾을 수 있을 터인데 이에 뚫고 나갈 줄을 몰라 끝내 우리 속에서만 헤매고 다니니 어찌 가엾지 아니 합니까.

또한 무릇 사람이 지극한 정성을 기울이면 이룰 수 없는 일이 없는 법입니다. 내가 고향에 있을 적에 이웃에 한 늙은 과부가 있었는데 다리에 병이 있는지라 근처 개울 위에 놓인 다리를 두려워하여 건널 엄두를 내지 못하였습니다. 그런데 하루는 그 아들이 개울에 빠졌다는 말을 듣고 보통 때는 두려워서 감히 건너지 못하던 다리를 자기도 모르게 용감히 곧바로 건너 그 아들을 끄집어냈습니다. 이는 아들을 사랑하는 정이 지극한 나머지 자기의 위태로움을 돌아보지 않은 까닭입니다. 그런즉 우리 대한의 인민이 나라 사랑하기를 그 과부의 자식 사랑하듯 하기만 하면 어찌 스스로 위축되어 일을 착수할 생각조차 내지 못하겠습니까.

目今 我韓 人士가 言必稱 欲做何事 無穴可通이라 하니 此是 絶望病이 結於 腦中하야 然함이니 豈不哀哉아. 凡 天下事가 有 非常之原因 然後에 유 非常之結果 하나니 歷觀 古今하라. 人生事業이 不勞而得者가 無하거니와 盡力爲之하야 不成者도 亦未有之니 엇지할슈 없다는 一語로 滅亡을 坐待하리오.

且 我韓 社會 程度가 譬之하건대 母鷄가 雛를 率하고 籬邊에 遊함과 如한지라 及其母鷄가 飛越其籬하면 群集가 喔喔籬邊에 莫知所向하나니 此는 能力이 發育지 못하고 智慮가 周邊을 不知함이라. 若其 能力과 智慮가 完全하엿스면 飛越 其籬라도 未爲不可오 且 其籬傍에 一穴이 有하니 此를 穿過하면 母鷄의 所在處를 可爲尋得할 터이나 此에 穿할 줄을 不知하야 終是 彷徨於籬邊하니 豈不憫哉아.

且凡 人之 至誠所到에는 無事不濟라. 余가 在鄕時에 隣有一老寡하니 常患脚病하야 其近에 川上橋梁을 恒常戰慄하야 不敢 渡越하더니 一日은 其子가 川에 溺함을 聞하고 平日 戰慄不敢渡하던 橋梁을 不知不覺에 勇往直渡하야 拯出其子하얏스니 此는 愛子之情이 切至하야 自身의 危殆를 不顧한 所致라. 然則 我韓 人民이 愛國을 如愛其子하면 엇지 萎靡退縮하야 不敢 着手할思想이 萌生하리오.

4) 오호라, 우리나라는 수천 년 이래로 나라와 백성 사이가 서로 격막하여 백성들은 나라 보기를 다른 한 사람의 소유물로 생각하여, 고

려시대에는 왕씨의 나라라고 하고, 조선에 들어와서는 이씨의 나라
라고 하여, 그 흥하고 망함이 나와는 무관하다고 하였습니다.

또 나라에서는 백성을 대하기를 마치 물고기 보듯 하였으니 큰 고
기는 중간 고기를 잡아먹고 중간 고기는 작은 고기를 잡아먹듯이
수탈과 침탈을 오로지 일삼았습니다. 그러다가 천지가 뒤집히는 위
기가 닥쳐와도 도무지 돌아보지 않더니 마침내는 망국조약을 체결
하는데 이르렀지만 도리어 여전히 옛날 상태로 아무 하는 일 없이
단지 외국 사람의 눈치나 살피며 스스로의 안전을 얻으려 합니다.
세상 이치에 어찌 이런 일이 있을 수 있겠습니까.

그런즉 국가는 한 사람의 소유가 아니요, 우리들 모두가 양 어깨에
〈대〉, 〈한〉 두 글자를 각기 짊어졌으니 바라건대 지금까지의 (이런
낡은) 생각을 더 이상은 절대로 갖지 마십시다.

오호라, 둥지가 뒤집히면 원래 그 속에 있던 알들이 완전할 수 없는
법이요, 손가락 하나를 다쳐도 몸 전체가 아픈 법입니다. 나라라는
것은 즉 한 몸이니 한 몸의 내장이나 팔다리에 병든 곳이 있어 기혈
의 흐름이 끊기면 몸 전체가 따라서 죽는 법이니 나라 가운데 병든
곳이 있으면 국민된 자 자신의 생명도 또한 어찌 홀로 온전할 길이
있겠습니까. 그런즉 나라사랑(애국)하기를 마땅히 자기 몸을 사랑하
듯 해야 하지 않겠습니까.

嗚呼라, 吾邦은 幾千年來로 國與民 間에 互相 隔膜하야 民之視國은
他 一個人의 所有로 認하야, 前朝時代에는 曰 王氏의 國이라 하며,

本朝에 入하야는 日 李氏의 國이라 하야, 其興其亡이 於己無關이라 하며, 國之待民은 看作魚肉하야 大魚는 中魚 食하고 中魚는 小魚 食 으로 剝割侵奪로 爲一能事하야, 비록 天地가 飜覆하는 變機가 迫 頭하야도 頓不顧念이라가 畢意은 奴隷文券을 繕給하는데 至하얏스 되, 猶是 舊日狀態로 尸位素餐에 一事를 不做하고, 但히 他人의 眉 睫을 仰視하야 自己의 休戚을 삼으니 天理人情에 寧容若是리오.

然則 國家는 一人의 所有가 아니오 吾人 肩上에 大韓 二字를 各其擔 着하야스니 願컨대 前日思量을 仍存치 勿하라.

噫라. 覆巢之下에 原無完卵이요 一指之傷에 全體가 皆痛이라 國家 는 卽是一身이니 一身上 臟腑와 肢體 間에 受病處가 有하야 生脈이 頓絶하면 全體가 從而斃焉하나니 一國之中에 生脈 頓絶處가 有하 면 國民된 者의 自身 生命을 엇지 獨全할 道理가 有하리오. 然則愛 國을 當如 愛身할 것이 아닌가.

5) 요즘 우리 사회에 몇 가지 말들이 떠돌고 있습니다. 우리가 하늘을 믿으면 하늘이 반드시 도울 것이라 하니, 오호라, 하느님이 우리나 라를 돌보신 지 어언 4천여 년에 우리가 스스로 지키지 못하여 멸망 을 자취하고도 다시 또 하늘의 도우심을 바랄 수 있겠습니까? 유태 인은 하나님을 믿다가 망했고 인도인은 부처님을 믿다가 망했으려 니와 이제 우리 대한인은 누구를 믿으려 합니까?

많은 하등인들은 말합니다. 계룡산에 진인이 나오면 외국인들이 스 스로 물러가리라 합니다. 또 이들보다 조금 나은 이들은 말하기를 일본과 잘 어울리노라면 우리나라가 행복을 누릴 수 있을 것이라고 하며, 혹은 영국이나 미국이 우리나라를 도와줄까 희망합니다.

이런 말들은 모두 절대로 믿을 수 없는 것들을 믿자는 것입니다. 계룡산의 진인도 결단코 없는 것이고, 일본인은 자기 나라 일을 할 뿐이니 어찌 타국인에게 자비를 베풀 생각이 있겠습니까. 더욱이 영국이나 미국은 더더욱 멀고 먼 타국입니다. 우리 대한의 독립이 그들에게 이익이 있을 터이면 혹시 도움을 주려니와 만약 이익될 일이 없으면 단지 도와주지 않을 뿐 아니라 오히려 우리를 압박하는 폭력을 가할 것이니 믿을 수 없을 뿐만이 아니고 실로 두려워해야 할 나라들입니다. 이런 허황되고 썩어 빠진 말들일랑 일체 입에 올리지도 말고 오로지 우리가 마땅히 해야 할 일에 용감히 매진하여 그 목적에 도달할 것입니다.

近日 我韓 社會上에 一種 言論이 有하되 吾人이 天을 信하면 天必助之라 하니 嗚呼라 上天이 我國을 眷佑하신지 四千餘年에 我가 保有를 不能하야 滅亡을 自取하고 更何天助를 可望하리요 猶太人은 天을 信하다가 亡하고 印度人은 佛을 信하다가 亡한지라 今我韓人은 何者를 信하난고.

多數한 下等人은 云하되 鷄龍山에 眞人이 出하면 外國人이 自當退去라 하며 稍勝於此者는 曰日本과 善爲附合하면 我國이 幸福을 享有하리라 하며 或은 英國이나 美國이 我 韓을 援助할까 希望하니 此皆萬不可信者를 信함이라 鷄龍山에 眞人도 決無한 것이요 日本人

은 自國 事業을 爲할 분이니 어지 他國人을 慈悲할 想覺이 有하리오 至 於 英美하야는 尤是 絶遠한 邦國이라 我韓獨立이 彼에게 利益이 有할 터이면 或 援助를 行하려니와 萬若利益될 事가 無하면 不惟不助라 反히 壓倒하난 暴力을 加할지니 非有不可信이라 實爲可懼者로다 此等妄誕腐敗之說은 一切痛斷하고 惟是 吾人 當做的 事業에 勇往猛進하야 其目的을 到達할 지어다.

6) 중국 고대에 역발산기개세의 절세 장사이던 항우도 절망병으로 인해 오강에서 자결하였으니 이는 스스로 망한 것입니다. 어찌 하늘이 망하게 하였다 하겠습니까. 우리나라에서도 재작년 을사늑약 후에 절의의 선비들이 통분하여 순절자들이 나왔습니다. 이 또한 절망병에서 비롯된 것입니다. 만약 죽음을 각오한 그 정신으로 전심전력으로 일에 매진한다면 천하에 무슨 일을 못하겠습니까. 원컨대 여러분은 이들 일을 염두에 두지 말고 오로지 우리들이 마땅히 할 일에 목적을 달성하기까지 용감히 전진할 것입니다.

하고 싶은 말이 많으나 날은 저물고 시간이 다하여 길게 이야기할 수 없어 이에 말을 그쳐야 하니 내 마음이 다시 울적해 집니다. 다만 바로 오늘부터 우리 함께 맹약하여 장차 다른 나라와 전쟁할 일을 준비하여 어느 해 어느 날이든지 한번 선전을 포고하고 태극 국기를 세계에 드날려 보십시다.

支那 古代에 力拔山氣蓋世하던 楚覇王도 絶望病으로 以하야 自刎於

烏江하얏스니 此는 自亡인 豈可曰天實亡之리요. 我國에도 向日 新
條約 後에 節義之士가 憤痛 自斃者가 有하니 此亦 絶望病으로 由한
것이라. 以若 判事之心으로 盡力於事爲上이면 天下何事를 不能做去
리오. 惟願 諸君은 此等事를 念頭에 勿置하고 吾人 事業上에 目的을
得達하기로 勇往直前할 지어다.

許多 方法이 自有其說이나 日暮時盡에 不能張皇하고 所言止此하니
我心更鬱이라. 但自今日로 共誓決約하고 將來 他國과 開戰할 事를
準備하야 何年何日에던지 一次 宣戰書를 布告하야 太極國旗를 顯揚
하여 봅시다.

2. 삼선평 연설의 내용과 역사적 의의

1907년 5월 12일에 안창호가 행한 삼선평 연설의 가장 주된 요지는 국
가 멸망의 급박한 위기 상황에서 일제를 구축하기 위해 독립전쟁론에 입
각해 당장 전쟁을 준비하자고 호소한 것이었다. 곧 독립전쟁준비론이었
다. 돌이켜 보면 1894년 동학농민군 진압을 명분으로 일제가 우리 땅에
멋대로 상륙한 이래 농민들과 이어 일부 유생들이 앞장서 일제와 무장투
쟁을 전개해온 바 있거니와 학생층을 포함한 신지식인들이 이른바 자강
계몽론이 아닌 무장투쟁론을 주장한 것은 이때가 처음이었다.

물론 유생의병장들이나 농민들처럼 전근대적 의식과 무기를 가지고서
라도 지금 당장 싸우자는 것이 아니라 장차의 본격적인 근대적 전쟁을 목

표로 우선 준비에 나서자는 것이었지만 어쨌든 공개적인 자리에서 노골적으로 대일 무장투쟁을 역설한 것은 당시 상황에서 실로 과격하고 위험한 주장이 아닐 수 없었다.

또 하나, 그의 전체 연설에서 분량으로 보면 비록 짧지만 주목할 사실은 명확히 표출된 국민주권론이었다. 고려왕조와 조선왕조의 절대군주제하 국가와 백성들의 관계를 간단히 일별한 후 그는 분명하게 단언하였다.

"그런즉 국가는 한 사람의 소유가 아니요, 우리들 모두의 어깨에 〈대〉, 〈한〉 두 글자를 각기 짊어졌으니 바라건대 지금까지의 생각을 더 이상 갖지 마시오."

"然則 國家는 一人의 所有가 아니요. 吾人 肩上에 大韓 二字를 各其擔着하야스니 願컨대 前日 思量을 仍存치 勿하라."

당시는 고종이 대한제국의 황제로 재위하고 있던 때였다. 비록 일제 군대와 통감부에 눌려 통치의 실권을 크게 훼손당하고 있다고는 하지만 그는 엄연히 44년째 이 땅의 주인으로 군림하고 있었다. 이런 상황에서 군주주권사상을 구시대의 낡은 생각이라고 완전히 부정하고 우리들 모두가 바로 나라의 주인이라고 외친 것이다. 이 역시 실로 불온하기 짝이 없는 혁명적 주장이 아닐 수 없었다.

그 밖에 안창호가 이날 역점을 두어 누누히 강조한 내용은 먼저 절망과 무기력과 무대책을 떨치고 일어나 우리가 마땅히 해야 할 일, 즉 일본을 내쫓고 우리 자신들 모두의 나라인 대한을 구하기 위한 독립전쟁을 즉시

준비하자는 것이었다. 물론 독립전쟁 그 너머에는 국민주권국가, 곧 대한공
화국 혹은 대한민국의 수립이 암시되고 있었다. 그 밖에도 근거 없는 미신
에 기대려는 태도나 대외의존적 자세에 대해서도 강력하게 비판하였다.

돌이켜 보면 1907년은 1904년 러일전쟁을 계기로 일제 군대가 한반도
를 강점한 지 4년째 되고 있었으며 을사늑약으로 통감부를 설치한 지 2년
째 되고 있었다. 앞으로 보면 1910년 국권을 완전히 탈취당하기 만 3년
전이었다. 그야말로 백척간두의 위기 상황이었으며 위급존망지추의 처
지였다. 이 속에서 일제의 무도한 침탈에 분격한 농민들과 유생들 가운데
일부는 승패나 결과를 돌아보지 않고 전근대적 의병투쟁을 전개하고 있
었다. 그러나 시세를 좀 안다는 신지식인들 사이에서는 강국 일본과 견주
어 힘의 강약과 우열을 헤아리며 교육과 계몽 활동에 투신했다가 점차 자
포자기의 상태에 빠지는 경우가 많았다. 이와 별개로 한달 후 고종은 나
름대로 곧 만국평화회의가 열리는 네덜란드 헤이그에 밀사를 파견하여
일본의 불법적인 국권 침탈을 폭로하려고 시도하였다가 결국 황제의 자
리에서 쫓겨 나게 된다.

이날 연설에서 안창호는 우선 미신적인 요행에 기대하거나 근거 없는
열강에 대한 의존적 견해를 통틀어 망령되고 허황되며 부패한 이야기妄
誕腐敗之說로 규정하여 일축했다. 곧이어 그는 "바로 오늘로부터 우리나
라를 침해하는 강국과 전쟁 개시를 알리는 선전서를 날리어 傳檄開戰(하
야) 국권을 회복하자고" 하여, 국권회복을 위한 독립전쟁론을 분명하게
주장하였다. 그런 다음 국민주권의 근대 국가를 전망하게 하는 내용이 이
어졌다. 민주공화국가 수립과 독립전쟁준비라는 실로 혁명적인 메시지가

수백 명의 청년학생들을 앞에 두고 공개적으로 선포되었던 것이다.

이런 청년들의 대중 집회라면 필시 일제의 밀정과 대한제국 정부의 날카로운 감시망이 펼쳐지고 있을 터였다. 그럼에도 불구하고 안창호는 듣는 이들을 쥐락펴락 휘어잡는 거침없는 웅변으로 그가 미국에서부터 품고 온 민족혁명 구상을 최초로 대중들 앞에서 선언하였다. 20세기 초 날로 암운이 짙어가는 대한 강산에 한줄기 섬광이 최초로 번뜩인 순간이었다. 그리고 그 빛은 겉으로는 두터운 먹구름에 가리운 듯하였지만 곧바로 신민회운동을 거쳐 1919년 3·1혁명을 계기로 대한강산 온누리에 환한 빛을 내뿜게 된다.

이제 안창호의 삼선평 연설을 몇 단락으로 나누어 그 흐름을 따라가며 다시 되새겨보고 그 의미를 살펴 보기로 하자.

1)은 연설의 서두로서 도입부였다. 인사말에 이어 나라가 처한 상황의 급박함을 말한 다음, 서울에까지 와서 유학 중인 청년학도들로서 학업의 목표가 혹시 기껏 망해가는 나라의 벼슬살이에나 뜻을 두고 있지는 않느냐고 핍진하게 묻는다. 그날 젊은 청중들의 입장에서는 가슴을 찔리는 듯한 느낌이었을 듯하다.

2)는 주된 논지의 제시였다. 다짜고짜 국권 회복을 위한 독립전쟁론을 설파하고 나서 곧바로 그 준비, 즉 독립전쟁준비론을 역설한다. 당장 오늘부터 모두가 함께 결의하고 나서자고 강력히 권유하였다.(誓自今日로 開戰事를 準備할 지어다) 그 자리의 청년학생들은 그야말로 천둥과 벼락 같은 제안에 이제는 숨조차 쉴 수 없었을 듯하다.

3)은 분위기 전환이다. 전혀 처음 듣는 이야기로 극도로 긴장되어 있는 청년들의 가슴을 약간 풀어주면서 무기력에 빠져있고 아무 실질적 대책이 없던 당시 사회 상황을 함께 공유한다. 또 능숙하게 비유적 기법을 구사하였다. 어미 닭과 병아리 떼의 비유, 다리가 성치 못한 늙은 과부의 물에 빠진 아이 구출을 비유로 들면서 친근하게 자신의 생각과 걱정을 펼쳐내 공감을 유도한다. 그러면서도 어떤 어려운 상황이나 과업도 함께 뜻을 모으고 강한 애국심을 발휘하기만 하면 끝끝내 난관을 돌파할 수 있다는 자신감을 고취하는 것이 이 대목에서의 주안점이었다.

4)는 다시 전환이다. 또 하나의 새로운 논지인 국민주권론을 설파함으로써 청중들에게 또다시 긴장감을 불어 넣는다. 국민이 국가의 주인되는 미래를 제시하고 민주공화국가 수립의 비전을 암시한다. 우리 모두가 각기 나라의 주인이니 모든 국민이 주인인 나라를 위하여 책임감 있는 애국심을 발휘하자고 역설한 것이다.

5)는 또다시 이완이다. 비근한 예시들로 긴장감을 누그러뜨리며 공감을 이어간다. 우리가 당면한 국가의 위기를 막연히 하느님이나 부처님 심지어 계룡산 진인에 의존하려 하거나, 밖으로 침략의 당사자인 일본의 비위를 맞추려 하거나, 영국이나 미국 같은 강대국들에 의지하려는 생각들을 다 망탄부패지설, 곧 허황되고 썩어 빠진 이야기들이라고 규정하여 비판하였다. 대신 우리가 마땅히 해야만 할 일, 즉 독립전쟁의 준비에 매진하자고 거듭 역설한다.

6)은 총 결론이었다. 이날 연설에서 안창호가 가장 우선하여 강조한 것은 무기력 상태를 벗어나 구국의 의지를 갖되 실천적인 구국의 방안을 가

져야 한다는 것이었다. 모든 논의와 실행의 밑바탕은 좌절과 절망의 심리에서 벗어나 무엇인가를 해보려는 의욕을 갖는 것이 첫걸음이었다. 중국 고대의 영웅 항우와 을사늑약 후 순절한 우국지사들을 비판하며 무기력과 좌절감을 떨쳐버리고 절망병을 이겨내야 함을 힘써 강조하였다. 그리고 그 구체적 실천 방략으로서, '장차 태극기를 휘날려 보자.'는 극적인 표현을 써서 독립전쟁의 준비를 다시 한번 강조하고서 끝매듭을 지었다.

널리 알려져 있듯이 도산 안창호는 명연설가요, 대웅변가였다. 독립협회운동 시기에 스무 살 약관의 나이로 행한 쾌재정 연설로부터 명성을 날렸거니와 한말 신민회운동 시기에는 수없이 많은 강연을 하였다. 이날의 삼선평 연설은 그 역사적 의미가 특별하지만 이듬해에 행한 〈대한의 전도〉라는 제목의 연설도 천여 명의 청중들을 앞에 두고 한 나절을 이어 강연한 대웅변으로 회자되어 왔다. 유감스럽게도 지금 그 내용이 남아 있지 않으나 그때 부른 심주가心舟歌라는 노래 가사가 전해지고 있다.

3·1운동 후에는 상해에서의 북경로예배당 연설 등 독립운동 방략을 피력한 몇 차례의 대강연들이 초록되어 전해지고, 1926년 7월 8일 대혁명당 결성을 제안한 삼일당 연설도 일세의 대연설이라 할 수 있다. 물론 당시에는 녹화 시설은 물론 녹음 시설마저도 불비하여 온전한 기록은 없고 단지 방청인이 속기로 채록한 내용들이 불완전하게 전해지거나 그마저도 없는 경우가 훨씬 더 많았다.

안창호는 우선 연설 자체에 대한 명확한 개념과 의미를 누구보다도 잘 알고 있었다. 전제시대에서 민주시대로 전환하는 데에는 연설이 반드시 필요하다는 것을 알고 있었고, 그것을 잘 구사하기 위하여 열과 성을 다하여 노력했다고 한다. 타고난 재능에 더하여 정성을 다한 준비가 밑받침되어 도산의 명연설과 대응변이 있게 되었던 것이다.

그의 연설의 특징 역시 결국 두 가지였다.

첫째는, 명쾌하고 설득력 있는 메시지였다. 한 사람의 연설은 그의 인격과 사상과 경륜을 넘어설 수 없다. 도산의 연설 또한 그의 고상한 인격과 크고 넓고 깊은 사상과 민족의 현실과 미래에 대한 분명한 비전 위에서 우러나왔기에 큰 울림을 줄 수 있었다.

둘째는, 그 바탕 위에서 청중들과의 교감을 지속해서 유지하는 다양한 표현 기법들이 구사되었다. 때로는 청중들의 가슴을 직격하여 극도의 긴장감을 주는가 하면 곧이어 그 긴장감을 늦추어 주면서 공감대를 유지해가는 리듬감이 탁월하였다. 그래서 청중들은 몇 시간씩, 때로는 이틀거리 연설을 들으면서도 지루할 틈이 없었다. 도산의 강연은 우선 그 깊은 내용만으로도 큰 감동을 줄 수 있었지만 거기에 더하여 풍부한 예화나 비유 등 참신한 표현 기법이 가미되어 더욱 명성이 높았고 따라서 큰 영향력을 발휘하였다.

삼선평 연설을 메시지의 측면에서 보면 독립전쟁준비론과 국민주권론이라는 당시로서는 참신하고 그야말로 혁명적인 두 가지 내용이 담겨 있었다. 그런데 일찍이 일제의 지배에서 해방됨으로써 독립전쟁준비론의 시효는 오래 전에 다하였다고 할 것이다. 오늘의 관점에서 보면 삼선평 연설은 민주공화국가 대한민국건설론이 최초로 대중들 앞에서 천명되었다는 점에서 각별한 역사적 의미가 있다. "인민의, 인민에 의한, 인민을 위한"이라

는 귀절을 담은 링컨의 게티즈버그 연설이 미국의 민주주의를 상징한다
면, "국가는 한 사람의 소유가 아니요, 우리들 모두의 어깨에 〈대〉, 〈한〉
두 글자를 각기 짊어졌으니……(國家는 一人의 所有가 아니오. 吾人 肩上에 大
韓 二字를 各其擔着하야스니……)라는 안창호의 표현은 한국 민주주의의 진
정한 시발이자 근본 정신을 집약한 명구라고 할 수 있다. 삼선평 연설에
담긴 독립전쟁과 국민주권의 혁명사상은 우리가 도산 안창호를 대한민국
의 정신적 국부로 추앙하게 되는 큰 이유들 중의 하나이다.

III. 한말 안창호의 비밀결사 조직과 민족운동론

1. 비밀결사 신민회 조직

신민회는 한말 식민지화 직전의 구국운동 과정에서 큰 역할을 수행했을 뿐 아니라, 일제에 의해 해체당한 뒤에도 참여했던 회원들이 대부분 식민지 시기 독립운동의 주역이 되었다. 그런 까닭에 우리 근대역사에서 독립운동사는 물론 근대사상사를 이해함에 있어서도 매우 중요한 의미를 지닌 단체였다. 그리하여 비밀조직이었던 데에서 연유하는 자료상의 제약에도 불구하고 현재 신민회의 결성 경위와 그 목적 및 활동상에 대해서는 상당히 구체적인 사실 파악이 이루어져 왔다.[1] 그러나 신민회의 성격과 역사적 의의를 제대로 이해하기 위해서는 아직 더 밝혀져야 할 점들이 남아 있다.

무엇보다 먼저, 신민회처럼 입회 과정에서 생명과 재산까지 바칠 것을 요구할 정도로 강한 헌신성을 요구하는 비밀결사의 조직이 가능했던 요인과 원동력에 대해 아직 충분한 설명이 부족하다. 다른 합법 단체 참여와는 달리 신변의 안위에 큰 위험이 따랐을 것임에도 불구하고 다수의 신지식인들이 굳이 신민회와 같은 비밀결사에 동참하게 되었던 동기는 과연 무엇이었을까. 단지 그들의 애국적 열정만으로 설명된다고는 여겨지지 않는다. 이러한 의문에 답하기 위해서는 역시 단체 조직의 상식에 비추어 신민회의 결성과 활동 과정에서 구심적 역할을 한 인물이 누구였으며 또 그 명분과 논리가 무엇이었는지가 밝혀져야 하리라 본다.

신민회의 결성과 활동을 이끌어간 중심 인물이 누구였는지에 대해서는 현재 안창호로 보는 견해[2]와 양기탁이라고 보는[3] 두 가지 다른 견해가 있다. 안창호라고 주장하는 경우는 그가 신민회 결성의 최초 발의자였을 뿐 아니라 조직에서 탁월한 능력을 발휘한 인물이었다는 점이 주로 지적되고 있다. 반면 양기탁이 그 중심이었다고 보는 경우는 그가 신민회의 총감독이었다는 사실을 강조하고 나아가 그 결성 과정에서 다양한 집단의 인물들이 규합될 수 있었던 것도 그의 영향력이 있었기 때문으로 본

---

1 신용하, 「신민회의 창건과 그 국권회복운동」(상.하), 『한국학보』 8.9, 1977.
   강재언, 「신민회의 활동과 105인사건」, 『한국의 개화사상』, 1981.
   윤경로, 『105인사건과 신민회연구』, 일지사, 1990.
   김도훈, 「공립협회의 민족운동연구」, 『한국민족운동사연구』 4, 1989.
2 박재원, 「신민회의 활동」, 『한국사』 19, 국사편찬위원회, 1976. 물론 이광수와 주요한의 전기에서는 안창호를 중심으로 서술되어 있다.
3 신용하, 「신민회의 창건과 그 국권회복운동」, 『한국학보』 7.8, 1977.
   박찬승, 『한국근대정치사상사연구』, 역사비평사, 1991.

다. 특히 신민회를 다른 계몽단체들과는 달리 보다 적극적인 민족운동적 성격의 국권회복운동단체로 보려는 경우일수록 양기탁의 비중을 강조하는 반면, 안창호는 신민회 내의 온건파 혹은 우파를 대표하는 인물로 한정시켜 보는 경향이 있다.

물론 양기탁은 당시 가장 유력한 신문이었던 대한매일신보사의 총무로서 명망이 높은 인물이었다. 그러나 그는 안창호와 동향 출신의 같은 기독교 신도로서 성향에 있어서 근본적 차이를 말할 수는 없는 인물이었다. 오히려 안창호가 신민회 조직을 처음 상의했을 때 공개적인 단체로 할 것을 주장했던[4] 온건한 성품의 인물이었다. 그의 생애를 통해 몇 차례 지도자적 위치에 추대된 경우는 있었지만 실질적 의미에서 지도자적 역할을 수행한 것으로 보기는 어렵다.[5] 그가 신민회의 총감독에 추대되었던 것도 신민회에서의 개인적인 비중과 역할도 고려되었겠지만, 그보다는 일제의 간섭이 미치지 않는 영국인 소유의 대한매일신보사 간부였다는 사실과 함께 연령상으로 당시 37세로서 선배급에 속했던 점 등이 고려되었기 때문으로 보는 것이 더 타당할 것이다.

신민회의 중심 인물이 안창호였다는 것은 박은식, 김구, 장도빈 등 당시 직접 신민회에 참여했던 인물들이 남긴 기록에서 공통적 인식으로 자리 잡고 있다.[6] 잘 알려져 있듯이 안창호는 20세 전후의 청년 시절에 독

---

4   국사편찬위원회, 「양기탁경성예심제22회공판시말서」, 『105인사건공판시말서』, 1986, pp. 309–310.

5   양기탁의 생애에 대해서는 윤경로, 「양기탁과 민족운동」, 『국사관논총』 10, 1989, 국사편찬위원회 참조.

립협회운동에 참여했다가 미국에 건너가 막 형성 과정에 있던 초창기 미주 교민사회에서 한인친목회와 공립협회를 조직하여 그 최고 지도자로 성장하였다. 미국에서의 활동은 주로 노동 이민으로 이루어진 열악한 처지의 교민들을 결집시켜 그들의 생활상 권익을 보호하고 민족의식을 유지 및 강화하는 나름대로 큰 의미를 가진 것이었다. 그러나 전체 민족운동의 시야에서 보면 먼 해외에서의 주변부적 활동에 불과하다는 한계를 벗어날 수 없었다. 본격적인 역할을 위해서는 역시 국내에 거점을 두어야 했던 것이다. 그리하여 공립협회의 국내 조직 결성의 책임을 지고 귀국을 결심하게 되었다.

1907년 2월 20일 귀국한 그는 일제의 강제 병합 반년 전인 1910년 4월 다시 국외로 망명을 떠나기까지 만 3년 동안 국내에서 다양한 실천 활동을 전개하였다. 일제의 삼엄한 감시 아래에서도 대한자강회, 서우학회, 서북학회, 대한협회 등의 여러 계몽운동단체에 두루 참여하였고 신민회, 대성학교, 평양자기회사, 태극서관, 청년학우회를 설립하였으며 그 밖에도 전국 각지를 유세하며 연설을 통해 민중계몽에 전력을 기울였다. 그러나 무엇보다도 한말 구국운동과 관련하여 가장 중요한 일은 비밀결사인 신민회를 조직한 사실이었다.

귀국을 눈앞에 둔 1907년 초 그는 미국 로스앤젤레스 인근의 리버사이드에서 이강, 임준기, 정재관, 김성무 등 측근 동지들과 논의한 끝에 공립

---

6 박은식, 『한국독립운동지혈사』, 『박은식전서』 상, 1920, pp.478-480.
　김구, 『백범일지』, 1929, p.195.
　장도빈, 「암운짙은 구한말」, 『사상계』 1962년 4월호, 1962.

협회와 연계될 수 있는 국내 조직으로 대한신민회를 결성할 것에 합의하고 그 취지서와 규약을 작성한 바 있었다. 동지들의 전폭적인 지지와 재정적 지원 아래 국내 조직 결성의 책임을 맡기로 한 그는 귀국 후 이틀 뒤인 2월 22일 대한매일신보사로 양기탁을 방문하여 신민회 결성을 제의함으로써 실제 작업에 착수하였다. 결국 한 달 반가량의 노력 끝에 1907년 4월 초 당시의 신지식인 계몽활동가들 속에서도 가장 우수한 인물들인 양기탁, 전덕기, 이동령, 이동휘, 이갑, 유동열 등을 규합해 신민회를 창립하게 되었다.[7]

이후 신민회는 간부들에 의한 엄격한 선별 과정을 거쳐 회원을 확충하면서 완전 식민지화를 위한 일제의 침략이 정점에 달하고 있던 1907년부터 끝내 나라를 완전히 빼앗긴 뒤인 1911년 이른바 105인 사건으로 해체당할 때까지 다양한 표현사업을 전개하며 신지식층 인사들의 국권회복운동을 배후에서 지휘한 총본부로 기능하였다.

그런데 돌이켜 보면 당시 안창호의 귀국은 5년여 만의 상당히 오랜 미국 체류 끝에 이루어진 일이었다. 그가 비록 개인적으로 조직과 설득에 탁월한 능력을 가진 인물이었다고 하더라도 국내의 계몽운동가들을 독립협회 활동 등 주로 과거의 인간관계만으로 규합할 수 있는 상황은 아니었다. 따라서 이제 신민회가 결성될 수 있었던 또 다른 원동력으로서 그 이론적 배경이 무엇인지에 대해 관심을 기울일 필요가 있다.

이를 위해서는 우선 안창호가 미국에서 미리 작성해 가져온 대한신민회의 취지서와 장정이 일차적인 검토의 대상이 되어야 할 것이다.

---

7   신용하, 『한국민족독립운동사연구』, 1985, pp. 17-22.

〈대한신민회통용장정〉의 제3장 목적 및 방법 조항은 다음과 같은 내용으로 되어 있다.

"본회의 목적은 우리 대한의 부패한 사상과 습관을 혁신하여 국민을 유신케 하며, 쇠퇴한 교육과 산업을 개량하여 사업을 유신케 하며, 유신한 국민이 통일연합하여 유신한 자유문명국을 성립케 함."[8]

여기서 신민회의 최종 목표는 유신한 자유문명국 건설로 표현되고 있다. 그리고 그러한 목표를 달성하기 위한 방법으로 신민회는 먼저 부패한 구사상과 구습관을 혁신하여 국민을 유신케 하고 교육과 산업을 개량 발전시키며 유신한 국민들을 통일연합하겠다고 하였다. 이러한 목표와 방법은 〈대한신민회취지서〉에서도 마찬가지로 표현되어 있다.

"무릇 우리 대한인은 내외를 막론하고 통일연합으로써 그 진로를 정하고 독립자유로써 그 목적을 세움이니 이는 신민회의 원하는 바며 신민회의 품고 있는 바이니 략언略言하면 오즉 신정신을 일깨워 喚醒하야 신단체를 조직한 후 신국가를 건설할 뿐이다."[9]

즉 현재 전해지고 있는 신민회의 취지서와 장정 속에는, (1) 신정신을

---

8 국사편찬위원회, 『한국독립운동사』 1, 1965, p.1028.

9 국사편찬위원회, 윗책, p.1026.

가진 신민의 창출, (2) 신민들의 통일연합에 의한 신단체 결성, (3) 독립 자유의 신국가 건설이라는 단계적 민족운동 구상이 담겨 있는 것이다.

그러나 이처럼 드러나 있는 신민회의 목적과 방법에서는 당시 다른 계몽운동단체들의 그것과 비교해 본질적으로 다른 차이점을 찾아보기 어렵다. 그가 국내에 돌아왔을 때는 이미 대한자강회가 전국적 단체로 활동하고 있었으며 그 밖에 관서지방 출신 인사들에 의한 서우학회와 함경도 출신 인사들로 이루어진 한북흥학회도 조직되어 있었다.

1906년 4월 장지연, 윤효정 등의 주도로 결성된 대한자강회는 그 취지서에서, 국가의 독립은 오로지 자강 여하에 달려 있다고 전제하고 자강지술自强之術은 교육과 산업의 발달을 통한 민지民智의 계발과 국력의 배양에 있다고 하면서 교육과 산업 발달을 통해 독립의 기초를 닦으려 한다고 말하였다.[10] 대한자강회는 또 그 규칙 2조의 목적 조항에서, 교육의 확장과 산업의 발달을 연구 실시함으로써 자국自國의 부강을 계도計圖하여 타일 독립의 기초를 만들 것임을 밝히고 있었다.[11]

같은 해 10월 정운복, 이갑 등이 주도해 조직한 서우학회 역시 그 취지서를 통해, 크게는 국가로부터 작게는 일가일신의 보전을 강구하려 하면 청년의 교육을 장려하여 인재를 양성하고 중지를 계발해야 국권을 회복하고 인권을 신장하는 기초가 된다고 하면서 이는 반드시 공중公衆의 단체력에 기초해야 한다고 주장하였다.[12]

---

10 「대한자강회취지서」, 『대한자강회월보』 제1호. pp.9-10.
11 「대한자강회규칙」, 『대한자강회월보』 제1호. p.10.
12 「본회취지서」, 『서우』 제1호. p.1.

이들 합법 단체들이 이미 신민회와 비슷한 국권 회복 혹은 독립이라는 목표를 설정하고 조직되어 교육 및 산업 진흥을 통한 실력양성운동을 전개하고 있던 상황에서 앞에서 본 대로 거의 같은 취지의 신민회가 별도로 조직되어야 할 당위성은 찾기 어려운 일이었다. 적어도 하나의 정치사회적 목적을 가진 단체가 조직되기 위해서는 먼저 그에 합당한 명분과 논리가 제시되어야 하는 것은 상식에 속하기 때문이다.

그럼에도 불구하고 결과적으로 신민회가 기존의 단체들과 별도로 결성되었던 사실을 보면 신민회의 취지서와 규약서가 그 진정한 목적과 방법론을 전부 포함한 것인지는 의문의 여지가 많다. 한 걸음 더 나아가 원래 비밀결사를 지향했던 신민회가 굳이 명문화된 취지서와 규약을 필요로 했을 것인지부터가 의심스러운 일이라 할 수 있다. 그렇다면 위에서 본 취지서와 규약서는 만일의 경우에 대비한 고려 속에서 작성된 것으로 볼 수도 있을 것이다.[13] 즉 비밀이 드러났을 때의 피해를 최소화하려는 의도가 아니었을까 짐작해 보게 된다.

어쨌든 가능한 한 다수의 대중적 참여를 필요로 하는 정치사회적 목적을 가진 신민회와 같은 단체가 회원 확보는 물론 사업 홍보 등에 큰 곤란이 예견되는데도 불구하고 비밀결사를 지향했던 것은 당시 상황 속에서 공개할 수 없는 내용의 목적이나 방법론을 가졌기 때문으로 보아야 할 것

---

[13] 신민회 결성과 관련해 이강은 "…이것은 물론 비밀결사였지요. 규칙을 만들 때도 전부가 불언찬不言贊으로 그냥 옳소 옳소로 되었습니다. 다른 의견이 없고 원안대로 그냥 찬성입니다. 그 뒤에 법률 잘 아는 이동작씨에게 보이니까 당시의 법률로는 아무 데도 걸릴 데가 없어서 여간 잘되지 않았다고 칭찬을 받았습니다."라고 회고하였다. 도산기념사업회, 『속편 도산 안창호』, 1954, p.135.

이다. 그렇다면 신민회를 비밀결사로 한 진정한 이유는 무엇이었을까.

이에 대해서는 먼 후일 안창호가 일제 경찰에 체포당해 심문 받으면서 진술한 다음 내용이 있어 우선 참고되고 있다.

"당시 인민의 정도가 유치하여 이를 표면단체로 하면 사회의 반감을 사서 방해를 받을 것이요, 또 입회 희망자를 전부 참가시키면 어떠한 인물이 섞일는지도 모르고 따라서 동회同會의 진목적眞目的을 달성하기 불가능할지며, 또 동회는 정치적으로 자존자립自存自立을 목적으로 하므로 총감부(일제의 경무총감부)에게 해산을 당하여서는 안 되겠는고로 실력이 생길 때까지는 비밀결사로 두는 것이 필요한 때문이다."[14]

신민회 결성의 주역인 안창호에 의하면 신민회를 굳이 비밀결사로 할 수밖에 없었던 까닭은 (1) 보수파의 반발, (2) 불순분자의 침투, (3) 일제의 탄압 등에 대한 우려 때문이었다. 여기서 불순분자의 침투를 걱정한 것은 당시 일진회원을 비롯한 친일파들이 일제의 밀정으로 활동하던 상황에서 나온 것이라 할 때, 신민회의 진정한 목적과 관련해서는 수구파의 반발과 함께 일제의 탄압이 예상되었다는 점을 좀 더 깊이 음미해 볼 필요가 있다. 이것이야말로 비밀결사 신민회 결성의 진정한 목적과 관련된다고 보여지기 때문이다.

---

14 도산기념사업회, 「안창호예심심문조서」, 『속편 도산 안창호』, 1954, pp.89-90.

2. 신민회의 민족운동 이념과 방법

1) 이념 — 민주공화국 건설

먼저, 수구파의 반발이란 신민회가 국권회복운동의 최종 목표로 설정한 자유문명국 건설이 다른 계몽단체들의 입헌군주정과는 달리 공화정체의 근대국민국가 수립을 지향했다는 것을 반증한다.[15] 당연히 보수 유생층의 반대와 대한제국 정부의 탄압이 예상됐을 것이다. 주지하듯이 신민회는 우리나라에서 최초로 민주공화국 건설을 공식적인 목적으로 한 단체였다. 신민회에 앞서 10년 전 독립협회의 만민공동회운동 과정에서도 일부 청년층에 의해 공화국가건설론이 제기된 바 있었지만 그것은 어디까지나 소수의 주장이었다. 독립협회 주도층의 정치적 목표, 나아가 한 정치사회 집단으로서 독립협회의 공식적인 목표는 당시의 전제군주제 국가를 입헌군주제 국가로 개혁하자는 데 있었다.[16]

그리고 이 같은 정치의식은 1907년 초 안창호가 귀국할 당시의 신지식인 사회에서도 마찬가지로 이어지고 있었다. 물론 당시의 신지식인 계몽운동가들은 기존의 전제군주제 국가를 낡은 정체와 국체로 강하게 비판하는 동시에, 입헌공화제 국가가 입헌군주제 국가에 비해서도 우월한 체제라고 인식하고는 있었다. 그러나 결코 이를 당시 우리의 현실적 대안으

---

15 신용하, 「신민회의 창건과 그 국권회복운동」, 『한국민족독립운동사연구』, 1985, p.27.
16 신용하, 『독립협회연구』, 일조각, 1976, pp.214-215.

로 생각하지는 못하고 있었다. 우선 정치적 실권을 일제에 빼앗겼다고는 하지만 엄연히 군주제 국가인 대한제국하에서 활동한다는 근원적 제약이 있었을 뿐 아니라, 열악한 당시의 우리 민도에 비추어 보아서도 군주제의 폐지를 전제로 한 입헌공화제의 실현은 너무 이른 시기상조의 일로 여겨지고 있었던 것이다. 그리하여 대한제국이라는 국체의 틀 내에서 이를 전제군주제로부터 입헌군주제로 개혁하는 것을 현실적인 목표로 추구하고 있었다.[17]

이 같은 상황에서 안창호가 당시의 신지식인들에게 신민회 결성을 제안하면서 대한제국을 전면적으로 부인하고 새로운 민주공화국 건설을 정치 목표로 제시한 것은 획기적인 일이 아닐 수 없었다. 그는 물론 신민회 결성을 추진하는 과정에서 계몽운동의 핵심 지도자들을 개별적으로 설득해 나갔으리라고 보여지지만, 동시에 청년학생들을 상대로 한 공개적인 연설회에서도 이 같은 주장을 명확히 전개하였다.

1907년 5월 12일 삼선평에서 열린 서북학생들의 친목 연합운동회에 초빙되어 연설한 그는 다음과 같이 공공연하게 국민주권사상을 고취하였다.[18]

오호라, 우리나라는 수천 년 이래로 나라와 백성國與民 간에 서로 격막하야 백성들은 나라 알기를 다른 사람의 소유로 알아 고려시대에는 왕

17 유영열, 『대한제국기의 민족운동』, 일조각, 1997, pp.309-316.
18 「연설」, 『서우』 제7호, p.23.

씨의 나라라 하며 조선에 들어와서는 이씨의 나라라 하야 그 흥하고 망하는 것이 나와는 무관한 일이라 하며, 국가가 백성들을 대하기를 물고기들이 큰 고기들은 중간 고기들을 잡아먹고 중간 고기들은 작은 고기들을 잡아먹듯이 백성들 침탈하기를 당연시하였으니 비록 나라에 천지가 뒤집히는 변고가 닥쳐와도 조금도 돌아보지 않다가 마침내는 노예 신세가 되는 지경에 이르렀으되 여전히 예전 상태대로 어떤 대책도 아니 세우고 단지 외인의 눈에 잘 보이기만 하는 것으로 자신의 보신책을 삼으려 하니 천리인정天理人情에 이러고서야 어찌 용납될 리가 있겠는가. 그런즉 국가는 한 사람의 소유가 아니요 우리들 모두의 어깨 위에 대한大韓 두 글자를 각기 짊어졌으니 원컨대 지금까지의 이런 낡은 생각은 절대 갖지 말라.

공개 강연을 통해 안창호는 학생들에게 나라가 국왕 일인의 소유라는 구시대의 사상을 버리고 우리 자신들이 각기 국가의 주인임을 자각할 것을 단호히 역설하였다. 그는 우리가 국권 상실의 위기에 처한 원인이 전제군주제의 낡은 의식과 제도에 있다고 지적하면서 국가는 결코 왕실의 사적 소유물이 아니고 국민 모두에게 주권이 있음을 강조하였다. 정면으로 군주주권사상을 비판하는 대신 국민주권사상을 강력히 주장한 것이다.

안창호의 국민주권사상에 입각한 민주공화제의 신국 곧 대한민국건설론은 1907년 그의 귀국 당시로 보면 파격적인 주장이 아닐 수 없었다. 그리고 이점 때문에도 신민회 결성의 초기 과정에서는 내부적으로 상당한 논란이 되었을 것으로 짐작된다. 창립 당시의 핵심적인 인물조차 대부분이 대한제국의 관료 출신이거나 현직 무관들이었음을 감안해 보면 군주국가 폐지라는 주장부터 일단은 큰 충격으로 작용했을 것이다. 그러나 그 결과로 추측해 보건대 대한제국의 수호가 아니라 민주공화제의 신국가, 곧 대한민국 건설이라는 안창호의 신민회 결성의 이념적 명분은 곧 설득력을 발휘했던 것으로 보인다. 신민회의 초기 창립 회원으로 알려진 인물들은 당시의 계몽운동가 중에서도 특히 애국심이 강하고 정치의식과 사회의식의 면에서도 상대적으로 선각적인 인물들이었기 때문이다.

2) 방법 — 독립전쟁 준비

이와 함께 신민회를 비밀결사로 할 수밖에 없었던 더 결정적인 이유가 있었다. 통감부 체제하에서 일제가 통치의 실권을 쥐고 있던 당시 여건에서는 무엇보다 그들의 탄압을 우려했으리라고 볼 수밖에 없기 때문이다. 그러면 일제의 탄압을 우려해야 했던 이유는 과연 무엇이었을까. 일단 앞에서 안창호가 진술한 문장 속에서 일제의 해산 조치를 회피하려 했던 이유가 정치적으로 자존자립을 목적으로 했기 때문이었다는 말을 재검토해 볼 필요가 있다.

돌아보면 1905년 11월 을사조약의 강제 체결로부터 국권 회복은 한말 민족운동의 최대 목표였다. 보호조약을 강요해 외교권을 탈취한 일본이 그들 통감의 감독권을 내세워 내정의 각 부문에서도 통치의 실권을 장악하여 날로 침략의 정도를 더해 가던 실정에서는 지극히 당연한 일이었다. 이에 저항하여 지방에서는 유생들이 농민층을 동원하여 초기 단계의 의병투쟁을 전개하고 있었으며, 서울을 비롯한 도시에서는 당시 흔히 지사

志士, 有志紳士라고 불리던 신지식인들이 주로 청년학생층을 대상으로 계몽활동을 펼치고 있었다. 이때 일제와의 즉각적인 대결을 택해 무장투쟁에 나섰던 의병들은 물론이고 투쟁을 유보한 채 근대적 실력양성을 앞세웠던 지사들도 공통적으로 〈독립〉 혹은 〈국권의 회복〉을 목표로 내걸었던 것이다. 앞에서 지적한 것처럼 이미 자강독립을 내세운 대한자강회와 서우학회 등이 공개적으로 활동하고 있던 1907년 전반의 시점에서 신민회가 정치적으로 자존자립을 표방한다고 해서 안창호의 진술처럼 새삼스럽게 일제의 탄압을 우려해야 할 상황은 아니었던 것이다. 의병들의 무장투쟁이 일제의 강경한 토벌을 받은 데 비해 같은 국권회복을 내세웠지만 지사들의 비폭력적 계몽활동은 아직 직접적인 탄압의 대상은 되지 않고 있었기 때문이다.[19]

따라서 안창호가 일제의 해산 조치를 우려하여 신민회를 비밀조직으로 만들려고 했던 실제 이유가 정치적 자존자립의 추구라는 목적에서 찾을 수 없다고 한다면, 결국 다음으로는 그 같은 목표를 실현하기 위한 방법론의 차원에서 찾을 수밖에 없다. 이 같은 전제 위에서 한말 국권회복운동의 여러 방안 가운데 신지식층과 관련되는 것들을 살펴보면 이른바 독립전쟁론 혹은 독립전쟁전략에 주목하게 된다.

적절한 시기에 일제와 전쟁을 결행해서 국권을 되찾겠다는 방안은 현재 한말·일제하 국권회복운동과 독립운동의 가장 주류적인 방략으로 이

---

19 일제가 계몽운동의 탄압에 착수한 것은 이른바 〈헤이그밀사사건〉을 구실로 1907년 7월 24일 〈정미7조약〉을 맺은 때부터였다. 그들은 이때 〈신문지법〉(1907.7.24)과 〈보안법〉(1907.7.27)을 잇따라 공포하여 언론 집회 결사의 자유를 제도적으로 제한하기 시작했다.

해되고 있다. 이에 대해서는 일찍이 윤병석 교수가 독립전쟁론이라는 용어를 써서 처음 언급하였다. 그는, 독립전쟁론이란 군국주의 일본으로부터 민족 독립의 확실하고 바른 길은 그들과 한민족이 적기에 독립전쟁을 전개하고 그 결과로써만 가능하다는 독립운동의 한 이론체계라고 정의하였다. 이때 독립전쟁의 적기란 근대적 정치·군사·경제·문화 등 모든 분야의 민족 역량을 애국계몽운동의 이념에 따라 향상시키면서 일본 제국주의가 더욱 팽창하여 중일전쟁 내지 러일전쟁 혹은 미일전쟁을 감행할 때를 기다려 광복을 위한 독립전쟁을 결행한다는 내용이라고 하였다.[20]

이 같은 그의 주장은 우리 독립운동의 이론적 발전 과정을 체계화하는 데 있어 매우 중요한 시사를 준 지적이었다. 그러나 아직 개괄적인 수준에 그치고 있어서 이른바 독립전쟁론의 보다 구체적인 내용이나 정립 경위 및 그 주체 등에 대해서는 충분히 설명하지 못하였다. 동시에 용어의 사용에 있어서도 문제가 있음을 보게 된다. 그는 독립전쟁론이라는 말로 개념화하였지만 그것이 실제로 뜻하는 바 장차의 독립전쟁에 대비한 준비를 강조했던 취지가 보다 잘 표현되기 위해서는 마땅히 독립전쟁준비론으로 개념지어야 했던 것이다.

비슷한 시기에 신용하 교수는 독립전쟁전략이라는 말을 쓰면서 그 역사적 추이에 대해서도 간략히 언급하였다. 그는, 독립전쟁전략이란 국권회복과 독립실현의 가장 확실하고 정확한 방법은 독립군을 양성하였다가 절호의 기회를 포착해서 독립전쟁을 일으키어 일본 제국주의에 대한 현대

---

20 윤병석, 「1910년대의 한국독립운동」, 『한국근대사론』 2, 1977, p.27.

적 무장투쟁을 전개해야만 궁극적으로 한국 민족의 실력에 의한 독립의
쟁취가 가능하다는 전략 이론체계이며, 신민회에 의하여 정립되고 채택
된 독립전쟁전략은 1910년대 독립운동의 최고 전략이 되었으며, 3·1운
동 이후에도 1945년 민족해방 때까지 모든 독립운동 정파의 최고 전략이
었다고 하였다. 또 그는, 신민회가 국외독립군 기지 설치와 독립군창건 문
제를 최초로 검토한 것은 대한제국 군대의 해산 직후인 1907년 8월부터였
으나 자체 역량의 한계와 의병운동과의 관계 때문에 이를 본격적으로 논의
한 것은 1909년 봄에 이르러서였다고 하였다. 그러나 같은 해 10월에 일
어난 안중근의 이등박문총살사건으로 다수의 간부들이 일제 헌병대에 구
속되어 진전이 없다가 이들이 석방된 후인 이듬해 1910년 3월의 긴급간
부회의에서 비로소 독립전쟁전략을 최고 전략으로 채택하고 국외에 독립
군 기지와 무관학교를 설립하기로 결정하였으며 우선 석방된 간부들이
국외로 망명하여 이를 담당하기로 하였다고 말하였다. 그는 또 신민회의
독립전쟁전략 채택에 큰 영향을 미친 것은 안중근의 독립전쟁론의 주장
이었다고 추측하였다. 그는 그 근거로 이 용어 자체를 안중근이 일찍 사
용하였을 뿐 아니라 그가 신민회의 교육구국운동에 만족치 않고 일찍부
터 국외에서 독립군을 조직하여 독립전쟁을 일으킬 것을 주장하였으며,
안중근이 신민회와 깊은 관련을 갖고 있음을 들었다.[21]

이 같은 노력은 일단 한말에 독립전쟁전략을 정립하고 채택한 주체가

---

21 신용하, 「신민회의 창건과 그 국권회복운동」, 『한국학보』 7.8, 『한국민족독립운동사연구』,
1985, pp.100~106.

신민회였다는 사실을 밝혀 주었다. 그러나 독립전쟁전략과 비밀결사 신민회와의 상호관계를 처음부터 유기적으로 이해하지는 못하였으며, 따라서 독립전쟁전략의 최초 주장자도 정확히 파악하지 못하는 한계를 남겼다.

어쨌든 독립전쟁준비론 혹은 독립전쟁전략은 일제로부터의 국권 회복은 전쟁을 통해서만 가능하다는 객관적 인식 위에서, 적절한 기회의 한일 결전에 대비해 승리할 수 있는 최소한의 근대적 실력을 하루속히 준비하자는 의지를 담은 개념이었음은 분명한 사실이었다. 그런데 식민지화를 눈앞에 둔 한말 구국운동 과정에서 이 같은 독립전쟁준비론을 처음으로 주장한 사람은 바로 비밀결사 신민회의 결성을 발의했던 안창호였다. 독립전쟁준비론이 안창호에 의해 제기되었다고 주장하는 근거는 다음과 같다.

우선, 앞에서 지적한 것처럼 독립전쟁준비론이야 말로 곧 비밀결사 신민회의 결성을 가능하게 한 또 하나의 핵심적 명분과 논리였기 때문이다. 한말 대한자강회를 비롯한 합법적 계몽운동단체들이 이미 활동하고 있던 상황에서 그들과는 달리 스스로 비밀결사를 지향했던 신민회의 결성을 뒷받침하기 위해서는 역시 그들 합법 단체들의 실력양성론과는 구별되는 한 단계 발전된 논리가 아니면 안 되었을 것이다. 이 경우 비밀결사 조직의 제안자인 안창호가 그 논리적 근거로서 공화국건설론과 더불어 독립전쟁준비론을 제기했으리라고 보는 것은 매우 자연스러운 추론이라 하겠다. 더욱이 그가 5년 간의 상당히 오랜 공백 끝에 귀국하였으면서도 극히 짧은 시간 동안에 국내의 선진적 계몽활동가들을 성공적으로 설득해 규합할 수 있었던 사실에서 그러한 추정의 여지는 한층 커진다.

이 같은 정황적 추론 외에, 여기서 독립전쟁준비론을 처음 제기한 인물이 안창호라고 단정하는 보다 직접적인 근거는 신민회 결성 직후에 행한 다음과 같은 그의 연설 내용을 확인할 수 있기 때문이다. 이미 앞에서 말한 1907년 5월 12일의 삼선평 연설에서 안창호는 국민주권사상과 더불어 일본과의 독립전쟁 준비를 명확히 피력하고 있음을 볼 수 있다.[22]

그는 먼저 서북학생들에게, "오직 흉금뇌수胸襟腦髓를 통척痛滌하야 즉자금일卽自今日로 아국我國을 침해하는 강국과 전격개전傳檄開戰하야 국권을 회복할지니……"라고 하여 국권 회복을 위한 전쟁론을 분명하게 주장하였다.

그러나 여기서 주목할 것은 안창호의 전쟁론은 문자 그대로 지금 당장 개전하자는 즉각적 개전론, 곧 즉전론卽戰論이 아니었다는 점이다. 위의 선언에 뒤이어 곧바로 개전에 앞선 사전 준비의 필요성을 누누이 강조하고 있는 것이다.

"여러분은 나의 전쟁하자는 말을 듣고 지금에 병력이 심히 약하고 군함과 대포 등 장비가 다 없는데 무엇으로써 전쟁을 하겠다는 것인가 하여 필시 모두가 놀라고 의아할 터이나, 저 러일전쟁을 한번 보라. 그 선전포고는 비록 2, 3년 전이나 그 전쟁의 준비는 38년 전이니 어찌하여 그렇게 말할 수 있는가?

38년 전에는 일본도 야만 미개한 나라였는데 다행히 그때 두세 학생이 미국에 유학하여 학업이 조금씩 성취되고 지식이 점차 발달하여 멀리

---

22 「연설」, 『서우』 제7호, p.23.

동양의 형세를 보니 만약 러시아를 격퇴하지 않으면 자기 나라를 지킬 수 없는지라 그 까닭에 전쟁을 준비한 지 38년을 지나 마침내 저런 좋은 결과를 얻었으니 여러분은 이 일을 거울삼아 전쟁을 준비할지어다."

"諸君은 我의 開戰之說을 聞하고 現時에 兵力이 甚弱하고 軍艦과 大砲 等物이 率皆闕如하니 何로써 開戰할까 하여 必皆驚訝할 터이나 試觀日俄戰爭하라, 其 宣戰布告는 雖在二三年 前이나 其開仗準備는 卽在 三十八年 前이라, 何謂其然也오?

三十八年 前에는 日本도 野蠻未開之國이라 幸於其時에 二三學生이 遊學美國하야 學業이 稍成하고 智識이 漸達하야 遠觀 東洋之形勢하니 萬若 俄國을 擊退치 못하면 自國의 支保가 難할 지라 所以로 開戰을 準備한지 三十八年을 經過하야 畢竟에 如彼한 好結果를 得하얏스니 諸君은 此事를 前鑑하야 誓自今日로 開戰事를 準備할 지어다."

그의 주장은 일본이 명치유신 이래 38년간 전쟁을 준비한 끝에 마침내 강대국 러시아를 이긴 예에 비추어 지금부터 즉시 일본과의 전쟁 준비에 착수하자는 것이었다.

이처럼 안창호는 독립전쟁전략과 그에 입각한 독립전쟁준비론을 명확히 피력하는 동시에 한편으로는 국권 회복의 방안에 대한 당시의 몇 가지 잘못된 관념들을 통렬히 비판하고 있음을 본다.

"근래 우리 대한 사회에 일종 언론이 있으되 우리가 하느님을 믿으면 하늘이 반드시 도우실 것이라 하니. 오호라 하느님이 우리나라를 돌보신 지 4천여 년에 우리가 지키지를 못하여 스스로 멸망하였거늘 다시 어찌 하늘의 도움을 바라리요. 유태인은 하느님을 믿다가 망하였고 인도인은 부처님을 믿다가 망한지라 오늘 우리 대한 사람은 누구를 믿으려는고?

많은 하등인들은 말하되 계룡산에 진인眞人이 나오면 외국인이 스스로 물러가리라 하며, 이들보다 조금 나은 자들은 일본과 잘 지내면 우리나라가 행복을 누리리라 하며, 혹은 영국이나 미국이나 우리 대한을 원조할까 희망하니, 이는 절대로 믿을 수 없는 것을 믿는 것이라. 계룡산에 진인도 결단코 없는 것이요, 일본인은 자기 나라 일을 위할 뿐이니 엇지 다른 나라 사람을 위할 생각이 있으리오. 영국도 미국에 이르러서는 더욱이 멀고 먼 나라들이라 우리나라 독립이 그들에게 이익이 있을 터이면 혹 원조를 하려니와 만약 이익될 일이 없으면 단지 돕지 않을 뿐만 아니라 오히려 무자비한 폭력을 가할지니 단지 믿을 수 없을 뿐만 아니고 실로 두려워할 자들이로다.

이들 망령되고 부패한 이야기들은 일체 끊어 내버리고 오로지 우리가 마땅히 해야 할 사업에 용감히 매진하야 그 목적지에 이를지어다. ”

“ 近日 我韓 社會上에 一種 言論이 有하되 吾人이 天을 信하면 天必助之라 하니, 嗚呼라 上天이 我國을 眷佑하신지 四千餘 年에 我가 保有를 不能하야 滅亡을 自取하고 更何天助를 可望하리요. 猶太人은 天을 信하다가 亡하고 印度人은 佛을 信하다가 亡한지라. 今我韓人은 何者를 信하난고?

多數한 下等人은 云하되 鷄龍山에 眞人이 出하면 外國人이 自當退去라 하며, 稍勝於此者는 曰 日本과 善爲附合하면 我國이 幸福을 享有하리라 하며, 或은 英國이나 美國이 我韓을 援助할까 希望하니, 此皆 萬不可信者를 信함이라, 鷄龍山에 眞人도 決無한 것이요, 日本人은 自國事業을 爲할 뿐이니 어찌 他國人을 慈悲할 想覺이 有하리오, 至於 英美하야는 尤是 絶遠한 邦國이라 我韓獨立이 彼에게 利益이 有할 터이면 或 援助를 行하려니와 萬若 利益될 事가 無하면 不惟不助라 反히 壓倒하난 暴力을 加할지니 非有不可信이라 實爲可懼者로다.

此等 妄誕腐敗之說은 一切痛斷하고 維是 吾人 當做的 事業에 勇往猛進하야 其目的을 到達할 지어다."

그는 먼저 국가의 독립을 종교적 믿음이나 미신적 요행에 기대하는 생각을 근거 없는 일이라고 일축하였다. 또한 일본 혹은 영국이나 미국 등 열강의 선의에 기대를 걸어보려던 일부 지식인들의 외세의존적 관념에 대해서도 그들 국가가 오로지 자기의 이해관계 여부에 따라 행동하고 있을 뿐이라는 점을 강조하면서 전혀 실현 가능성이 없음을 밝혔다. 강대국에 의지하려는 것은 오히려 침략을 자초할 수도 있는 위험한 일이라는 것이었다. 그는 이상의 모든 잘못된 견해들을 허망하고 썩어 빠진 이야기들 妄誕腐敗之說로 규정해 강력히 비판하고 있는 것이다.

그리하여 안창호는 다시,

"곧바로 오늘부터 卽自今日 다 함께 맹세하고 약속을 맺어 共誓決約하야 장래 타국과 개전할 일을 준비하여 언제든지 何年何日 선전서宣戰書를 발표布告하여 태극기大極國旗를 세계에 휘날려 顯揚 봅시다."

라고 하여 의식적이고 조직적인 노력으로 장차의 개전을 목표로 전쟁 준비에 나서자고 거듭 촉구하였다.

그는 오로지 전쟁을 통해서만 국권 회복이 가능하다는 것을 천명하면서 이에 대비한 준비를 당면의 과제로 강조하고 있는 것이었다.

신민회 결성 직후인 1907년 5월 이미 안창호는 이처럼 현재 우리가 이해하고 있는 것과 완전히 같은 내용의 독립전쟁준비론을 명확하게 표명하고 있었다. 이 경우 이른바 안중근의 독립전쟁론이 신민회의 독립전쟁 전략 채택에 영향을 미쳤을 것이라는 견해는 역사적 사실에 맞지 않는 추정이라고 할 수 있다. 안중근이 독립전쟁론을 주장하였던 것은 실제로는 안창호로부터 독립전쟁준비론을 듣고 나서였던 것으로 보아야 한다. 즉 1907년 5~6월경 안창호가 삼화항(진남포)을 방문한 일이 있었는데 당시 그곳에서 삼흥학교를 설립하여 교육 활동을 펴고 있던 안중근은 그의 연설을 듣고 매우 큰 감동을 받았으며, 또 안창호와 개인적으로도 만나 각별한 교분을 나누었다. 그동안 교육을 통한 계몽운동에 종사해 왔던 안중근이 크게 감동한 것은 안창호로부터 기왕의 실력양성론을 한 단계 발전시킨 독립전쟁준비론을 들었기 때문으로 보는 것이 더 합리적이다. 안중근이 독립전쟁론을 주장한 것은 대한제국 군대의 해산 이후로써 시기적으로도 안창호와의 만남이 있은 뒤의 일이었다.[23] 이렇게 보면 흔히 한말 일제하 안창호의 독립운동 방략으로 말해지는 준비론이 바로 독립전쟁준비론을 뜻하는 것임을 명백히 알 수 있다.

준비론이 곧 독립전쟁준비론을 의미한다는 사실은 후일 준비론을 비판한 대표적 인물의 한 사람인 신채호의 글을 통해서도 확인된다. 1923년 신채호는 의열단의 요청을 받아 민중직접혁명을 강조한 〈조선혁명선언〉을 쓰면서 외교론과 준비론을 비판한 바 있었다. 여기서 그는 준비론이 '한 말에 시세를 아는 식자들이 외교로서 국권을 회복할 수 없다는 것을 알고 전쟁이 아니면 안되겠다는 자각 아래 정립한 방안'이라고 하였다. 즉 준비론이 곧 독립전쟁준비론임을 말하고 있는 것이다. 이때 그의 외교론 비판은 이승만을 겨냥한 것이었으며 준비론 비판은 물론 안창호를 의식한 것이었다.

3. 안창호의 한국근대민족주의 정립

이상의 사실들을 종합해 보면 안창호의 민주공화국건설론 및 독립전쟁준비론은 비밀결사 신민회 결성의 가장 강력한 명분과 논리가 되었음을 알 수 있다. 민주공화국건설론과 독립전쟁준비론이라는 새롭고 창의적인 이론의 뒷받침이 있었기 때문에 단기간 내에 당시의 선진적 애국지사들을 규합해 비밀결사인 신민회를 결성할 수 있었던 것이다.

그러면 그가 민주공화국건설론과 독립전쟁준비론을 누구보다 가장 먼

---

23 국사편찬위원회, 『한국독립운동사자료』6, p.225, pp.229-233.

저 정립할 수 있었던 배경은 무엇이었을까. 그의 개인적 자질과 능력 외에 당시 국내의 계몽운동가들과는 달리 먼 미국에서 활동하고 있었다는 상황 요인에 주목하게 된다. 미국에서의 체류는 국권회복운동 자체의 관점에서 보면 원격지의 주변부적 활동을 벗어나기 어렵게 하는 큰 제약 요소가 되었다. 하지만 그가 민주공화국건설론 및 독립전쟁준비론 그리고 비밀결사 신민회 결성과 같은 새로운 방안을 정립하는 데는 오히려 유리한 여건이 되었을 것으로 여겨진다.

첫째, 당시 급속히 강대국으로 발전하던 미국의 각종 제도와 운영을 체험적으로 접하면서 국가체제와 정치체제의 우열을 비교한 끝에 민주공화국건설론을 신념화했던 것으로 보인다.

둘째, 역시 미국이라는 원격지에서는 보다 냉철하게 국내의 정세를 바라볼 수 있었을 것으로 생각된다. 한반도에 집중되고 있던 일제의 침략기도에 대한 명확한 인식은 물론 이에 대응하여 전개되고 있던 두 갈래 국권회복운동에 대해서도 보다 객관적으로 관찰할 수 있었다. 그리하여 자강운동과 의병운동의 긍정적 본질과 한계를 동시에 인식함으로써 실력양성론의 바탕 위에 무장투쟁론을 결합하여 독립전쟁준비론을 정립한 것으로 보인다. 이때 독립전쟁이라는 용어 역시 미국의 독립전쟁 경험과 관련지어 생각해 볼 수 있을 것이다.

물론 미국 체류에서 오는 이러한 상황 요인을 중심으로 본다면 민주공화국건설론이나 독립전쟁준비론을 반드시 안창호 개인에 의해 정립된 이론으로만 볼 수 없으며 오히려 미주 교민들의 단체였던 공립협회의 집단적 운동론으로 보는 것이 더 타당할 수도 있다. 그러나 이 경우에도 공립협회에서 안창호가 차지했던 지도적 위치를 감안해 본다면 이들 이론 정립의 주도자가 역시 그였으리라는 점은 다를 바 없다.

어쨌든 안창호의 민족운동론을 바탕으로 신민회가 결성됨으로써 민주공화국건설론과 독립전쟁준비론은 국내의 선진적 계몽운동가들과 청년층들에게 널리 그리고 급속히 전파될 수 있었다고 말할 수 있다. 1907년 초 미국에서 귀국한 안창호가 본격적으로 제기한 민주공화국건설론과 독립전쟁준비론이 이처럼 한말의 선진적 의식을 가진 애국지사들에게 큰 설득력을 가질 수 있었던 것은 일제의 침략이 날로 심화되면서 대한제국이 점차 재기불능의 상황에 빠지고 있는 반면 이에 대응하는 기왕의 국권수호운동이 그 한계를 분명히 드러냈기 때문으로 볼 수 있다.

대한제국은 1904년 2월 일본군이 러일전쟁을 구실로 한반도에 대거 상륙하여 주둔한 시점부터 이미 일제에 강점당한 상태였다. 이어 1905년 을사늑약에 의해 외교권을 빼앗기고 그들의 보호국으로 전락하면서부터는 실질적으로 그 운명이 다한 셈이었다. 미국에서 공립협회를 이끌고 있던 안창호 또한 이 같은 조국 상황을 예의 주시한 결과 대한제국은 이미 멸망한 것으로 단정하고 이후의 대응책을 모색한 끝에 귀국을 결심했던 것이다. 귀국을 앞두고 그는 정밀한 청사진을 마련하였다. 즉 그는 일제의 국권 침탈이 날로 가중되는 상황에서 다음 5단계의 민족혁명운동론을 정립하였던 것이다. (1) 기초, (2) 진행준비, (3) 완전준비, (4) 진행결과, (5) 완전결과라는 다섯 단계가 그것이었다.

(1) 기초는 신애, 충의, 용감, 인내 등의 정신적 덕목을 가진 이들을 모아 건전한 인격의 인물들로 훈련하고 아울러 이들을 주의의 통일主義統

一, 직무의 분담職務分擔, 행동의 일치行動一致라는 원칙 아래 공고히 단결하도록 훈련하여 민족운동의 근간이 될 지도적 인물들로 양성하는 단계이다.

(2) 진행준비는 위의 기초 단계를 통해 배출된 지도적 인물들이 곳곳에서 학업단學業團과 실업단實業團을 만들어 인재人材와 재정財政을 준비해 가는 단계이다. 학업단은 통신 혹은 서적을 통한 공동수학共同修學이나 학교 교육을 통한 전문수학專門修學 등으로 덕육德育, 지육智育, 체육體育의 각종 학업을 수행하는 조직체를 결성하여 활동하는 것을 말하며, 실업단은 농업, 상업, 공업을 위한 회사를 조직하고 금융기관과 교통기관을 만들며 각 개인들의 경제력을 제고하는 여러 활동을 뜻했다.

(3) 완전준비는 위의 학업단과 실업단들의 활동에 의해 각 부문의 인재들이 속속 양성되고 장차 소요될 재정이 확보되는 단계이다. 즉 장차 적절한 기회에 결행할 독립전쟁에 대비하여 독립군 지휘관을 비롯해 정치가, 기술자, 의사, 실업가, 학자 등 각 분야 전문 인재의 확보가 이루어지고, 아울러 군사비와 건설비 및 외교비가 비축되는 단계를 말한다.

(4) 진행결과는 드디어 일제와 독립전쟁을 결행하고, 그와 동시에 전 민족적 대표성을 갖는 민주공화제의 근대적 정권新政體을 수립하는 단계이다.

(5) 완전결과는 독립전쟁을 통해 마침내 일제를 구축하여 국권을 완전히 회복한 다음, 문명부강한 국가를 건설해 가는 단계이다.

이를 통해서 보면 20대 후반의 청년 안창호는 일제에 의해 날로 국권이 침탈되어 가던 극한 상황 속에서도 절망하지 않고 오히려 민족의 자주독립과 번영 그리고 발전이라는 원대한 이상을 가꾸어 가면서 그에 도달하기 위한 전 도정을 매우 정밀하게 모색하고 있었음을 알 수 있다. 어쨌든 그의 귀국과 함께 제안되고 그에 입각해 비밀결사 신민회가 결성됨으로써, 그동안 국권 회복 혹은 독립이라는 목표를 가지고 산발적으로 전개되어온 애국지사들의 구국운동이 신민회라는 구심점 아래 민주공화국건설이라는 최종 목적과 독립전쟁준비라는 좀더 분명한 중간 목표를 갖게됨으로써 크게 활력을 더하게 되었다.

물론 신민회운동은 1910년 일제에 의한 식민지화를 저지하지는 못하였다. 오히려 이듬해 일제에 의해 그 존재가 발각되어 대대적인 탄압을받아 강제로 해체되고 말았다. 그러나 여기에 참여했던 인물들은 이후 대한민국 임시정부와 무장독립군 단체들을 비롯하여 민족독립운동의 각 분야에서 지도적 역할을 수행했다. 결국 신민회는 불과 3, 4년간 존속했던극히 단명한 조직이었지만 우리 민족이 일제의 한반도 강점에 따라 절체절명의 위기를 맞았던 시기에 가장 중요한 근대 민족운동의 중심 이론과수많은 인적 자원을 공급하였다.

돌이켜 보면 우리 근대역사는 제국주의로부터 자주와 독립 그리고 근대적인 국민과 국가를 형성하는 양면의 과제를 안고 힘겨운 노력을 계속해 왔다. 이 같은 과제에 대응하는 민족주의와 민족 세력의 형성과 발전이 가장 중요하였다. 안창호의 발의와 주도로 결성된 비밀결사 신민회는바로 식민지화 직전에 민주공화국건설과 독립전쟁준비를 이념과 방법으로 하는 한국근대민족주의를 완벽히 정립하여 독립운동의 정신적 원동력을 마련해 주었다. 아울러 신민회는 이 같은 한국근대민족주의를 신념화한 인재들을 대거 배출해 식민지 시기 민족독립운동의 지도층으로 활약하게 하는 절대적 공헌을 했다.

또 이를 안창호 개인의 입장을 중심으로 보면 원격지인 미주 교민들의 지도자였던 그가 신민회 운동을 거치면서 이제는 한국근대민족운동의 가장 중심부에 진입해 위치함으로써 민족 전체의 최고 지도자가 되었다. 아울러 그에 의해 정립된 민주공화국건설론과 독립전쟁준비론을 중심축으로 한 민족운동론은 한국 민족이 국권을 상실하고 일제의 완전한 식민지로 전락한 속에서도 불과 10년 만에 봉기한 3·1운동에서 확인되듯 한국근대민족주의의 주류 사상으로 확고히 자리 잡았던 것이다.

(도산학회정기학술회의 발표, 2018.11.9.)

IV. 대한민국 임시정부와
도산 안창호의 6대 공로

1919년 민족대표 33인이 서명한 〈기미독립선언서〉는, '우리는 이에 우리 조선이 독립국임과 우리 조선인이 자주민임을' 널리 선언하였다. 그리하여 3·1운동은 민족대표들의 독립 〈선언〉으로 점화되었다. 그 후 민중들의 폭발적인 호응 속에 독립 쟁취의 길로 발전해 가는 기미도 보였지만 비무장 맨주먹만으로 저들의 무장한 군대와 경찰을 몰아낼 수는 없었다. 3·1운동은 결국 100여 일 만에 일제 무력에 진압당하고 말았다. 그러나 전 민족의 이름으로 독립을 〈선언〉하였으므로 정신적으로는 대한제국 소멸 이후 잠시 부재하였던 한민족의 국가가 그 즉시 부활한 셈이었다, 또 그 주권을 대표하기 위한 정부가 수립되어야 함은 당연한 수순이었다.

이제 내년이면 100주년을 맞는 대한민국 임시정부와 관련해서 우리는 특별히 도산 안창호 선생을 기억하지 않을 수 없다. 그는 적어도 다음 여섯 가지 점에서 대한민국 임시정부의 최대 공로자이기 때문이다.

첫째, 도산은 대한민국 탄생의 가장 밑바닥 기초를 닦아 준 인물이다.

1907년 도산은 미국에서 귀국해 당대 가장 선진적인 애국 동지들을 모아 신민회를 세웠다. 도산이 만들고 주도한 신민회는 장차 일본 군대를 몰아내기 위해 독립전쟁을 준비하는 한편, 정치적으로는 낡은 대한제국을 뒤엎고 새로운 대한민국을 세우기 위한 공화주의 혁명운동의 비밀단체였다. 비록 일제의 강점으로 신민회 또한 3년 만에 해체되고 말았지만 그가 동지들을 설득해 공유했던 민주공화국 건설의 지표는 열정적인 교육과 계몽활동을 통해 청소년층에게 급속히 확산되었다. 그리하여 불과 10여 년 만에 3·1운동을 통해 민주공화국가 대한민국 수립으로 귀결되는 역사 속의 한 기적을 창출했던 것이다.

둘째, 도산은 단지 명의상의 조직에 불과했던 대한민국 임시정부를 실체를 갖춘 정부로 만들어 낸 공로자이다. 3·1운동 직후 상해에 모인 29명의 독립운동가들이 이틀간의 철야 토의 끝에 대한민국이라는 국호와 10개조의 임시헌장을 정하고 정부 책임자들을 선임하였다. 하지만 말하자면 이는 아직 대한민국 임시정부라는 건축물의 외관 스케치에 불과하였다. 그 설계도에 따라 실제 건물을 세우고 내부 장식을 하고 초기의 실제 살림까지 책임진 인물이 도산이었다.

당시 미국에서 대한인국민회 중앙총회장으로 있던 도산은 국내의 독립만세운동 소식을 접하자마자 그 신성한 의미를 즉각 파악하고 상해로 달려왔다. 내무총장에 선임되어 있던 그는 국무총리 대리를 겸해 취임하여 정부청사를 마련하고 직원을 채용하여 배치하는 한편 각지의 지도자들을 초치해 실제로 내각을 구성해 냈다. 그 밖에 각종 법령과 독립운동

방략을 제정하고 연통제를 운영하고 기관지로 독립신문을 발간한 일 등
은 일일이 헤아리기도 어렵다. 임시정부가 그 초기에 나름대로 면모를 갖
추고 가동을 시작한 것은 오로지 도산이 있었기에 가능하였다.

셋째, 도산은 대한민국 임시정부의 정통성을 확립한 공로자이다.

3·1 독립 선언으로 정부를 수립하는 일은 당연한 역사적 요청이었지
만 당시 교통 통신의 제약으로 최소 세 곳으로 나뉘어 나타났다. 전 민족
을 대표하는 정통성 있는 정부를 만들기 위해서는 반드시 통합이 요구되
었다. 도산은 기꺼이 자기 희생을 감내하면서 각고의 노력 끝에 세 개의
정부들을 하나로 통합해 내는 데 성공하였다. 그리하여 통합 대한민국 임
시정부가 민족사적 정통성을 확고히 하는데 절대적으로 기여한 것이다.

넷째, 도산이 일찍부터 임시정부 최대의 후원 세력을 키우고 조직한 공
로 또한 잊어서는 안 된다.

일찍이 미국에 유학 간 그가 학위 취득을 포기하고 대신 초창기의 가난
한 한인 교민들을 모으고 훈련하여 키워낸 대한인국민회와 흥사단은 대
한민국 임시정부의 출범 때부터 최대의 지지 후원 세력이었다. 미주의 교
민들은 어려운 삶 속에서도 도산을 통해 지속적으로 임시정부의 재정을
후원하였다. 도산을 매개로 한 미주 교민들의 재정적 후원을 빼고서 임시
정부의 출범과 유지를 생각하기는 어렵다.

다섯째, 도산은 임시정부를 사퇴한 후에도 밖에서 시종일관 그를 지지
후원한 공로자이다.

도산은 대통령 이승만과 국무총리 이동휘를 중심으로 한 통합 임시정
부가 장기간 독립운동을 총지휘하면서 끝내 국권의 광복을 이루기를 충

심으로 바랐다. 그러나 임시정부와 독립운동의 가장 핵심 구심점이 되어야 할 이승만이 실제로는 최대의 방해물이 되고 말았다. 독선적인 성격에 친미 외교 일변도의 편향된 생각을 가진 이승만은 대한민국 임시정부의 대통령이라는 타이틀은 중시하면서도 정작 임시정부의 운영 자체에는 무성의하였다. 그리하여 먼저 이동휘가 반발하여 떠났고 도산 자신도 2년 만에 이승만 체제의 임정 개조가 불가피하다 판단하고 이를 위해 부득이 사퇴하였다. 도산은 비록 스스로는 정부에서 떠났지만 그는 자신의 영향 아래 있는 측근 인물들과 미주 교민들의 재정을 지원해 극도로 약화된 임시정부를 시종일관 지지 후원하였다.

여섯째, 도산은 초기 임정이 실체를 갖추고 가동을 시작할 수 있게 한 설립과 운영의 실질적 주역일 뿐 아니라 그 사상적 지도자이기도 했다. 도산은 임정의 첫 각료로서 내무총장 겸 국무총리 대리에 취임하면서 임정의 사명과 방향을 명쾌하게 정의하였다. 한반도에 모범적 공화국을 수립하여 동양평화와 세계평화에 기여하자고 하였는데 여기서 말하는 모범적 공화국은 그가 한말 신민회운동 때부터 강조해온 자유문명국으로서 자본주의 체제의 공화국을 의미한다고 볼 수 있다. 그러나 곧바로 우리 사상계에는 1917년 러시아혁명의 영향으로 공산주의 사상이 거세게 유입되었고 그 결과 독립운동계의 좌우 분화가 초래되었다. 항일 독립운동의 성공적 진행을 위해서는 이런 사상적 분열을 극복하기 위한 좌우합작이 절실했고 그러기 위해서는 사상적으로도 좌우 절충의 중도적 이념이 요구되었다. 우리 독립운동사에서 좌우합작운동과 중도사상을 이끈 최고 지도자가 바로 도산이었다. 1920년대 후반 이후 임정을 비롯한 중국의

우리 독립운동계가 좌우합작과 도산이 정립한 대공주의大公主義의 방향
으로 나아간 것은 바로 도산의 영향력 때문에 가능하였던 것이다.

도산은 비록 1932년 윤봉길 의거를 계기로 일제 군경에 체포당해 독립
운동 전선에서 퇴장하여야 했고 해방을 7년 앞둔 1938년에 타계하였다.
해방 후 귀국한 백범 김구는 가장 먼저 망우리의 도산 묘소를 찾아 참배
하였다. 이는 단지 두 사람 개인 간의 긴밀했던 정리 때문만이 아니고 후
기 임정의 중심 인물로서 백범이 전반기 임정의 절대 공로자인 도산에게
올리는 감회 어린 귀국 보고였다고 할 것이다.

(흥사단, 『기러기』 2018년 3월호.)

V. 3·1운동 100년, 대한민국 100년

1. 3·1운동과 민족 독립

1919년 3월 1일 서울 파고다공원에서 독립선언서가 낭독되면서 시작된 3·1운동은 그 누구도 예상치 못한 대규모 항쟁으로 비화되었다. 약 100일간에 걸쳐 한반도 곳곳에서 근 200여만 명이 참가한 것으로 추산되는 만세 시위는 당시의 피압박 민족들은 물론 제국주의 강대국들의 언론에서도 주목하지 않을 수 없는 엄청난 사건이었다. 의외의 사태에 황겁한 일제는 군경을 동원해 강경한 진압에 나섰다.

맨손의 시위자들을 향해 무자비한 총검을 휘둘러 7,600여 명의 사망자와 15,000명이 넘는 부상자 그리고 수만 명의 구속 수감자가 발생하였다. 그 밖에도 수많은 학교와 교회 그리고 가옥이 불탔다. 지난 20세기 세계 도처에서 일어난 식민지 해방투쟁의 역사 속에서도 명실공히 최대 규모의 항쟁이었다. 당연히 그 파급 효과와 영향력 또한 누구도 기대하지 못했을 만큼 크고 깊었다.

무엇보다 1945년 민족 해방의 결정적 계기가 되었다. 3·1운동은 일제의 집요한 거짓 선전을 여지없이 부숴 버리고 온 세상에 한국 민족의 독립 의지를 강렬하게 각인시켰다는 점에서 결정적인 의미를 갖는다. 일제는 1910년 대한제국을 강제 병합한 이후 끊임없이 거짓말로 세계 사람들을 속여 왔다. 자신들이 한국을 합병한 것은 어디까지나 한국 쪽의 요청에 따른 것이며, 합병 이후 한국은 학교, 병원, 도로, 항만, 철도 등 다방면에서 근대화가 잘 진행되고 있고 따라서 한국인들도 자신들의 통치에 만족하고 있다고 전력을 다해 선전해 온 터였다. 기껏 그 근거로 내세운 것은 가소롭게도 자칭 100만 회원을 사칭한 친일 매국단체 일진회의 합방 청원서였다. 이는 물론 이용구와 송병준 등 썩은 무리의 우두머리들이 일제의 사주를 받아 제출한 한갓 종이쪽에 불과하였다.

식민지화를 저지하기 위해 목숨을 걸고 치열하게 싸웠던 항일의병들의 항쟁을 제대로 알지 못하던 세계 사람들은 이 같은 거짓 선전에 속을 수밖에 없었다. 또 합병 후에는 일제의 혹독한 헌병 무단통치하에서 숨죽이며 살 수밖에 없었으므로 일제의 한반도 지배는 표면상 별다른 문제가 없어 보였다.

그런데 합병 후 불과 9년 만에 터져 나온 3·1운동의 만세 함성은 일제의 거짓 선전을 일거에 깨뜨려 버렸다. 일제의 한국 지배는 강압에 의한 것으로 한민족의 의사에 반하는 것임이 명백히 드러나게 되었다. 따라서 일제 패망 후 강대국의 지도자들이 당연스럽게 한국을 일제의 지배에서

떼어내 독립시켜야 한다는 판단을 하게 된 데는 끊임없는 독립운동, 그중 에서도 거족적 3·1운동이 결정적인 역할을 한 것이다.

이는 오늘의 오키나와와 비교해 보면 그 의미를 잘 알 수 있다. 오키나 와도 오랜 기간 독립 왕조였으나 1879년 일제의 무력에 강점당하였다. 그러나 오키나와는 국력이 너무 미약하여 독립운동다운 독립운동을 하지 못한 결과 일제 패망 후에도 여전히 그 영토의 일부가 되어 있는 것이다. 우리 독립운동은 비록 직접 일대일로 일제를 꺾지 못하였지만 세계 시민 들과 그 지도자들에게 강고한 독립 의지를 공인받아 일제가 패망한 후 저 절로 해방을 얻을 수 있게 한 원동력이 되었다. 이 점에서 일부에서 말하 는 독립운동무용론은 전혀 무식의 소치라 하겠다. 해방과 독립은 연합국 승전의 결과로 거저 얻어진 것이 결코 아니었다. 애국선열들의 피와 땀의 광복운동의 소중한 결실이었던 것이다.

2. 대한민국의 탄생과 과제

3·1운동은 직접적으로는 한국 민족의 독립운동이 본격화되는 계기가 되었다. 3·1운동은 당시 참여했던 수많은 청년들을 대오 각성시켜 애국 의 투사로 변모하게 하였다. 그들의 만세 시위 체험은 일제에 대한 공포 감을 극복하게 하였고 일부 체포 또는 구금당했던 이들은 석방 후 국외로 탈출해 무장독립군 단체에 가담하는 등 본격적인 독립투사가 되었다.

이때 특히 주목할 점은 3·1운동을 직접적인 계기로 하여 임시정부가 수립되어 9년 동안 끊어진 국맥을 잇게 된 사실이다. 1919년 3월 1일 민족대표 33인이 서명한 〈기미독립선언서〉는, '우리는 이에 우리 조선이 독립국임과 우리 조선인이 자주민임'을 널리 〈선언〉하였다. 그리하여 3·1운동은 민족대표들의 독립 선언으로 시작되었다.

일제가 무력으로 한반도를 강점한 가운데 우리가 그 굴레에서 벗어날 수 있는 길은 다음 세 가지 경로를 생각해 볼 수 있었다.

첫째는, 우리 스스로의 힘으로 저들로부터 독립을 〈쟁취〉하는 길이었다. 항일의병과 독립군과 광복군과 조선의용군과 항일유격대 등이 목숨을 걸고 싸운 이유였다. 그러나 당시 실정은 일제의 강력한 무력을 자력만으로 꺾기는 불가능한 실정이었다.

둘째는, 갖가지 이유와 명분을 들어 저들을 달래고 설득해 해방시켜 줄 것을 간청하는 독립 〈청원〉의 방식을 생각해 볼 수 있었다. 그러나 한반도 점령을 대륙침략의 필수불가결한 발판으로 여기는 저들에게 처음부터 이런 바람은 전혀 무망한 노릇이었다.

셋째는, 쟁취도 청원도 불가능할 때 마지막 남은 제3의 길은 독립을 〈선언〉하는 것이었다. 피아간의 역량을 불고하고 저들의 의향 여하를 불문하고 독립을 향한 우리 자신의 확고한 의지를 스스로 널리 표명하는 방식이었다.

이 중 선언의 방식을 택해 이루어진 3·1운동은 그 후 민중들의 폭발적인 호응 속에 독립 쟁취의 길로 발전해 가는 기미도 보였지만 비무장 맨주먹만으로는 저들의 무장한 군대와 경찰을 몰아낼 수는 없었다. 3·1운동은 결국 석 달여 만에 일제의 무력에 진압당하고 말았다. 그러나 전 민족의 이름으로 독립을 〈선언〉하였으므로 정신적으로는 대한제국 소멸 이후 잠시 부재하였던 한민족의 국가가 그 즉시 부활한 셈이었다.

그런데 중요한 사실은 3·1운동으로 부활한 한국 민족의 국가가 조선왕조나 대한제국의 재현으로서가 아니고 대한민국, 즉 민주공화국으로 환골탈태하여 가장 현대화된 모습으로 나타났다는 점이다. 그 의미는 1907년 비밀결사 신민회를 만들어 우리나라 공화국운동을 주도하고 나아가 임시정부 지도자의 한 분으로 활약했던 도산 안창호 선생의 다음 연설에서 극명히 확인된다.

"오늘날 우리나라에는 황제가 없나요? 있소. 대한 나라에는 과거에는 황제가 한 사람밖에 없었지마는 금일에는 이천만 국민이 다 이 황제요. 제군의 앉은 자리는 다 옥좌며 머리에 쓴 것은 다 면류관이외다. 황제란 무엇이오? 주권자를 이름이니 과거의 주권자는 유일이었으나 지금은 제군이 다 주권자외다……"

1920년 1월 3일 상해 교민들의 신년축하회 연설 중에서

즉 돌이켜 보면 우리 민족은 표면적으로는 일제에게 강점당해 9년 동안 나라 없는 노예 시대를 살고 있었다. 그러나 내면적으로는 한말 신민회 운동 시기부터 민주공화국 사상을 표출하기 시작하다가 3·1만세 함성과 함께 주권재민의 민주주의 시대를 활짝 열어제친 위대한 성취를 이루었다. 군주 일인 주권 시대에서 전 국민 주권 시대로 비약한 것이다. 이 때문에 우리는 3·1운동을 단순한 독립운동이 아니라 3·1혁명으로 부르기도 한다.

어쨌든 전 민족의 이름으로 대한민국이 수립되었으므로 그 주권을 대표하고 운영하기 위한 정부가 수립되어야 함은 너무도 당연한 수순이었다. 그런데 당시는 일제 강점하라는 조건 때문에 국내에서 통치권을 행사할 수는 없었으므로 영토 밖에 근거를 둔 임시정부가 될 수밖에 없었다. 해방 후 국내로 들어와 1948년에 비로소 정식정부가 수립되어 남쪽의 대한민국을 운영하게 되었음은 다 아는 사실이다.

모두 알고 있듯이 올해는 3·1운동 100주년이고 거기에 연원한 대한민국 건국 100주년이기도 하다. 3·1운동의 정신을 잘 기념하고 계승함은 우리의 매우 중요한 책무가 아닐 수 없다. 그중에서도 당시 삼천리 방방곡곡 이천만 남녀노소가 한마음으로 외쳤던 뜻을 거슬러 올라가 보면 오늘 우리의 사명은 하루빨리 한반도에 화합과 평화의 민족공동체를 건설하는 일일 것이다.

(흥사단, 『기러기』 2019년 3월호.)

VI. 초기 임시정부의 체제 정비와 안창호

안창호의 초기 임정 활동과 독립운동 방략

1. 머리말

오랜 기간에 걸쳐 넓은 지역을 무대로 다양한 이념과 방법론을 갖고 전개되었던 우리나라 독립운동사 속에서 대한민국 임시정부의 존재는 우선 정부라는 그 상징성만으로도 큰 의미를 갖는다고 할 수 있다. 주지하듯이 임시정부는 거족적 독립운동인 3·1운동의 성과 가운데 하나로 나왔다. 그러나 임시정부의 건립은 일부에서 비판적으로 주장하듯 소수 정치지향적 인물들에 의해 3·1운동에 편승해 비로소 돌출적으로 이루어졌던 것은 아니다. 1910년 국권을 빼앗긴 바로 직후부터 민족 정권의 재건이라는 과제는 독립운동가들에게 궁극적인 목표일 수밖에 없었기 때문이다.

그리하여 대한제국의 국권을 탈취당한 후 바로 미국에서의 대한인국민회중앙총회 결성(1912), 연해주에서의 대한광복군정부 조직(1914), 만주에서의 대동단결선언 발표(1917) 등에서 보듯 민족 정권의 수립을 지향한 의지의 표현이 계속되었다.[1] 그러다가 3·1운동의 〈독립선언〉의 정신을 계승하기 위해서는 민족을 대표하는 최고기관 겸 독립운동의 최고지휘부로서 정부가 만들어져야 한다는 암묵적 합의에 따라 나왔다고 할 수 있다.

그러나 넓은 지역에 산재한 독립운동가들에 의해 각기 분산적으로 추진될 수밖에 없었던 조건 때문에 결과적으로 정부수립운동은 1919년 3월과 4월에 걸쳐 최소한 세 갈래로 나타나게 되었다.[2] 노령의 대한국민의회(1919. 3. 17)와 상해의 대한민국 임시정부(1919. 4. 13), 그리고 서울의 한성정부(1919. 4. 23)가 각기 선포되었던 것이다. 그 가운데 한성정부가 국내에서 만들어졌다는, 명분상 우월한 점을 가졌다면 실질적 세력 기반의 측면에서는 노령의 국민의회와 상해 임정이 보다 분명한 실체를 갖고 있었다고 볼 수 있다.

어쨌든 3·1운동으로 분출된 민족 정권 재건의 여망에 제대로 부응하기 위해서는 무엇보다도 이들 세 정부가 원만하게 통합되어야 했으며, 통합정부는 민족 역량을 실질적으로 총결집하는 구심체가 되어 독립운동을 이끌어갈 책무를 안고 있었다고 하겠다.

이제 여기서는 초창기 상해 임정에 참여하여 그 기초를 닦고 통합임정을 출범시키는데 절대적인 역할을 수행했던 안창호의 활동을 살펴보면서

---

1 조동걸, 「임시정부 수립을 위한 1917년의 〈대동단결선언〉」, 『한국학논총』, 1987, p.9.
2 그 밖에도 이른바 전단정부라고 부를 수 있는 정부 조직 안이 몇 개 더 발표된 바 있다.

동시에 그가 임정 활동을 통해 실현하고자 했던 구상의 내용이 무엇이었는지에 대해 알아보고자 한다.

2. 임정 참여의 경위

안창호가 상해 임정의 내무총장에 취임한 것은 1919년 6월 28일이다. 그런데 안창호의 임정 참여는 불과 몇 달 전까지만 해도 그 자신마저 전혀 예상하지 못했던 일이다. 1차 세계대전이 연합국의 승리로 끝나고 파리강화회의의 개최를 앞둔 시점, 따라서 미국에 있던 우리 교민들에게도 세계질서의 개편 움직임에 따른 국제정세 변화에 대한 기대감이 한창 고조되고 있던 1918년 10월 그는 흥사단우들을 대상으로 「전쟁 종결과 우리의 할 일」이라는 제목의 담화문을 발표한 바 있다. 여기서 그는 지금 우리가 본격적 독립운동인 독립전쟁이나 독립외교를 전개하는 것은 말할 것도 없고, 그에 앞서 필요한 해외 한인의 대동단결체를 만들려고 시도하는 일조차도 아직은 시기상조라고 하면서 지금까지 해왔던 것처럼 실업과 수학修學에 더욱 힘쓸 때라고 당부하였다.[3] 이는 곧 그가 평소에 견지해온 독립운동의 장기 구상에 의거해 볼 때, 우리 민족이 아직 본격적인 독립운동의 단계에 이르지 못했으며 그에 앞서 여전히 인재와 재정의 확보를 위한 기초 수립과 실력 준비에 매진해야 할 단계로 본 때문이다.[4] 그

3　도산기념사업회, 『안도산전서』, 중, 범양사 출판부, 1990, pp.82-88.

러나 이 같은 그의 생각은 3·1운동의 소식을 접하면서 바뀌게 된다. 안창
호가 국내의 3·1운동 소식에 접한 것은 3월 9일이었으니 상해에서 현순
이 보낸 전보를 통해서였다.[5] 당시 대한인국민회의 중앙총회장이던 그는
즉시 국민회 간부들과 국내 상황에 관해 협의하였으며 3월 13일에는 중
앙총회를 소집하고 다음과 같이 연설하였다.

"…우리가 독립선언의 대사건이 발생하기 전에는 내지 동포의 내정
을 몰라 앞뒤를 돌아보며 주저하였지마는 오늘 전국 민족이 나라를 위
하여 생명을 바치는 때에는 대한 민족의 일 분자된 우리는 재주와 힘
을 다하여 생명을 희생하여 죽기까지 용감하게 나아갑시다. 죽기를 맹
세하고 나아가면 우리는 서로 의리의 감동이 있을 것이외다. ……나는
미주, 하와이, 멕시코 전부 동포를 대표하여 갈충보국을 결심하였음을
공변되히 말씀합니다."[6]

일단 국내 동포들이 희생을 무릅쓰고 일제에 저항하여 독립운동을 감
행한 이상에는 우리의 준비 정도나 독립 달성의 가능성 여부를 떠나 독립

---

4 그는 우리 독립운동을 장기적 관점에서 보면서 다음과 같은 다섯 단계를 거쳐야 한다고 평
소 생각하였다. 즉, (1) 기초, (2) 진행준비, (3) 완전준비, (4)진행결과, (5) 완전결과가 그
것이었다. 당시 고조된 분위기 속에서 교민사회의 일반적 기대는 4단계의 본격적인 독립운
동을 희망하고 있었으나, 그는 아직 우리의 수준이 1단계 및 2단계의 인재양성과 재정준비
단계에 있다고 냉철히 말하고 있다. 그의 5단계 구상에 대해서는, 이명화: 「도산 안창호의
독립 운동과 노선」, 『안도산전서』 하, p.109.

5 「대한독립선언」, 『신한민보』 호외, 1919.3.13.

6 도산기념사업회, 위의 책, pp.89-91.

운동은 계승되고 지속되어야 한다고 본 것이다.

이어 3월 15일 미주, 하와이, 멕시코 재류 동포 전체 대회의 결의에 따라 중앙총회장인 그 자신이 스스로 원동에 파견될 대표로 선정되었다. 이는 물론 그의 자원에 따른 일이었다. 그는 국민회 북미지방총회 특파원의 자격으로 2명의 수행원을 대동하고 4월 5일 중국을 향해 미국을 떠났다.

그러면 원동행을 자청했던 당시 그는 어떤 구상을 갖고 있었을까?

위의 연설들에서도 확인되거니와 그는 3·1운동을 통해 독립이 즉시 이룩되리라는 기대는 물론 갖지 않았다. 그러나 즉각적인 독립 달성에는 실패하더라도 일단 거족적 독립운동이 시작된 이상 그 성패를 떠나 독립운동은 지속되어야 하며, 이를 계기로 최소한 해외 동포의 총단결체가 만들어져야 한다는 생각이었다. 해외 동포의 대동단결에 관한 지금까지의 부정적 전망과는 달리 3·1운동의 고조된 분위기 속에서라면 각지 독립운동 지도자들의 결집이 가능할 수도 있으며, 그럴 경우 이를 기반으로 본격적인 준비에 나서 다음에 올 독립의 기회를 놓치지 말아야 한다는 한걸음 진전된 생각이었다. 이때 그가 구상한 대동단결의 조직체는 정부의 형태가 아니라 당의 형태로서 과거 신민회 정신의 연장선상에 선 대독립당이었으리라고 여겨진다.[7]

안창호는 호주와 홍콩을 거치는 50여 일의 여정 끝에 5월 25일 상해에 도착하였다. 그가 도착했을 당시 상해에는 이미 대한민국 임시정부가 조직되어 있었으며 출범한 지 한 달여가 지난 임정에는 노령 국민의회와의

---

7   주요한, 『안도산전서』 상(전기편), 범양사 출판부, 1990, p.201.

통합문제가 주요 현안으로 대두되고 있었다.

그 경위를 간략히 살펴보면 다음과 같다. 1919년 4월 13일의 상해 대한민국 임시정부 수립 선포는 연해주 및 간도 지역의 독립운동자들에게도 즉시 알려졌으며, 이에 이틀 후인 4월 15일 대한국민의회는 원세훈을 통하여 대한국민의회와 상해의 임시의정원을 병합하되 정부의 위치는 노령에 둘 것을 제의했다. 연해주의 국민의회는 상해 임정에 대해 경쟁적인 의식을 갖고 있기는 했으나 공식적으로는 일단 가승인假承認 조치를 취하였으며 통합 교섭에 나서기로 결정하였다. 따라서 대한국민의회의 중심 인물이면서 상해 임정에서도 각료로 선임된 문창범(교통총장), 이동휘(군무총장), 최재형(재무총장)은 여전히 노령에 머물러 있었지만 대신 5월 7일 원세훈이 국민의회의 대표로 상해에 와서 통합 교섭이 시작되었다.[8]

그런데 이때 상해 임정에서는 이미 자체 내에서도 임정의 위치 문제를 놓고 의견의 대립이 노정된 바 있었다. 즉 노령과 간도에서 온 인사들은 내각 전체 혹은 교통부와 외교부를 제외한 부서들의 노령 혹은 간도 이전을 주장했던 것이다. 그러나 더 많은 사람들은 이에 반대하였다. 그런 논란의 와중에서 의정원 의장으로 국무총리 대리를 겸하던 이동녕이 5월 9일 총리 대리직을 사임하였으며 법무총장 이시영도 다음날 사임하고 말았다. 임시의정원에서는 5월 13일 정식으로 임정의 위치 문제를 논의한 끝에, 의정원은 임시정부와 밀접한 관계에 있어 분립하기 어려우므로 대한

---

8 반병률, 「대한국민의회와 상해임시정부의 통합정부 수립운동」, 『한국민족운동사연구』 2, 1988.

국민의회를 임시의정원에 통합할 것을 결의하고 정부가 국민의회 측에 사람을 보내 조사한 다음 안건을 확정해 의정원에 제출하도록 결정하였다.

의정원의 결의에 따라 임시정부는 국민의회의 대표로 상해에 파견되어온 원세훈과 수차례에 걸쳐 협상하는 한편, 노령에 파견할 전권위원이 가져갈 다음의 통합 시안을 의정원에 제출하였다.

1) 임시정부의 위치는 상해에 둔다.
2) 임시의정원과 국민의회를 합하여 의원議院을 조직하되 노령에서 의원의 위치를 노령에 두기로 절대 주장할 시는 이를 허용함(단, 노령 측 의원은 6인 이내로 함).
3) 의원은 단순한 의사기관만 될 일(이유: 노령 국민의회는 3종 성질을 함께 갖고 있기 때문).

상해 임정의 통합안은 부득이한 경우 의회를 노령에 둘 수도 있다는 점 외에 정부의 위치에 대해서는 양보할 수 없다는 입장을 분명히 한 것이다.[9] 노령과 상해 양측이 통합정부의 위치에 대해 각기 자기 쪽에 두어야 한다고 고집하는 것은 장차의 임정 정책 방향과 관련될 뿐 아니라 무엇보다도 정부 구성과 운영의 주도권 문제에 직결되기 때문이었다.

안창호가 상해에 도착했을 때 임정은 이처럼 국민의회와의 통합 문제 및 그와 결부된 위치 문제로 논란의 와중에서 헤어나지 못하고 있었다.

---

9 위의 글 참조.

그 밖에도 임정은 여러 면에서 어려운 처지에 놓여 있었다. 우선 정부는 국무총리 이승만과 6부 총장으로 이루어져 있었지만 법무총장 이시영 외에는 현지에 있지도 않았으며 이제 그마저도 사임해 버린 상태였다. 앞에서 말했듯이 의정원 의장이던 이동령도 국무총리 대리로 정부를 이끌다가 총리 대리직을 내놓은 뒤였다. 정부청사는 물론 없었고 자금도 전혀 없어서 망명한 독립운동가들의 고조된 열정만이 있을 뿐 조직과 재정 등 실질적인 면에서는 정부로서의 최소한의 기반도 갖춰지지 못한 상태였다.

이런 상황에서 내무총장으로 선임된 안창호에게 많은 사람들이 큰 기대를 가졌던 것은 무리가 아니었다. 그는 일찍이 한말 신민회운동의 주역으로서 기획과 실행, 그리고 조직 면에서 탁월한 역량을 발휘한 바 있으며, 최근까지 대한인국민회 중앙총회장으로서 미주교민들의 최고 지도자였으므로 특히 재정적 측면에서 크게 기대가 되었을 것이다. 그는 도착 이튿날인 26일 저녁 교민 친목회가 주최한 환영회에 참석하여 연설하는 것을 시작으로 상해에서의 활동을 시작하였다. 5월 말에서 6월 초의 10여 일 동안에만 4회의 연설을 했으며, 아울러 많은 사람들의 방문을 받고 접견하였다.

네 차례 연설을 통해 그는 무엇보다 통일과 단합을 역설하는 한편, 임시정부를 영광스러운 정부로 만들어야 한다는 것, 성심으로 정부를 섬겨야 한다는 것, 정부를 욕만 하지 말 것, 나라 일에 합심하여 참여할 것 등

을 일관되게 강조하였다.[10] 이어 6월 25일에는 임정에의 취임을 전제로
독립운동의 방침을 피력하였으며,[11] 마침내 28일에는 정식으로 내무총장
에 취임하였다.

그러나 그의 임정 참여가 아무런 내적 갈등 없이 순탄히 이루어진 것만
은 아니었으리라 생각된다. 앞에서 말한 것처럼 그는 본래 민족의 대동단
결체로 정부 조직보다는 운동체적 성격의 당 조직을 적합하게 여겼다. 통
치체적 성격의 정부 수립은 일본과의 독립전쟁 개시 후, 곧 본격적인 독
립운동 단계에서의 과제로 생각하고 있었기 때문이다. 그러나 상해에 도
착해서 본 현지 상황은 이미 정부 조직이 기정 사실화되어 있어 다른 선
택의 여지가 없었다. 따라서 그의 애초 구상은 부득이 변경되지 않으면
안 되었던 것이다.

그는 내무총장에 취임하면서 다음과 같이 말하고 있다.

"임시정부는 명의名義와 정신적 정부요, 장차 경성에 세울 정부의 그
림자외다. 우리 정부는 혁명당의 본부요, 3천만은 모두 당원으로 볼 것
이외다. 각기 제 기능 있는 대로 분업하여 독립을 위해 일할 뿐이오."[12]

즉 일단 중의에 따라 세워진 정부인 이상 이를 현실로 인정하되 실질적

---

10 그의 연설 초록은 도산기념사업회, 앞의 책, pp.91-96 참조.
11 여기서 그는 독립운동자의 통일 단결과 외교·군사·재정 등의 기본 방침을 말하고 있다. 위
　　의 책, pp.96-99 참조.
12 위의 책, p.101.

으로는 이를 혁명당의 본부로 간주하면서 오로지 독립운동을 위한 단결과 협력의 구심점으로 삼겠다는 구상을 피력한 것이다. 유일한 각료로서 국무총리 대리를 겸해 임정을 이끌게 된 안창호는 미구에 기왕의 위원제를 차장제로 바꾸어 각부의 차장들로 하여금 총장의 직무를 대행하도록 하면서 필요한 인원을 충원하고 제도를 정비해 나갔다. 무엇보다도 미주 국민회에서 가져온 돈 가운데 25,000 달러를 들여 임시정부의 청사를 마련함으로써 공간적으로 안정된 거점을 갖게 하였다. 이때부터 임정에서는 아침마다 조회를 열고 국기에 대한 경례와 애국가 제창으로 하루 업무를 시작하게 되었다.[13] 임시정부로서의 최소한의 기반을 마련한 셈이었다.

3. 임정의 통합과 지도자 규합

복수로 출현한 정부들을 단일정부로 통합해야 한다는 것은 그 자체로서 당위적인 일일 뿐 아니라, 차제에 국외 지도자들의 대동단결을 실현하겠다는 안창호의 원동행 구상과 관련해 볼 때도 가장 선결되어야 할 과제가 아닐 수 없었다. 안창호는 상해 임정의 기반 구축과 독립운동의 여건 조성을 위한 기초적인 시정을 펴나가는 한편 무엇보다 임정의 통합을 이루는 일에 노력을 경주하였다.

---

13 주요한, 앞의 책, p.205.

처음 그의 구상은 이른바 삼두정치三頭政治를 통한 3개 임정의 통합 방안이었다. 그가 임정의 대통합 방안으로 삼두정치를 생각한 것이 언제 부터였는지는 정확히 알 수 없다. 단지 그가 삼두정치에 대한 구상을 피력한 첫 기록은 내무총장 취임을 눈앞에 둔 1919년 6월 25일의 '독립운동방침'에 대한 연설에서 찾아진다. 독립을 목표로 통일과 외교, 군사와 재정을 강조한 이 연설에서 그는 첫 번째로 통일 방침을 이야기하는 가운데 다음과 같이 말하고 있다.

"독립운동이 일어나 우리나라 최고기관을 세우려 할 때 서로 교통이 불편하므로 동서에서 기관이 일어났으니, 오늘날은 이를 다 통일하여 야겠소. 아령 국민의회가 있소. 이로 인하여 각처에서 의혹이 많으오. 그런즉 우리가 다시 정식 대의사를 소집하되 이미 있는 대의사와, 아령, 중령, 미주 각지에서 정식으로 투표한 의정원을 다시 모아 거기서 지금 있는 7총장 위에 우리 집권 세 사람을 택하여 이 세 사람으로 파리와 워싱턴의 외교도 감독시키고 군사상 행동도 통일적으로 지휘함이 어떻소. 그러면 이 계획은 길어도 2개월이면 성공하겠소."[14]

곧이어 사흘 뒤 내무총장 취임 연설에서도 그는 다시 삼두정치에 대해 말했다.

---

[14] 도산기념사업회, 앞의 책, p.98.

"첫째로 우리의 단합에 대하여 더 말합니다. 우리 목적은 세상이 독립을 주든지 안 주든지 우리는 스스로 독립하는 것이외다. 이를 위하여서는 한 덩어리가 되어야 하겠소. 여기 대하여 구체적으로 할 것은 즉 다시 아, 중, 미 각지로부터 정식 의정원을 소집하여 거기서 주권자 삼인을 택하여 그 셋이 일곱 차관을 뽑아 의정원에 통과시키려 합니다. 이것은 두 달이나 석 달 동안에 되겠소. 지금 상해에 정부가 있으나 정부의 주권자도 다 상해에 있는 것도 아니오. 하므로 인심이 이리로 모이지 못했으니, 이 주권자 3분은 꼭 상해에서 일 볼 사람을 택하여야 하오. 이렇게 각각 자기가 선출한 대의사가 뽑은 주권자에게는 다 복종할 터이요."[15]

위의 두 글만으로는 그 내용이 너무 소략하고 또 서로 상치되는 부분도 있어 삼두정치제에 의한 안창호의 임정 통합 구상을 정확히 파악하기는 어렵다. 그러나 다음과 같은 대략의 추정은 가능하다고 본다. 그는 우선 이미 선임된 상해 임정의 의정원 의원들은 그대로 인정하고 여기에 노령과 간도, 그리고 미주에 각기 적절한 수의 의원을 추가로 배정하여 현지에서 선출하게 한 다음, 이들 세 곳의 의원들로 하여금 각기 1인의 대표자를 뽑아 통합임정의 공동대표자로 하는데, 이들 3인은 상해에 모여 합의하에 내각을 구성하고 의정원의 승인을 받은 다음, 이들이 내각을 지휘 감독하는 체제였다. 이는 상해를 중심 거점으로 하되 교민들이 많이 거주

---

15 위의 책, p.101.

하고 있는 노령과 간도와 미주의 세 지역에 충분한 배려를 베풀고 더욱이 대의제의 민주적 절차를 거침으로써 자연스럽게 국외 동포 사회를 아우르려는 구상이었다고 생각된다. 하지만 이때 그가 나름대로 이미 머리속에 노령과 간도와 미주의 각 지역을 대표할 3인을 상정하고 있었는지, 그렇다면 그 3인이 누구였는지부터도 확실히 단정해 말하기는 어렵다.[16] 단지 그는 복수의 임정을 통합하기 위해서는 해외 교민들의 현실적인 거주상황을 고려한 3인의 복수 대표자를 둠으로써 보다 원만한 성취를 이룰 수 있으리라 기대했던 것으로 짐작되는 것이다.

그러나 2~3개월 안에 완성될 수 있으리라고 기대하였던 그의 삼두정치제 통합 구상은 결과적으로 현실화되지 못하였다. 그 이유는 크게 두 가지였다.

첫째, 각기 나름대로 세력 기반을 갖고 있으면서 경쟁의식을 갖고 있던 상해 임정과 노령 국민의회 측 인사들이 서로를 견제하는 데 급급한 나머지 국내에서 국민대회를 거쳐 만들어졌다는, 명분상 유리한 점만을 갖고 있던 제3의 한성정부를 내세워 함께 승인하기로 한 때문이었다.

둘째, 그 한성정부에서 집정관총재로 선출된 이승만이 대외적으로는 자기 마음대로 대통령의 직함을 내세우면서 이미 선전 활동에 들어가 있

---

16 그러나 3·1운동 후 대체로 이승만, 이동휘, 안창호의 3인이 명망과 세력을 아울러 갖춘 세 지도자였음을 감안해 보면, 그가 미주 대표로 이승만, 노령 대표로 이동휘, 중령 대표로 자신을 상정했던 것이 아닌가 추정해 볼 수 있다. 물론 당시 안창호의 가장 직접적인 세력 기반은 홍사단 및 대한인국민회로 미주 교민사회에 있었지만 그가 이미 상해에 와 활동하고 있었고 간도와 상해에 평안도의 서북출신 인물들이 폭넓게 분포되어 있음을 고려하면 충분히 가능한 일이었다고 생각된다.

는 점이었다.

이러한 상황 전개는 상해 임정이 중심에 서긴 하지만 가능한 대로 넓은 틀 속에서 국외 교민 사회의 대통합을 이루어 내려던 안창호의 이른바 삼두정치의 구상을 무위로 돌아가게 하였다. 대의제적 참여의 방식에 기초한 삼두정치제 통합 구상은 철회될 수밖에 없었고 대신 「한성정부의 승인과 개조」라는 방식의 통합 방안을 추진하게 되었다. 여기서 한성정부를 승인한다는 것은 한성정부의 인선안에 따라 통합정부의 내각을 세운다는 것이고, 개조라 함은 그중에서 단지 집정관총재라는 명칭만은 대통령으로 개칭하자는 것인데 이는 물론 그동안 이승만이 대외적으로 자칭해 온 대통령 명의를 추인할 수밖에 없다는 판단에서였다. 그 취지는 안창호가 통합정부에서의 자신의 지위와도 결부되어 있던 노동국 문제가 논란되던 9월 5일의 의정원 회의에 출석해 행한 다음과 같은 설명 속에서 잘 드러난다.

"나余는 상해에 온來屆 이래로 통일을 위하야는 무엇이나 희생할 결심임을 누차 성명하엿노니 나의 환영회 석상에서 임의 역설한 바 아니뇨. 내가 일즉 삼두정치를 주장함도 통일을 위함이요 금차의 개조를 주장함도 또한 통일을 위함이라. 아모 타의他意가 없노라.

일즉 노령의 국민의회와 한성의 정부와 상해를 합하야 삼두로서 통일할 책策을 입立하엿스나, 시時 임의 만晩하야 지금은 한성의 정부를 개조하고 이승만박사를 대통령으로 선거하는 외에 통일의 도途가 무無할지라.

무슨 까닭何故오? 한성의 정부는 임의 한성 국민대회의 승인한 바요, 또 노령 국민의회도 이를 승인하기를 약속約하니 이제 상해의 의정원이 이를 승인하면 다시 이론異論이 없으리라. 이리하야 우리는 전국이 승인하는 통일정부를 얻으리니 이렇게 한 후에도 다시 다른 주장을 말하는 자 있으면 이는 국가의 적이라. 그러므로 한성의 정부는 가급적 일점일획이라도 개조치 말자 함이라. 오직 대통령 문제에 이르러서는 이미 이승만박사를 대통령으로 열국列國이 알고 있기 때문이오. 집정관총재를 대통령으로 개改하는 외에 다시 노동국을 개改하면 수미首尾를 다 개改함이니 이는 극極히 불가한지라."[17]

안창호가 주도하고 노령과 상해 측 일부 인사들이 사전에 합의하여 만들어진 이 통합안은 8월 28일 임시의정원에 회부되었으며[18] 상당한 논란을 겪기는 했지만 9월 6일 결국 원안대로 통과되었다.[19] 동시에 같은 날 만장일치로 선출해 줄 것을 당부하는 안창호의 제안대로 이승만이 임시대통령에 선출됨으로써 일단 통합임정의 틀이 만들어지게 되었다.[20] 1일에는 개정된 58개 조의 대한민국임시헌법이 정식 공포되었다.[21] 이에 앞서 노령 측 인사들도 8월 30일 국민의회를 해산하였다.

이러한 과정으로 통합임정이 이룩되기는 하였으나 그 결과는 완전히 원만한 것이 되지는 못하였다. 그 이유 역시 두 가지로 생각해 볼 수 있다.

---

17 도산기념사업회, 앞의 책, pp.109-110.
18 국사편찬위원회, 『한국독립운동사 자료』 2, p.419.
19 위의 책, pp.429-430.
20 위의 책, p.430.
21 위의 책, pp.11-16.

첫째, 「한성정부의 승인과 개조」에 대한 양측 해석의 차이 때문이었다. 노령 측 인사들은 한성정부를 승인한다는 것은 노령 국민의회의 해산과 더불어 상해 임정의 경우에도 임시정부는 물론이고 임시의정원도 동시에 해소되는 것으로 받아들였다. 그러나 이와 달리 상해 측에서는 이를 협의로 해석하여 정부 각료 구성만을 한성정부의 그것에 일치시키는 것일 뿐 의정원은 그대로 존속되는 것으로 이해하였다. 양측의 주장이 다 나름대로는 일리가 있다고 볼 수 있지만, 어쨌든 노령 측 입장에서 보면 상해 측 인사들이 자신들을 속인 것으로 여겨졌다. 이 때문에 문창범을 중심으로 한 국민의회의 주류파는 통합임정에의 참여를 거부하였을 뿐 아니라 장차 국민의회를 다시 재건하기에 이른다.[22]

둘째, 통합임정의 대통령에 이승만이 선출된 때문이었다. 이승만에 대한 일부 인사들의 반감은 일찍이 그가 상해 임정의 국무총리에 선출될 때도 제기되었지만 이제 통합임정의 최고책임자가 됨에 있어서는 더욱 심하게 표출되었다. 더욱이 심각한 것은 이승만을 앞장서 강력히 비난하고 반대한 사람이 다름 아닌 통합임정의 국무총리로 선임된 이동휘라는 사실이었다. 통합 작업이 끝난 직후 상해에 도착한 이동휘는 이승만이 한때 국제연맹에 위임통치를 청원한 사실을 들어 그를 격렬히 매도하였다. 당시 이승만에 대한 배척의 이유가 반드시 그 때문만은 아니었겠지만 어쨌든 명분이 중시되는 독립운동계에서 충분히 비난받을 소지가 있는 이승만이 대통령에 선출된 것은 통합임정으로서는 처음부터 분란의 가능성을

---

22 반병률, 앞의 논문 참조.

안고 출발하게 된 셈이었다.

상황을 여기까지 이끌어 온 주역이 안창호였으므로 그에게도 거센 비난이 일었다. 특히 자신들을 고의적으로 속였다고까지 주장하는 노령 측 인사들의 격앙된 비난은 그에게 뼈아픈 고통이 아닐 수 없었다. 이로 인해 의정원에 인책 사임 의사를 밝혔지만 반려되었다. 불가피하게 그는 다시 통합정부 실현의 다음 단계 작업에 착수하여야 했다. 실제로 각료들을 취임시키는 일이 그것이었는데 이 역시 쉬운 일이 아니었다. 우선 대통령 이승만부터가 주된 관심을 여전히 미국에서의 외교활동에 두고 있었고, 국무총리 이동휘는 통합과정에 대한 문제 제기와 함께 무엇보다도 이승만 밑에서는 일할 수 없다고 취임을 거부하였다. 그 밖에 각부 총장들 역시 대부분 아직 상해에 오지도 않은 상태였다.

한 달 반에 걸친 끊임없는 설득으로 결국 4인의 각료를 모을 수 있었으니, 마침내 11월 4일 국무총리 이동휘, 내무총장 이동령, 재무총장 이시영, 법무총장 신규식이 취임식을 갖게 되었다. 이들의 취임식에서 안창호는, "금일 나의 희열은 그 극에 달하여 미칠 듯 싶도다."라고 소회를 밝히고 있는데[23] 이는 결코 과장만은 아니었을 것이다. 홀로 고군분투해 온 그에게 네 명의 동지가 합세한 것은 큰 기쁨임에 틀림없었을 것이기 때문이다.

하지만 돌이켜 보면 임정 참여를 통해 적어도 국외 동포의 대동단결, 좀더 구체적으로는 독립운동의 지도급 인물들의 단합을 실현하고자 했던 그의 본래 구상은 반년 가까운 헌신적 노력에도 불구하고 실제 그 성과

---

23 도산기념사업회, 앞의 책, p.113.

는 빈약하였다. 처음 그의 생각대로라면 삼두정치제 통합 구상에 따라 대의민주제 선출 방식으로 노령, 간도, 미주의 교민 사회가 원만하게 단합되어야 했다. 그러나 이는 노령 국민의회와 상해 임정의 첨예한 경쟁의식 및 통합정부의 중심 인물이 되어야 할 이승만의 독선적인 성격과 처신으로 좌절되었다.

이어 차선으로 선택한 한성정부의 승인 및 개조라는 협상 방식으로 국민의회를 상대로 한 통합 노력은 일단 성공되기는 했지만 결국 상호불신이라는 큰 후유증을 남긴 채 실제로는 그 일부인 이동휘 계열만을 포섭해 들이는 데 불과했다. 결과적으로 대통령을 포함하여 11명으로 구성된 지도부 가운데 이제 그 자신을 포함해 5인이 일단 모인 셈인데, 그래도 안창호는 이를 불원만하나마 현실적으로는 최선의 결과라고 자위하면서 앞날에 대한 희망을 가지려고 애썼다.[24]

4. 임정시기의 독립운동 방략

안창호가 임정을 통해 실현하고자 했던 지도자들의 대동단결은 단지 조직과 제도상의 통합만을 의미하는 것은 아니었다. 진정한 단합은 공통의 목표와 방법론에 대한 합의를 전제로 해서만 가능하며, 또 이 같은 바탕 위에서 서로 일을 분담해 협력하는 분공합작分工合作이 뒤따를 때만

그 의미가 온전히 살아날 수 있기 때문이었다. 필연적으로 장기화될 독립운동을 끝까지 지속하고 마침내 성공으로 이끌기 위해서는 대동단결을 위한 제도적 뒷받침과 인간적 유대의 증진도 요구되지만 무엇보다도 합의된 공통의 목표와 방략에 따른 이성적 단합과 분공합작의 자세가 필수적으로 요청되었던 것이다. 안창호는 당시 여러 지도자들 가운데서 이 점을 가장 잘 인식하고 있는 인물이었다고 할 수 있다.

그러면 임정의 제도적 통합을 위한 노력과 더불어 그가 대동단결과 분공합작의 이론적 지표가 될 독립운동의 방략을 정립하기 위해서는 어떤 노력을 기울였으며 그 내용은 어떤 것이었는지를 살펴보기로 하자.

초기 임정의 공식적인 독립운동 방략은 1919년 말부터 국무회의에서 심의되고 이듬해 3월 초에 의정원 보고를 거쳐 확정 발표된「대한민국 임시정부 시정방침」에 집약되어 있었다. 임정의 시정방침은 크게 내정 內政, 군사, 외교, 재정, 사법의 다섯 갈래로 나뉘어져 있었으며 그 각각은 다시 또 세목별로 나뉘어 상세히 언급하고 있다.[25] 물론 여기에 담긴 구상 자체가 그대로 실행되리라는 보장은 없으며 오히려 희망이 투영된 이상적 성격이 더 강했다고도 볼 수 있다. 그러나 시정방침은 일단 당시 임정에 결집한 독립운동가들의 독립운동론을 집약한 것이며 초기 임정의 공식 입장이었다는 점에서 실천성 여부를 떠나 나름대로의 의미가 있는 것이다.

먼저 내정을 보면 통일집중統一集中과 대적對敵, 교육과 교통의 네 부분으로 나뉘어져 있는데 '대일개전의 준비완성'을 목표로 하여 내외 국

---

[25]　국사편찬위원회, 앞의 책, pp.107-115.

민의 통일 연락과 민족 역량의 집중을 위한 연통제聯通制 및 민단제民團制 실시, 그리고 교육과 교통 대책 등이 제시되어 있다.

군사 부문은 개전준비라는 항목 속에 담겨 있는데, "독립운동의 최후 수단인 전쟁을 대대적으로 개시하고 규율적으로 진행하여 최후 승리를 득하기까지 지구持久하기 위하여 다음과 같은 준비의 방법을 실행한다."고 하고, 구체적으로는 주로 만주와 연해주 지역을 대상으로 군사적재軍事適材 소집, 의용병 모집과 훈련, 군사사단軍事私團 조사, 사관학교 설립, 작탄대作彈隊 편성, 비행기대飛行機隊 편성 등을 과제로 들고 있다.

다음 외교 부문은 대외선전과 교섭의 두 항목으로 나뉘어 있는데, 특히 외교 대상 국가로는 인접한 중국, 러시아, 몽고 외에 미국 등 장차 일본과 대립이 예상되는 구미 여러 나라들이 열거되고 있다. 외교 목표는 국제연맹에 대한 독립 승인 및 참가 요구라는 그야말로 외교독립론적 내용도 포함되어 있지만 주로 '일본과의 독립전쟁을 전제로 개전 시에 대비해 각국의 지지 여론을 확보하고 군사적 지원을 획득'하는 데 그 중점을 두고 있음을 알 수 있다.

위에서 본 내정과 군사 그리고 외교를 비롯하여 그 밖의 내용들을 집약해 보면 시정방침에 나타난 초기 임정의 독립운동 방략은 한마디로 독립전쟁을 준비하는 데 초점을 맞춘 독립전쟁준비론이었음을 알 수 있다.

그런데 이 시정방침의 내용은 주로 안창호의 지론에 따라 결정된 것이었다. 당시 안창호의 측근 인물이던 춘원 이광수에 의하면, 자신이 안창호의 구술에 따라 독립운동 방략을 집필하였는데 그 내용은, 첫째 임시정부 유지 방법, 둘째 국내에 대한 운동 방법, 셋째 재외동포에 대한 운동 방법, 넷째 국제 선전에 대한 방법, 다섯째 건국방략의 다섯 항목으로 되어 있었고 개조식個條式 구성으로 원고지 120매 분량이었다고 하였다. 역시 이광수에 의하면, 안창호는 자기의 신념을 자기 개인의 명의로 발표하기를 원하지 않았고 여러 동지될 사람들에게 알려 그들의 찬동을 구한 다음 동지들 전체의 이름으로 발표되기를 원했으며 그 결과 1920년 1월 국무회의에서 축조 심의한 결과 만장일치로 가결되었다고 했다.[26]

안창호의 독립운동 방략은 흔히 준비론으로 불리고 있는데 그것을 좀 더 구체적으로 말하면 독립전쟁준비론이었다. 일찍이 한말 신민회운동 때부터 그가 일관되게 강조했던 것은 민족지도자들이 한마음 한뜻으로 단합하여 계통 없이 비조직적으로 전개되고 있는 각종 활동들을 장차 적절한 기회를 포착해 전개할 일본과의 독립전쟁에 대비해 통일적으로 진행시키자는 것이었다. 임정에서 일하는 동안에도 그는 늘 거듭하여 지도자들의 통일단합과 분공합작을 통한 독립전쟁의 준비를 역설하였으며 위에서 본 시정방침도 그 같은 기조 위에서 만들어진 것이었다. 그러므로 임시정부의 공식적인 독립운동 방략은 안창호의 구상에 따라 장차의 독립전쟁에 대비하는 독립전쟁준비론으로 일단 정립되었던 것이다.

그러나 이러한 공식적 진행과는 달리 임정에는 실제로 준비론과는 다른 흐름들이 함께 존재하여 각축하였다. 외교론과 즉전론即戰論이 그것이었다.

외교론은 구체적으로는 대미외교독립론으로 말할 수 있는데 미국에

---

26 주요한, 앞의 책, p.207.

체류하고 있는 대통령 이승만이 그 중심 인물이었다. 우리 독립의 유일한 가능성을 미국의 지지에서 찾는 외교론은 당시 국제정세에 대한 매우 현실적 전망에 따른 것이기는 해도 그 명분이 너무도 취약하였다. 따라서 외교론이 임정의 공식적 독립운동 방략으로서 주류를 이룰 수는 없었다. 단지 그것이 문제되는 것은 대통령 이승만이 대미외교의 중요성을 내세워 임정 중심의 대동단결과 독립운동을 어렵게 만들고 있는 점이었다. 이승만은 대통령의 지위를 내세워 미국에 임시정부의 구미위원부를 설치하고 미주 교민들이 임정에 보내는 재정을 중간에서 차단하였던 것이다. 이는 임정의 활동을 위축시킬 뿐 아니라 이승만과 그 밖의 임정 간부들 간에 끊임없이 반목을 야기시키는 주요 원인이 되었다.[27]

한편 즉전론이란 즉시 일제와의 결전에 나서자는 것인데 국무총리 이동휘가 그 적극적인 주장자였다. 이동휘에 의하면 소련의 지원을 받아 우리 독립군이 국내로 진격해 들어가 일부 지역만이라도 점거하여 얼마간만 시간을 끌 수 있다면 국내 민중이 다시 봉기할 것이므로 일제를 구축할 수 있다는 것이었다. 이동휘의 주장은 그 실현 가능성 여부를 떠나 명분에서 우선 우위에 있었으며 감성적 호소력이 컸다. 더욱이 이동휘는 상해에도 상당한 지지세력이 있었고 연해주와 간도의 독립군 세력들과도 일정하게 연계를 맺고 있었다. 무엇보다도 당시의 소련이 자신의 필요에 의해 우리 독립운동에 적극적인 관심을 표명하였으며 지원을 약속하고

---

27 이승만의 활동과 그의 외교론에 대해서는 고정휴, 『대한민국 임시정부 구미위원부 연구』, 고려대 대학원 박사학위논문, 1991 참조.

있었다. 이처럼 즉전론은 현실성 여부와는 별도로 나름대로의 명분과 시의성을 갖고 있어서 준비론을 제치고 점차 대세를 이루어 가고 있었다.

그런데 준비론이나 즉전론은 시기 선택의 차이는 있지만 모두 일제와의 전쟁을 전제로 한 것이었다. 따라서 임정에서는 통합 작업을 전후하여 만주와 연해주 지역의 독립군 단체에도 관심을 기울여 먼저 그 현황을 파악하면서 그들을 포섭하기 위한 노력을 병행하였다. 당시 100여만 명으로 추산되는 교민사회가 형성되어 있던 만주와 연해주에서는 3·1운동을 계기로 독립군 단체들이 속속 결성되고 있었다. 그 가운데는 대한독립단이나 의군부와 같이 이념적으로 대한제국의 부활을 목표로 하는 구 의병 계열의 복벽주의 단체도 없지 않았으나 대부분은 근대국가 건설을 목표로 한 공화주의 단체로서 이들이 주류를 이루고 있었다. 그리고 북로군정서北路軍政署와 서로군정서西路軍政署를 비롯한 대부분의 유력한 공화주의 독립군 단체들은 임정의 지위를 인정하면서 그 산하단체가 되었다. 대체로 1919년 말에서 1920년 초에 걸쳐 임정은 만주지역의 유력한 독립군 단체들로부터 상위기관으로서의 권위를 인정받게 되었던 것이다. 이에는 물론 이동휘의 적극적인 노력도 크게 작용하고 있었다.

그런데 이들 독립군 단체들은 임정과 연계되기 전인 1919년 후반부터 이미 국내 침투작전을 시작하고 있었다. 압록강과 두만강 대안의 일본 군대와 경찰을 습격하는 크고 작은 기습작전이 전개되었던 것이다. 이에 따라서는 필연적으로 일본군의 강력한 반발이 예상되었다. 이 때문에 이들의 분산적 투쟁이 끝내 소모전으로 끝날 것을 우려하던 안창호는 즉각적인 독립전쟁 혹은 혈전血戰이라는 말이 주조를 이루던 분위기 속에서도 군사 활동의 자제와 통일적 행동을 누누히 강조하였다.

"나는 서북간도의 장사더러 문하노니, 네가 능히 독력으로 일본을 당하겠느냐, 진실로 네가 일본과 싸우려거든 합하여 하라. 혹 정부의 무력함을 비웃거니와 합하면 너의 정부는 유력하리라. 우리 민족 전체가 합하고도 오히려 외국의 힘까지 끌어와야 하겠거든 하물며 대한인끼리도 합하지 아니하고 무슨 일이 되리오? 만일 그대가 진실로 독립전쟁을 주장할진대 반드시 일제히 이동휘의 명령을 복종하여야 하오."[28]

그러나 이 같은 이성적 호소만으로 한창 기세를 올리고 있는 즉전론적 흐름이 자제되기는 어려운 일이었다. 애국적 열정에 불타는 독립군의 활동은 오히려 점차 활발해져 갔으며 큰 성과를 올리기도 하였다. 독립군 토벌을 위한 일본군의 간도출병에 대응하는 과정에서 이듬해 6월에는 홍범도 洪範圖가 지휘하는 대한독립군이 봉오동전투에서 일본군 400여 명을 살상하는 전과를 올렸으며, 이어 10월에는 홍범도·김좌진 金佐鎭 등이 지휘하는 독립군 부대들이 일본군 1,200여 명을 사살하는 청산리대첩을 이루었다.

그러나 이들 부분적 승리의 대가는 너무도 가혹한 것이었다. 일제의 보복은 독립군들에 대해서는 물론이고 독립군의 존립 근거 자체를 아예 철저히 뿌리 뽑겠다는 것이어서 잔학하기 이를 데 없었다. 일제 군대는 북

---

28 도산기념사업회, 앞의 책, p.130.

간도 지역에서만 10,000명 이상의 비무장 교민을 무자비하게 살상하였으며 2,500여 호의 가옥을 불태우는 이른바 경신참변庚申慘變의 만행을 서슴없이 자행했던 것이다. 수십 년간에 걸쳐 온갖 고통 속에서 간신히 삶의 기반을 마련해 왔던 교민 사회는 순식간에 엄청난 타격을 입게 되었다. 독립군 역시 일제의 반격을 피해 멀리 소만국경을 넘어 북쪽으로 갔다가 자체 분쟁과 소련의 태도 변화로 자유시참변(1921. 6)의 비극을 당해 크게 약화되고 말았다.

이 시기의 독립군 전투들은 국권회복을 겨냥한 공세적 개념의 본격적인 독립전쟁으로 보기에는 미흡한 점이 없지 않다. 그러나 일단 즉전론의 한 실천이라고 할 때 우리는 즉전론의 성과는 성과대로 인정하되 그것이 갖는 한계에 대해서도 역시 간과해서는 안될 것이다. 더욱이 그것은 안창호가 우려했던 대로 그 자체의 실패로 끝나지 않고 임정의 공식적인 독립운동 방략이었던 준비론까지도 무력하게 만드는 결과를 가져왔기 때문이다.

만주 교민과 독립군이 경신참변과 자유시참변을 겪는 동안 속수무책으로 지켜보면서 아무런 대응책을 세울 수 없었던 임정은 출범 3년째인 1921년에 접어들면서 급속한 쇠락과 위기를 맞게 되었다. 독립운동의 방략에 대해 진정한 합의를 이루지 못한 채 조직적으로만 결합되어 있던 통합 임정의 한계가 적나라하게 드러난 때문이었다. 독립운동 지도자들의 결집이라는 측면에서만 보면 1920년 12월 대통령 이승만이 상해에 도착함으로써 임정의 면모는 외형상으로 그 절정에 달한 감이 있었다. 그러나 실제 그 내면에서는 오히려 대통령 이승만이 상해 임정에 직접 가담한 것을 계기로 내연되어 오던 분열의 요인들이 표면화되어 수습 불능의 상황에 빠지고 말았다. 결정적인 것은 임정의 중심축이 되어야 할 대통령 이승만과 국무총리 이동휘가 모든 면에서 전혀 융합할 수 없다는 사실이었다.

결국 이듬해 초 이동휘가 먼저 임정을 떠나고 말았다. 독립전쟁의 전면적 수행을 위한다는 명분을 내세워 임정을 혁명위원회로 개편할 것을 요구하던 이동휘는 그 같은 주장이 받아들여지지 않자 1921년 1월 24일 국무총리직 사퇴를 선언했던 것이다.

이 같은 안으로부터의 갈등에 그치지 않고 이승만 대통령 체제의 임정은 밖으로부터도 강력한 공격을 받게 되었다. 4월에는 북경에서 박용만 朴容萬, 신숙申肅, 신채호申采浩 등 평소 이승만과 이승만 체제의 임정에 대해 강한 반감을 갖고 있던 인사들이 주도하는 군사통일회가 열려 임정을 정면으로 부인하는 결의를 채택했던 것이다.

이처럼 심각한 위기 상황이 계속되는데도 불구하고 이승만은 적극적으로 대책을 세우려 하지 않았다. 그는 대통령이라는 직책 때문에 마지못해 상해에 오기는 했지만 기본적으로 임정의 유지와 발전에 관심을 갖고 있지 않았다. 그에게 임정은 단지 대통령이라는 직함을 부여해 주는 한에서 의미를 가질 뿐 그 활동이 독립 달성에 아무런 역할을 할 수 있다고는 보지 않았던 것이다.

나름대로 위기를 수습해 보려고 안간힘을 쓰던 안창호도 마침내 이승만 체제의 임정에 한계를 절감하고 그 개조에 나설 것을 결심하게 되었다. "이혼 못할 아내어든 분이라도 발라놓고 귀애貴愛하자."라고 말하면서 독립하는 그날까지 이승만과 이동휘를 중심으로 대동단결하여 독립전쟁을 준비하자던 그의 희망은 이제 명백히 더 이상 현실성이 사라졌기 때문이었다. 5월 12일 임정을 사퇴한 그는 이제 한 평민의 신분으로 돌아가 이승만 체제의 임정을 개조하는 일과 독립운동 방략의 광범한 합의 도출을 목표로 국민대표회를 추진하게 되었다.

5. 맺음말

3·1운동 후 상해에 건너가 임정에 참여하면서 안창호는 두 가지 구상을 갖고 있었다. 첫째는 임정을 크게는 국외 동포들의 대동단결체로, 좀 더 구체적으로는 독립운동지도자들의 대단합의 장으로 만드는 일이었고, 둘째는 독립전쟁준비론을 전체 독립계의 운동 방략으로 정립함으로써 통일단결과 분공합작의 정신 아래 장기적 전망 속에서 통일적이고 조직적으로 독립운동을 전개해 가려는 것이었다.

첫째의 과제와 관련하여 가장 시급했던 것은 세 개의 임시정부를 하나로 통합하는 일이었다. 그는 처음 민주적 선출 방식의 삼두정치제 통합 방안을 구상하여 국외 동포들을 폭넓게 참여시키는 가운데 완전한 결합을 이루려 했지만 이상론에 그쳤고, 현실적으로는 한성정부를 승인하고 개조하는 방식으로 일단 통합을 성취할 수밖에 없었다. 하지만 그 결과는 노령국민의회의 전체를 합치는 데 이르지 못하고 단지 이동휘 계열만을 포섭하는 데 그치고 말았다. 말하자면 통합임정은 조직상의 인적 구성으로 보면 이승만, 이동휘, 안창호의 세 실력자를 중심으로 결합된 셈이었다.

그러나 이들 사이에는 성격상의 차이 외에도 독립운동의 방략에 대한

합의가 이루어지지 않았다. 외교론과 즉전론과 준비론으로 갈려 있어서 진정한 의미에서의 대동단결과 분공합작이 이루어지지 못하고 있었던 것이다.

안창호의 초기 임정 활동은 이처럼 처음 그의 구상대로 이끌어지지는 못했다는 점에서 스스로는 실패라고 말할 수밖에 없을 것이다. 혼신의 힘을 다한 2년간의 노력에도 불구하고 독립운동지도자들의 원만한 대동단결도, 독립전쟁준비론에 입각한 조직적 분공합작도 기대하기 어려운 상황에 도달하여 스스로 임정에서 물러나야 했던 사실이 이를 말한다. 그러나 객관적으로 보면 우선 우리 독립운동사에서 존재 그 자체에 가장 큰 의미가 담겨 있는 임시정부의 초석을 쌓았다는 점에서 그의 역할은 높이 평가되어야 할 것이다. 3·1운동의 고조된 분위기 속에서 혁명적 열정만 분출되었을 뿐 실질적 요건을 전혀 갖추지 못하였던 초창기 임정에 참여하여 안창호는 끊임없이 조직과 자금, 이론을 공급하며 헌신봉사함으로써 초기 임정의 성립 기반을 구축하는 데 가장 크게 기여했기 때문이다.

(도산사상연구회, 『도산사상연구』 4, 1997.6.)

VII.　　　도산 안창호와 임시정부
　　　　　 그리고 대한민국의 관계

　　제15회 도산 안창호 포럼에 참여하신 여러분, 반갑고 고맙습니다. 저는 전남대학교에서 한국근현대사를 강의하다가 정년을 하고 지금은 흥사단 이사장을 맡고 있습니다. 오늘 제가 여러분과 같이 생각해 보려고 하는 주제는 도산 안창호 선생과 대한민국 임시정부 그리고 현재의 우리 대한민국이 역사적으로 어떤 연관 관계를 갖고 있는가 하는 내용이 되겠습니다.

　　잘 아시다시피 우리 대한민국의 정체성은 민주공화국이라는 것이 그 가장 핵심입니다. 그래서 우리 헌법 제1조 1항은 "대한민국은 민주공화국이다."라고 되어 있습니다. 그리고 바로 이어서 제2항은 "대한민국의 주권은 국민에게 있고 모든 권력은 국민으로부터 나온다."라고 되어 있습니다. 바로 이것이 우리 대한민국이라는 국가의 핵심 내용이라고 말할 수 있겠습니다.

그런데 우리 헌법의 전문을 보면 우리 대한민국의 법통에 대한 이야기가 규정되어 나옵니다. "유구한 역사와 전통을 자랑하는 우리 대한민국은 3·1운동으로 건립된 대한민국 임시정부의 법통과 4·19 민주이념을 계승하고…" 이하 좀 더 계속됩니다. 그러니까 다시 말하면 우리 대한민국은 1919년 3·1운동으로 건립된 대한민국 임시정부의 법률적 계승자인 것입니다.

여기서 매우 상식적인 이야기입니다만 정부가 수립됐다는 것은 동시에 또는 그 정부 수립 전에 나라가 세워졌다는 이야기가 되겠습니다. 대한민국 임시정부라는 그 정부는 즉 대한민국이라는 나라를 대표하는 주권 행사 기관입니다. 그래서 2019년 작년에 우리는 대한민국 100주년을 기념했고 이제 2020년 올해는 다시 새로운 100년을 시작하는 해가 되겠습니다.

앞에서 말씀드린 것처럼 대한민국의 법률적 연원은 대한민국 임시정부입니다. 그런데 우리가 한 단계 더 소급해 가면 대한민국 임시정부의 사상적인 연원이라 할까요, 직접적으로 법통까지는 아니지만 정신적, 사상적으로 대한민국 임시정부의 그 연원이 되는 것은 한말의 신민회라는 단체에 있습니다. 신민회 들어보셨을 텐데요. 그 구체적인 내용은 조금 뒤에 다시 말씀드리겠습니다. 그러니까 요약하면 우리 대한민국은 신민회라는 단체에 정신적인 뿌리를 두고 있고 법률적으로는 대한민국 임시정부를 직접 계승한 그런 민주공화제 국가인 것입니다. 우리나라의 성격을 요약해 설명하면 그렇게 되겠습니다.

그럼 이제 좀 더 풀어서 설명해 보겠습니다. 처음에 민주공화국을 말씀드렸습니다. 그런데 이 공화국이라는 것, 공화정이라는 것은 지금은 너무도 널리 보편화돼서 뭐 특별한 느낌을 주지 못합니다마는, 우리가 이것을 역사적으로 거슬러 올라가 소급해서 살펴보면 공화정이라는 것은 인류역사에서 정말 획기적인 변화이고 엄청난 발전의 산물이라고 말할 수 있습니다.

우선 우리나라 역사를 거슬러 올라가 볼까요. 생각해 보면 고대부터 중세까지의 그 오랜 기간, 우리나라에만 한정해 봐도 저 멀리 소급하는 분들은 반만 년을 이야기하고 보다 더 전으로 이야기하는 분도 계시지만 어쨌든 5천 년, 또 예를 들어서 삼국사기, 이런 기록으로 명확히 확인되는 것만 해도 적어도 2천 몇백 년의 역사 기간 동안 우리는 왕정 시대를 지나왔습니다. 나라라고 하면 당연히 왕이 있고 그 밑에 귀족이 있고 평민이 있고 노예가 있고, 이런 신분 사회가 당연한 것으로 되어 있었습니다.

그런데 이것은 우리나라만이 아니라 전 세계 인류가 거의 공통적으로 왕정 시대를 수천 년간 지속해 왔습니다. 아주 예외적으로 아테네나 로마 같은 경우 일시적으로 공화정이 출현한 시기가 잠깐 있었습니다만, 단기간이고 아주 예외적이었지요.

어쨌건 인류 역사를 통해 왕정이 공화정으로 바뀐다는 것은 아주 엄청난 변화이고 발전이었습니다. 그러면 어떻게 이런 획기적인 변화가 이루어진 것이냐. 물론 하루아침에 되지는 않았겠죠. 중세 시대의 또는 고대 시대의 기록들을 들여다보면 "민이 주인이다.", "국민이 나라의 주인이다."라는 공화정의 그 기본 시각이 '아, 이때도 싹이 있었구나.' 이런 것을 우리가 감지할 수 있는데요. 예를 들면 유교에서는 "민이 근본이다.", "백성, 즉 민이 중요하다." 이런 생각의 편린들이 나타납니다.

물론 여전히 나라의 주인은 왕이고 모든 백성은 왕의 소유고 모든 땅, 토지 가운데 왕의 것이 아닌 것이 없다. 이런 것이 고대 사회, 중세 사회의 기본적인 사고였습니다. 지금 우리 눈으로 보면 너무도 낡았지만 그런 낡은 생각이 수천 년 동안 이어져 내려왔던 것이 인간 세상의 역사적 현실이었습니다.

그런데 이제 백성이 중요하다. 비록 왕이 나라의 주인일지라도, 또는 하늘의 명을 받은 천자일지라도, 또 서양 같으면 왕이라는 존재는 신의 명령을 받은, "왕권은 신이 부여한 것이다." 왕권신수설, 이런 이론들이 있었습니다. 그런데 그런 속에서도 우리 인류가 이제 점점 민도가 상승하면서 '이건 아니다, 불합리하다.' 이런 생각들이 점차 싹터 온 거죠.

그래서 우리 역사에서 보면 19세기 전반에 우리가 잘 아는 정약용 선생 같은 분, 이런 분은 당시로 보면 아주 획기적인 생각을 했어요. 지금까지는 왕이라는 것은 하늘의 명을 받은 자 또는 신의 권위를 부여받은 자. 이렇게 위에서 아래로 내린 그런 존재였는데 정약용 선생은 놀랍게도 "왕이라는 것은 밑에서부터, 백성들이 필요해서 선출한 존재다." 처음으로 백성들이 주체고 왕은 그 백성들에 의해서 선출됐다는 당시로 보면 아주 파격적이고 매우 불온하기까지 한 그런 주장을 했습니다.

또 비슷한 시기에 서양에서는 서양의 계몽 사상가들 그리고 근대 시민 사상가들이 "모든 사람들은 자유권과 평등권을 갖고 있다." 이런 주장을 펴면서 "모든 사람은 태어날 때부터 다 천부적인 인권을 갖고 있다." 이러면서 왕에 부속된 국민만을 생각한 게 아니라 사회계약설이라는 것을 이야기 합니다. "백성들이 서로 필요에 의해서 계약을 맺었고 거기서 왕이라는 존재가 나올 수 있었다." 이렇게 큰 사상적인 발전이 이루어져 오고 있었습니다.

다시 우리로 돌아오면 19세기 후반에, 그러니까 지금부터 한 150년 전, 이 무렵에 개화파라는 지식인 집단이 형성됐습니다. 들어 보셨겠습니다마는 박규수, 김옥균, 박영효, 김홍집 등등, 서재필 같은 분도 그 당시에 개화파의 맨 말석 후배 인물인데, 개화파 지식인 이분들은 서양의 근대 사상을 접했어요. 중국에 번역된 서양 책들을 통해서 '아, 서양에는 이러이러한 근대 사상이 있구나.' 그리고 나라라는 것도 우리처럼 임금님이 절대적인 그런 나라만이 있는 것이 아니라 임금이 있더라도 더 중요하게는 헌법이 있고, 그러니까 요즘 말로 하면 입헌군주제 국가도 이해했고 아예 군주가 없는, 임금이 없는 나라도 있다. 즉 공화국가에 대해서도 알게 됐어요.

그런데 알게는 됐지만 이것은 좋고 나쁘고를 떠나 우리의 현실하고는 너무도 멀게 여겨졌어요. 그래서 이제 19세기 말에 오면, 지금부터 한 120, 130년 전입니다. 19세기 거의 마지막 1896년에 독립협회라는 큰 단체가 만들어졌고 이 독립협회가 우리나라를 좀 근대적으로 개혁하자는 운동을 펼쳤습니다. 그런데 이 독립협회는 그 개혁의 목표가 지금까지 왕이 모든 것을 소유하고 전제하는 전제군주제에서 입헌군주제로, 군주가 마음대로 하는 게 아니고 법이 중심에 세워져 있는 그런 나라로 바꾸는 정도의 개혁을 목표로 했습니다.

그 독립협회의 최고 지도자가 서재필이었고, 그러니까 개화파의 말단이었는데 1984년에 일어났던 갑신정변에 참여했다가 실패하고 미국에 망명했었지요. 그리고 2, 30년 시간이 지나서 귀국해 가지고 독립협회를 만들었습니다. 서재필 박사가 독립협회를 만든 최고 지도자고 윤치호라는 분, 이상재라는 분, 이런 분들이 독립협회의 지도부였고. 그때 이승만 박사는 독립협회의 젊은 청년 그룹의 리더 격이었습니다. 이 독립협회가 우리나라를 입헌군주제 국가로 바꾸려는 그런 개혁 노력을 했습니다.

그런데 이것도 그 당시 조건에서는 용납이 될 수가 없었지요. 그래서 고종을 중심으로 한 왕권파들에 의해서 독립협회는 탄압받고 해체되고 맙니다. 그 당시에 청년 그룹들 한 7, 8명, 10여 명은 "우리도 왕을 없애고 공화국을 만들자." 이런 주장도 했어요. 공식적으로 독립협회는 입헌군주제 국가로 바꾸자는 운동을 했지만 소수 청년 그룹은 "아예 공화국을 합시다." 이런 주장을 했다가 독립협회가 탄압받고 해체되면서 이 사람들은 전부 체포되고 그 청년 그룹의 리더였던 최정식이라는 사람들은 사형당하고 이승만은 감옥에 갇혀서 몇 년간, 러일전쟁이 터진 1904년까진가요, 감옥살이를 해야 됐습니다. 당시로 보면 매우 과격하고 불온한 주장을 했던 셈이지요. 그래서 공화주의의 맥은 일단 끊기고 그 뒤에 이어지를 못했습니다. 그러다가 드디어 이제 안창호 선생이 등장하십니다.

안창호 선생은 독립협회의 청년 그룹의 한 분이었는데 독립협회운동 당시에 공화주의자였는지는 확실치 않아요. 아직 나이가 갓 스무 살 무렵이어서 뭐 안창호 선생이 막 두드러지게 어떤 역할을 한 것으로는 확인되지 않습니다. 이제 뭐 "만민공동회에서 쾌재정 연설을 했다." 이런 기록은 나오는데 그 연설 내용에 보면 군주를 부정하거나 하는 내용이 나오지

는 않아요. "군 즉 임금과 관 즉 관리들과 민 즉 백성들이 함께 즐거워해
야 된다." 이런 내용만을 보면 아마도 입헌군주제 사상을 갖지 않았을까,
이렇게 생각됩니다.

그 안창호 선생이 1902년, 당시 만 24살이었습니다. 1902년에 미국으
로 유학을 떠납니다. '좀 더 공부를 해서 와야겠다. 그래야 나라를 위해서
좀 더 기여를 할 수 있겠다.' 이런 생각을 갖고 이제 미국을 가셨는데 뭐
잘 아시듯이 안창호 선생이 유학으로 갔지만 곧 학위 취득을 위한 공부는
포기하고 미국에 있는 한국 교민들, 그 당시에는 2∼30명 정도로 많지도
않았어요. 그런데 아주 가난하고 불쌍한 한국 교민들을 가르치고 조직화
하는 그런 교민 지도자로 이렇게 행로를 전환했습니다.

그러면서 안창호 선생이 공화주의자가 됐습니다. 아마 미국에 있으면
서 샌프란시스코에서 미국 대통령 선거 유세도 봤을 거예요. 그 당시 대
통령 후보들이 기차를 타고 유세차 오고 했을 것 같은데요. 뭐 명확한 기
록은 없습니다만 미국에 가서 보니까 아, 이거 굉장히 활력에 넘치는 거
예요. 왜 이런가? 봤더니 뭐 여러 가지 요인이 있겠지만 안창호 선생이
보기에 '아, 이건 모든 국민이 나라의 주인이기 때문에 이런 활력이 있는
것이다.' 이렇게 느꼈을 것 같아요.

그리고 안창호 선생이 우리 교민들을 지도하면서 한 백여 명, 몇십 명
이렇게 집단거주 지역을 만들었는데 그 모습을 관찰한 어느 우리 목사님
이 "아, 여기는 도산공화국이네." 이런 표현을 했어요. 그 말씀은 뭐겠습
니까? 안창호 선생이 그곳의 지도자이긴 하나 지배자나 군림하는 분이
아니고 똑같이, 그 우리 한국 교민들, 노동자들과 똑같이 생활하면서 솔

선수범하고 오히려 더 봉사하고 하는 그 지도력을 가지고 이 한인 초기 교민 집단을 아주 활력있게, 질서있게 이렇게 이끌어가셨단 말이죠. 그 모습을 "도산공화국"이라고 이야기한 기록이 나옵니다.

그래서 이때는, 그러니까 안창호 선생이 한 20대 중반 무렵에는 완벽한 공화주의자로 발전을 하셨습니다. 그리고 이제 1905년에 국내에서 을사조약이 강제로 맺어지니까 거기서 공립협회를 만들어서 지도하고 있던 안창호 선생 판단에는 '아, 이거 고국은 이제 실질적으로 망했다. 일본의 식민지가 됐다. 본격적인 구국 운동을 전개하지 않으면 안 되겠다.' 이런 판단을 갖고 귀국을 결심했어요.

그런데 이 양반은 항상 행동을 하시기 전에 심사숙고하고 구체적인 계획을 갖고 이 계획을 실현할 마스터플랜을 갖고서 움직이는 분입니다. 그래서 이 양반이, 안창호 선생이 1907년 2월 달에 국내로 다시 귀국하셨는데 그 귀국하기 전에 완벽한 마스터플랜을 작성했어요. 어떻게 구국 운동을 전개할 것인가, 그 최종 목표는 뭘로 할 것인가. 이런 구국 운동 마스터플랜을 작성한 기록이 지금 독립기념관에 보관돼 있습니다.

당신이 친히 메모하고 정서한 기록이, 우리 근현대 역사에서 기념할 만한 문건들이 많은데요. 우리 3·1 독립선언서는 말할 것도 없고. 안창호 선생의 이 독립혁명 계획서, 단 두 장짜리예요. 두 장짜리에 이렇게 메모가 돼 있는데, 이 문건을 정말 소중한 문화재로 우리가 지정하고 그 내용을 우리가 같이 음미해볼 필요가 있다고 생각을 해요.

그 내용으로 들어가 보겠습니다. 그래서 안창호 선생은 우리가 구국운동을 앞으로 해야겠는데 최종 목표는 민주공화국을 세우는 것이다. 지금

무너져가는 대한제국을 지키는 것이 아니라 새로운 민주공화국을 세우는 것을 목표로 하고 그러기 위해서는 중간 과정에 뭘 해야 되냐. 일본이 지금 한국을 실질적으로 점령했단 말이죠. 러일전쟁에 이기고 나서 군사적으로 일본이 한반도를 점령했는데 한반도에 민주공화국, 대한제국이 아니라 대한민국을 세우기 위해서는 먼저 일본을 쫓아내야만 됩니다.

일본을 쫓아내는 건 그럼 어떻게 할 것이냐? 지금 국내에서 하듯이 의병투쟁이나 애국계몽운동, 이런 걸로는 안 된다. 미국의 조지 워싱턴이 세계 최강의 영국군과 맞붙어서 독립전쟁을 이끌어 가지고 공화국가 미국을 건국했듯이 근대적인 무력을 준비해서 독립전쟁을 해야 된다. 그러니까 대한민국 건설이라는 목표를 위해서는 일본과 독립전쟁을 해서 이겨야 되는데, 그런데 독립전쟁을 하려면 또 그 전에 뭘 해야 되나? 전쟁은 말로 하는 게 아니지요. 목숨을 내걸고 싸울 사람도 있어야 되고 그 사람들을 먹이고 입히고 무장시킬 돈도 있어야 되고 그래서 군사학교도 있어야 되고, 무엇보다 돈도 필요하지요. 준비해야 될 일이 굉장히 많습니다. 그 독립전쟁을 조직적으로 준비하자. 이를 위해서는 강력한 결집력을 가진 조직체가 반드시 필요하다. 그 조직체는 혁명운동이기 때문에, 대한제국을 지키겠다 그러면 그건 애국운동이지만, 그 당시로 보면, 대한제국을 부정하고 대한민국을 세우겠다는 것이므로 정치적으로는 혁명운동인 것입니다. 혁명운동은 공개적으로 할 수 없지요. 비밀조직이 필요합니다. 그래서 대한신민회라는 비밀조직을 만들겠다는 복안을 가지고 귀국했습니다. 그래서 실제로 신민회를 만들고 그 신민회를 지도하면서 항일 구국투쟁이자 공화국가 수립을 지향한 혁명투쟁을 3년 동안 국내에서 전개를 했습니다.

이게 안창호 선생의 30살 전후의 활동이 되는데요. 이때 안창호 선생은 정치적으로 민주공화국가 건설이라는 혁명 목표를 분명하게 내세우면서 동시에 이제 동포들을 향해서 국민주권사상을 확립시키기 위해서 강연회도 하고 절친한 동지가 된 신채호 선생을 통해 당시 최대의 신문인 대한매일신보에 논설도 쓰게 하고, 적극적으로 대중계몽 활동을 합니다. 안창호 선생의 국민주권사상에 관한 연설을 보면 그 내용이 매우 명쾌합니다.

지금 서울의 삼선동이죠. 당시에는 삼선평이라고 했는데 그 삼선평에 서북지역 출신 청년들 수백 명을 모아놓고 한 강연 요지가 기록돼 있습니다.

"…그러므로 국가라는 것은 왕씨나 이씨 같은", 그러니까 고려나 조선은, "어느 한 사람의 소유가 아니요, 우리들 모두가 어깨에 대한이라는, (대) (한)이라는 두 글자를 각기 짊어지고 있다."

핵심은 우리 모두가 나라의 주인이다 하는 거지요. 나라는 국민 각자, 각자가 다 주인이다. 아주 명쾌한 국민주권사상이에요.

"원컨대, 당신네 젊은 친구들은 지금까지의 낡은 생각을 더 이상 갖지 마라. 왕이라는 게 뭐 이씨니까 나라도 나와는 관계없는 타인의 것이다. 우리는 그냥 왕의 소유물에 불과한 백성에 지나지 않는다." 뭐 이런 게 아니라 "나라라는 것은 내 거다. 내가 주인이다." 이런 생각을 청년들에게 연설을 통해서 아주 극명하게 각인을 시켰어요. 이 내용이 뒤에 임시정부

시기에 가면, 저 유명한 "우리 대한에는 황제가 있소? 없소? 있소! 2천만 명의 황제가 있소!" 이런 연설로 표현되어 나타납니다.

어쨌든 안창호 선생은 우리 역사에서 보면 민주공화국사상, 국민주권 사상을 완벽한 형태로 체득하고 그것을 공개적으로 국민들에게 전파하고 그것을 구체적으로 실현하기 위해서 분투 노력했던, 실질적으로 우리나라 최초의 근대 선각적 공화주의 혁명사상가이고 선구적 혁명운동가였습니다. 그래서 아까 말씀드린 비밀조직 대한신민회야말로 우리 대한민국의, 민주공화국가인 대한민국의 사상적인 뿌리가 되고 정신적인 연원이 되는 겁니다. 임시정부를 구성했던 각료들의 거의 전부가 다, 이승만 대통령만 빼고요. 다 신민회의 멤버들이었습니다. 당시 이승만은 미국에서 박사가 되기 위해 공부 중이었습니다. 안창호 선생과 함께했던 신민회 멤버들이 임시정부의 각료가 되고 지도자들이 됐습니다. 그래서 대한신민회야말로 우리 역사에서 민주공화국가 대한민국의 정신적 뿌리이고 사상적인 연원인 것입니다.

그런데 불행히도, 또는 뭐 그 당시 국내외 정세가 이런 숭고한 뜻만으로 현실로 되기는 어려웠지요. 결국 안창호 선생이 만들고 주도한 신민회 운동은 실패로 돌아가고 일본이 한국을 완전히 강점했습니다. 그 강점 직전에 안창호 선생의 정신적 동지였던 안중근 의사가 이등박문을 총살했고 안창호 선생은 일본 헌병대에 의해서 체포당했습니다. 저들은 그 배후자가 안창호라는 강력한 혐의를 가지고 용산 헌병대에 구금해서 약 두 달간 혹독한 고문을 했지만, 안창호 선생은 안중근 의거 소식을 듣자마자 곧바로 다가올 위기에 대비해 자기 주변의 모든 문서들을 전부 소각했어요. 너무도 아까운 자료들입니다. 필시 그때 미국의 공립협회 동지들과 주고받은 편지들은 물론이고 전국 각지의 혁명 동지들과 주고받은 편지들도 다 있었을 텐데요. 그 당시 상황이 조그마한 단서라도 나오면 수많은 동지들이 다치게 돼 있었기 때문에 안창호 선생은 그 자료들을 전부 소각해야 했어요. 너무도 안타까운 일입니다.

엄혹한 고문을 이겨내고 결국은 풀려나왔습니다. 그때까지 안창호 선생 체격을 보면 굉장히 당당해요. 건장한 분이었어요. 그런데 얼마나 고문에 시달렸는지 그 뒤에 보면 안창호 선생은 수시로 미열에 시달리고 뭐 이런, 건강을 많이 상했던 것 같아요. 어쨌든 일본에게 나라를 뺏겼습니다. 그리고 비밀조직 신민회를 통한 구국운동은 실패로 돌아갔습니다.

다시 안창호 선생은 처음에는 국내와 가까운 만주와 시베리아에서 다시 구국운동을 전개해 보려고 했는데 뜻대로 안 되고 결국은 미국으로 돌아갔어요. 미국에는 가족이 있고 안창호 선생을 극진히 위하는 동지들이 있는 곳입니다. 미국에 다시 자리를 잡으시고 1910년대에 대한인국민회라는 조직을 발전시켰습니다. 대한인국민회는 안창호 선생이 만든 공립협회가 발전한 조직인데 안창호 선생이 다시 미국에 돌아가시면서 이 대한인국민회를 훨씬 크게 확장 발전시켜서 해외의 모든 한국 교민들을 아우르는 최대의 한인 교민 조직이 됐고, 그와 동시에 해외 한인들의 최고 자치조직이 됐습니다.

대한인국민회, 이것을 우리 역사에서는 무형의 임시정부라고 표현을 합니다. 어떤 정부 형태를 표방하지는 않았지만 국외의 한국인들에게는 정부하고 똑같은 존재로의 의미와 역할을 했다, 그런 의미로 무형의 임시정부였습니다. 그 최고 지도자가 안창호 선생이었습니다. 대한인국민회의 중앙총회장이었습니다. 그러다가 3·1운동을 맞게 되고 국민회의 파견원 형식으로 중국으로 건너 가셔서 임시정부에서 활동하시게 됩니다.

그러면 안창호 선생과 임시정부는 어떤 관계가 있는가. 대한민국 임시정부는 아까 말씀드렸듯이 우리 대한민국의 법률적 아버지입니다. 대한민국이 대한민국 임시정부의 법통을 계승했다는 것은 대한민국 정부의 아버지가 대한민국 임시정부라는 이야기입니다. 잘 아시다시피 3·1운동 후에 여기저기에서 임시정부가 수립됐는데 그중에 3개의 임시정부가 실체를 갖춘 것이었습니다. 마치 우리 옛적에 고구려, 백제, 신라, 3국이 있었던 것처럼, 그러다가 그 3국이 통일된 것은 고려 때 와서 였지요. 물론 영토를 많이 잃어버렸고 그 주민도 많이 떨어져 나가 다 포섭하지 못했지만 고려가 3국을 통일했듯이 노령에 대한인국민의회, 상해에 대한민국 임시정부, 한성, 서울에 한성정부. 이 3개의 정부가 병립하고 있었습니다.

이렇게 되어서는 그 어느 것도 민족사적 정통성을 가질 수가 없지요. 이게 정부라는 것은 한 국가를 대표하는 단일 기관이 돼야 하는데, 3·1운동으로 우리가 자주국임을 선언했기 때문에 당연히 정부가 나와야 하긴 하지만 정부가 3개라는 것은 그 3개 어느 것도 정통성을 가질 수가 없습니다. 정통성을 갖기 위해서는 무엇보다 우선 통합이 되어야 하지요. 이 통합을 완성시킨 분이 바로 안창호 선생입니다.

그러니까 우리가 임시정부의 실질적인 아버지가 안창호 선생이라고 말씀드릴 수가 있지요. 그 3개의 임시정부를 통합하는 과정에서 안창호 선생이 얼마나 심혈을 기울이고 혼신의 정성을 다 했는가, 그러기 위해 기꺼이 자신을 비우고 자신을 낮추고 했는지는 우리 근대 역사가 생생히 기록하고 있습니다. 정말 솔선수범, 헌신봉사, 이런 말들이 있습니다만 그것을 몸으로 체현한 분이, 실제로 그렇게 보여주신 분이 안창호 선생이었습니다. 그 아주 백미의 장면이 임시정부를 통합해서, 그러니까 1919년 9월 11일 임시정부 통합이 이루어졌습니다. 그 통합된 임시정부야말로 민족사적 정통성을 가진 대한민국 임시정부가 된 것입니다. 그 산파, 그 완성자가 안창호 선생이었습니다. 단순히 통합을 이루어놨을 뿐만 아니라, 안창호 선생은 그 뒤에도 임시정부가 이제 몇 가지 요인에 의해서 결국은 다시 분열돼 버리고 무력화된 뒤에도 이 임시정부를 지탱하고 유지시키기 위해서 그야말로 어버이의 마음과 정성으로 끊임없이 보살피는 노력을 기울이셨어요.

한 가지 안타까운 것은 지금 상해나, 상해의 임시정부 기념관을 가보면 안창호 선생의 역할이 너무도 축소돼 있어요. 왜냐하면 안창호 선생은 늘 실제 역할은 자신이 하고 공은 남한테 돌리는 그런 리더십을 보여왔습니다. 그래서 임시정부의 최고책임자가 되라는 주위의 요청을 번번이 사양해 왔어요. 그래서 상해 임시정부 기념관에 가보면 초대 대통령 이승만, 2대 대통령 박은식, 3대 국무령 이상용, 그 뒤에 홍진, 김구, 이렇게 임시정부 수반들의 사진이 쭈욱 걸려 있는데 거기에 안창호 선생은 없어요. 근데 이분들은 다 실제로 안창호 선생이 추대해서 만들어드린 분들입니다. 자신의 선택에 따라서는 초대 대통령 혹은 4대 국무령이 될 수도 있었습니다만 두 번 다 극구 사양하고 정작 자신은 가장 낮은 자리, 정식

총장도 아니고 노동국 총판이라는 자리로 내려가서 실질적으로 임시정부를 통합시키고 운영하고 지탱하게 해주는 역할을 했어요.

그런데 그런 실질적인 역할이 그나마 드러나는 것은 거기 사진들 속에, 가령 뭐 신년하례회라든가 이럴 때 보면 항상 안창호 선생이 중심에 앉아 계시긴 하지요. 그 실질적인 역할에 따라서 자연스럽게 그렇게 됐습니다. 그렇지만 정작 공식적인 책임자들 사진 속에 그분은 없습니다. 우리 어린 학생들이 당시 실정을 모른 채 표면만을 보고서 우리 근대 역사를 제대로 이해할 수 있을까 하는 그런 안타까움과 염려가 되기도 합니다.

임시정부와 안창호 선생과 관련해서 또 하나 이제 우리가 중시해야 할 부분은 실질적인 부분인 조직과 운영에 절대적인 역할을 했다는 것도 아주 중요합니다만, 또 하나는 임시정부의 사상적인 지도자였다는 점도 매우 중요합니다. 잘 아시듯이 임시정부 초기, 그러니까 대략 1920년대 전반까지는 대한민국 임시정부는 자유민주주의사상을 기본으로 했습니다.

그런데 20년대 후반에 들어가면서 가령 홍진이라는 분이 국무령이 되고, 그 뒤에 이제 김구 선생이 이어받고, 뭐 이렇게 되는데요. 이때는 안창호 선생이 대공주의라는 것을 주장하세요. 대공주의라는 것은 안타깝게도 지금 알고 있는 분들이 거의 없습니다만, 안창호 선생이 중국 지역의 우리 독립 운동가들에게 "앞으로 우리가 갈 길은 자본주의도 아니고 공산주의도 아니다. 자본주의가 강조하는 자유, 공산주의가 강조하는 평등, 이것이 잘 조화를 이룬 진정한 민주주의 국가가 우리가 갈 길이다." 이런 취지의 이야기를 하셨고 그것이 대공주의라는, 그러니까 자본주의도 아니고 공산주의도 아니고 무정부주의도 아니고 대공주의라는, 중국의 손문은 삼민주의를 이야기했습니다만, 그런 것처럼 안창호 선생은 '대공주의가 앞으로 한국의 독립운동, 혁명운동이 나아가야 될 방향이고 독립 이후에도 대공주의공화국으로 나아가야 온 국민이 잘사는 복스러운 나라가 될 수 있다.' 이런 생각을 가지시고 당시 중국에서 활동하던 우리 독립 운동가들을 그 방향으로 이끌어 가셨어요. 그런 내용을 안창호 선생이 국내로 체포돼 들어온 뒤에 조소앙 선생이 발전시켜서 삼균주의라는 이름으로 이론화시키고 발전시켰습니다.

아무튼 안창호 선생은 대한민국 임시정부의 성립과 통합, 조직과 운영, 사상적인 지도, 이런 모든 면에서 절대적인 공로를 세우셨는데 안타깝게도 해방을 못 보시고 돌아가셨지요. 그래서 이제 해방 후에 우리가 잘 아는 우여곡절 끝에 남과 북에 두 개의 국가, 두 개의 정부가 세워졌습니다. 남쪽만이 대한민국이 됐습니다. 우리 현대 역사는 우리가 잘 아니까요.

그런데 이제 다시 안창호 선생의 그 비전, 꿈으로 돌아가서 생각해 보면, 안창호 선생은 1900년대 초 신민회운동을 하면서는 문명부강한 자유문명국을 꿈꾸셨어요. 직접 그런 용어로 이야기를 하셔요. '문명부강한 자유문명국' 이것은 미국식의 민주공화국을 이야기 하신 겁니다. 그런데 3·1운동 후에 임시정부를 지도하면서는 초기에는 한반도에 모범적인 공화국을 만들자 하셨습니다. 모범적인 공화국이란 어떤 걸까? 뭐 사상적으로 당연히 자유민주주의 공화국입니다. 그런데 이제 아까 말씀드렸듯이 1920년대 후반에 가면 대공주의라는 것을 주장하시면서 자유와 평등이 잘 조화되는 새로운 민주국가, 진정한 민주국가를 말씀하셨습니다. 그 전에 민주공화 국가의 구민주주의 국가는 조금 문제가 있다. 왜? '자본가들 중심으로 흐른다. 빈부격차가 너무 심해진다.' 이런 문제점을 이제 지적하신 거예요. 그래서 그런 면을 극복한 새롭고 진정한 민주국가를 만들자. 이것이 20년대 후반부터 안창호 선생의 꿈이 되었습니다. 그런데 안창호 선생에게는 결국은 미완의 꿈이 됐던 거지요. 당신이 이루고 싶었던 진정한 민주공화국가 대한민국, 그 대한민국은 한반도 전체에 대공주의공화국이 돼야 했는데 결국 해방을 보지 못하시고 타계하셨습니다.

그럼 대공주의공화국은 도대체 뭐야? 이런 질문이 있을 수 있습니다. 네 가지 평등을 핵심 내용으로 합니다. 밖으로는 국제평등, 제국주의가 막 판을 치고 약소민족을 침략하고 억압하고 이런 것이 아니라 각 나라, 각 민족은 평등해야겠다. 안으로는, 먼저 정치적인 평등, 잘 사는 사람, 권력 있는 사람, 신분 높은 사람만 행세하는 주인이고 나머지는 정치적으로 밀리는 그런 게 아니라 동등한 정치권력을 갖고 참여하는 그런 나라입니다. 둘째로 경제적 평등입니다. 너무 빈부격차가 벌어지지 않고 되도록 고르게 잘 사는 균등사회 그런 나라입니다. 셋째로, 교육의 평등입니다. 돈이 있다고, 지위가 높다고 고등 교육을 받고 그걸로 출세하는 게 아니라 교육은 국가가 책임지면서 국민 모두가 각자 자기 재능과 자기 능력에 따라서 교육을 받을 수 있도록 국가가 책임진다. 이런 내용들 입니다.

이제 오늘의 우리 대한민국으로 돌아와서 안창호 선생의 대공주의공화국과 현재의 대한민국은 그럼 어떻게 봐야 될 것이냐. 안창호 선생이 청년기에 꿈꿨던 문명부강한 자유문명국, 이 꿈에는 상당히 근접했다고 생각해요. 지금 우리는 GDP로는 세계 10위권 국가이고 무역으로 7대 수출국이 됐고 첨단 산업기술도 대개 선진국 그룹에 속해 있습니다. 그 점에서 보면 아마 안창호 선생은 너무도 기뻐하실 거예요, 오늘의 우리 한국을 보면. 정치적 자유, 민주주의, 아주 상당히 높은 수준으로 올라와 있습니다.

그러나 안창호 선생이 뒤에 주장하신 대공주의공화국이라는 그 기준에 비추어서 보면 많이 아쉽고 그래서 우리에게, '더 보완해라. 더 좀 잘해봐라.' 하고 싶은 당부의 말씀이 또 많으실 거예요. 우선 한반도가 하나가 되어 동양평화와 세계평화에도 기여하는 모범적 공화국이 되어야 하는데 이렇게 남북이 갈라져 있는 것은 아니지요. 통일, 자주독립, 좀 떳떳하고 통일된 그런 나라여야 될 거예요, 안창호 선생이 꿈꿨던 나라는.

그 다음에 경제적으로 지금 너무 격차가 벌어지고 있다. 너무 부가 한쪽으로 편중되고 있다. 이건 어떻게든지 막아야 된다. 크게 개선해야 된다. 교육 면에서도 입시 중심으로 그냥 한 줄로 세워 가지고 경쟁을 시킵니다. 그것도 본인의 노력과 능력만이 아니고 부모의 경제력이 석차에 크게 작용하는 실정이지요. 청소년기 한순간의 점수가 그 사람의 진로를 결정적으로 규정해 버리는 입시경쟁 중심의 교육에서 많은 문제점들을 안고 있어요.

그래서 우리는 이제 이 시점에서 우리 대한민국의 이룬 그간의 성취에 대해 큰 자부심과 자랑스러움을 갖습니다마는 그러나 한편에서는 안창호 선생의 대공주의공화국의 꿈에 비추어보면 아직도 가야 할 길이 멀다고 생각합니다. 우리 대한민국의 정신적 뿌리인 대한신민회를 만들고 지도했던 분, 또 대한민국의 법통상의 아버지인 대한민국 임시정부를 통합시켜서 민족사적 정통성을 갖게 하고 유지하게 했던 분, 그 분의 꿈에 비취보면 오늘 우리는 해야 될 일들이 아직 참 많다고 생각됩니다. 안창호 선생이 꿈꿨던 대공주의공화국이라는 그 크고 넉넉한 품속에 우리는 통일이라는 사명도 이뤄야 되고 좀 더 떳떳한 자주독립 국가가 돼야겠다. 뭐 미국 대통령 선거가 어쩐다, 시진핑이 온다, 안 온다. 뭐 이런 것에 이렇게 안달할 일이 아니고 그야말로 자주독립하는, 정치지도자들도, 국민들의 기상도 의연하고 당당한 나라가 되어야 하겠고 무엇보다 차별이, 격차가 좀 줄어드는 사회. 어떻게 똑같을 수야 있겠습니까? 도산 선생도 뭐 공산주의처럼 그런 절대 평등을 이야기하신 게 아니고 격차가 너무 벌어지지 않는 이걸 이야기하셨지요.

이 대공주의공화국에 사는 그 주인들인 우리 5천 2백만, 범위를 넓히면 북한 동포들까지 대략 8천만, 해외 동포들까지도. 우리들 모두가 떳떳한 주인의 자격을 가지고 주인된 보람과 긍지를 느낄 수 있는, 어느 누구도 소외당하거나 차별당하거나 억압당하지 않는 그래서 아무도 불행하지 않은 복스러운 나라, 안창호 선생의 대공주의공화국의 그 꿈을 실현하는 일이 우리의 사명이 아니겠습니까. 이게 뭐 단기간에 될 일은 아닐 것입니다.

시간이 많이 지났군요. 그러나 우리 선열들, 10년, 20년, 30년, 평생을 바쳐서 애국독립운동 했던 분들이 마침내 해방을 찾아 왔습니다. 우리도 한 세대를 바쳐서 모두가 행복하고 자랑스러운 나라, 타고르가 이야기했던 "동방의 등불" 이런 나라를 향해 나갔으면 하는 바람입니다. 감사합니다.

(제15회 도산안창호 포럼 특강, 2021.4.12.)

2부

진정한 민주공화국을 향한
대공주의 大公主義 정립

I. 안창호의 민주건국론民主建國論의 사상적 성격 변화

1. 머리말

한말·일제하 우리나라 근대 민족운동의 유력한 지도자 가운데 한 사람이었던 도산은 사상적으로도 우리의 근대민족주의를 선도했던 인물이었다. 그는 구국 독립을 위한 쉴 새 없는 실천 활동 속에서도 우리 겨레가 일제의 식민지 침략과 지배에서 벗어나 독립할 수 있는 방안이 무엇이며, 나아가 영원히 번영을 누릴 수 있는 길이 무엇인지를 끊임없이 탐구하였다.

그런데 반식민지 및 식민지 상태에 처해 있었던 한말·일제하 우리 근대 역사 속에서 이는 결국 일제의 침략과 지배를 물리치고 근대 민족국가를 수립하는 일로 초점이 모아질 수밖에 없었다. 일생을 바쳐 이 같은 민족적 과제에 성실히 대응했던 도산의 기본정신을 한 사료에서는 반일反日과 민주民主로 말하고 있는데,[1] 이는 바로 우리 민족주의 독립운동의

두 가지 원칙이었다는 반일독립反日獨立과 민주건국民主建國을 각기 줄인 말로 생각된다.[2]

말하자면 한말 이래 우리 근대 민족운동의 최고 지도자였던 도산의 반일투쟁이라는 독립운동 노선과 민주국가 건설이라는 운동 목표는 곧바로 우리나라 민족주의 독립운동의 노선과 이념이기도 했던 것임을 알게 된다. 물론 이 밖에도 도산은 주로 교육을 통해 근대적 국민과 지도자를 양성하는 과제와 산업으로 경제력을 쌓는 일 등에 각별한 관심과 노력을 기울였는데, 이 역시 자주독립을 쟁취하고 근대적인 민주국가를 세운다는 앞의 핵심과제와 밀접히 관련되어 있었다.

여기서는 그의 민족운동의 궁극적인 목표가 자주독립의 근대 민족국가를 세우는 데 있었다는 전제 아래 그의 민주주의 독립국가 건설론 곧 민주건국론의 내용을 살펴보기로 하되, 그것이 1920년대 중후반에 들어 그 성격이 크게 달라지므로 전후 두 시기로 나누어 살펴보려 한다. 이어 그것이 우리 근현대 역사에서 갖는 의미가 무엇인지도 간략히 생각해 보기로 한다.

---

1 "다만 이 한국독립당의 강령은 이미 고인이 된 안창호에 의해 만들어졌으니, 그 기본 정신은 반일과 민주에 있다. 지금 현재 한국의 각 민족주의 단체의 투쟁 강령들은 대부분 그 정신을 이어받고 있다.但此(한국독립당) 網領係由已故之安昌浩所手創 基本精神卽在反日與民主 現在韓國各民族 主義團體所有鬪爭綱領 多半承其衣鉢"
   추헌수,『자료 한국독립운동』2, p. 69.

2 김성숙의 회상에 의하면, "한국 임시정부는 과거 30여 년간 험악한 파란과 모든 악조건을 극복해 가면서 3·1운동의 반일독립과 민주건국의 대 원칙을 견지해 왔다. 이것은 물론 우리 민족의 가장 우수한 지도자 안창호, 이동녕, 이시영, 김구, 조완구, 조소앙, 제 선생의 애국단충과 와신상담의 정신으로 불굴불요 혈전분투 하여온 위대한 공적이라고 생각된다." 라고 하였다.
   김학준,『혁명가들의 항일회상』, p. 115.

2. 전기(한말~1920년대 전반)의 자유민주주의국가 건설론

개항 직후 평양 근교의 평범한 한 농가에서 태어난 도산이 우리나라 근대 민족운동의 최고위 지도급 인물로 부상한 것은 그가 30세 되던 1907년부터였다. 1902년에 미국에 갔다가 5년여 만에 돌아온 그는 그 해 초 귀국한 즉시 양기탁, 이갑, 이동휘, 유동열, 전덕기, 이동령 등 당대의 핵심적 계몽운동가들을 결집해 신민회라는 비밀결사를 조직하는 데 성공했다. 뿐만 아니라 같은 해 말에는 일제 통감 이토오의 거듭된 초대에 못이겨 면담을 갖는 등 개화파 계열 신지식인 구국운동의 핵심에 서 있었음을 보게 된다.

한말 애국지사들 사이에서 이같이 도산이 급격하게 부상한 것은 어떻게 설명될 수 있을 것인가.

과거 그는 국내에서는 1년여의 짧은 기간 동안이었지만 독립협회 활동에 참여한 바 있었으며, 1902년 미국에 가서부터 귀국할 때까지는 멀리 그곳에서 한인친목회 및 그것을 확대, 발전시킨 공립협회를 조직해 갓 형성되고 있던 한인 교민 사회의 대중적 지도자로 성장해 있었다. 한편 그가 담화와 웅변을 통한 탁월한 설득력의 소유자였으며, 사업에 대한 기획과 조직에 있어서도 뛰어난 능력을 갖고 있었음은 잘 알려진 사실이다. 그러나 이 같은 활동 경력이나 개인적 역량만으로 상당한 공백 끝에 귀국한 그가 여러 국내 활동가들 사이에서 급부상한 배경을 다 설명했다고는 볼 수 없다.

특히 귀국 즉시 그가 착수한 신민회 결성의 경우, 그 성공 요인이 무엇이었는지는 큰 관심사가 아닐 수 없다. 그것이 이미 대한자강회, 서우학회(1906년 10월), 한북흥학회(1906년 10월) 등의 합법 단체들이 결성되어 활동하고 있던 조건 속에서 별도로 이루어진 일이었기 때문이다. 사회운동과 단체조직의 상식으로 볼 때 이를 단순히 인간관계만으로는 설명할 수 없는 일이다.[3] 역시 최초의 발의자인 그가 핵심적인 국내 운동가들의 공감을 얻을 수 있는 참신한 명분과 설득력 있는 논리를 함께 제시할 수 있었기 때문으로 보아야 할 것이다. 곧 다른 합법 단체들과는 질적으로 다른 신민회만의 이념 및 방법론과 조직 형태가 제시되었으리라 여겨지는데, 구체적으로는 민주공화국 건설이라는 이념과 독립전쟁준비론이라는 방법론[4] 및 비밀결사라는 조직 형태였다고 생각된다.

일제의 보호통치하에서 엄중한 비밀결사로 조직된 신민회의 궁극적 목표가 일제의 침략을 물리치고 공화정체의 신국가를 건설하는 데 있었다는 것은 이미 잘 알려져 있는 사실이다. 즉 신민회의 정치적 목표는 을사늑약으로 빼앗긴 외교권 등의 침탈당한 국권을 회복하여 단순히 대한제국을 그대로 연장시키자는 것이 아니라 전혀 새로운 민주공화국으로의 신생 독립에 있었던 것이다.[5]

---

[3] 한 연구자는 그 성공 요인을 도산이 신민회의 총감독으로 대한매일신보사 총무 양기탁을 추대한 데서 찾고 있다.
신용하, 「신민회의 창건과 그 국권회복운동」, 『한국학보』 8·9, 1977.
[4] 독립전쟁준비론에 대해서는 박만규, 「한말 도산 안창호의 비밀결사 구상과 독립전쟁준비론」, 『도산학술논총』 제2집, 1992 참조.
[5] 이때 당시의 국호가 대한제국이었고 또 그가 우리 스스로를 일컬어 언제나 '대한大韓'이라고 했던 점을 감안해 보면 그가 세우려 했던 국가는 곧 '대한민국'이었다고 하겠다.

이러한 사실은 다음의 당시 자료에서 쉽게 확인할 수 있다.

먼저 도산이 귀국 직전에 써서 가져온 것으로 보이는 신민회의 「대한신민회 취지서」에 의하면 신민회의 목적은 다음과 같다.

"…범凡 아한인我韓人은 내외를 막론하고 통일연합으로써 그 진로를 정하고 독립 자유로써 그 목적을 세움이니, 이는 신민회의 발원發願하는 바며 신민회의 회포懷抱하는 소이所以라, 약언略言하면 오직 신정신新精神을 환성喚醒하야 신단체新團體를 조직한 후 신국가를 건설할 뿐이다."

국사편찬위원회, 1990:1028

역시 같은 글의 「대한신민회통용장정」의 제3조 목적 조항은 다음과 같다.

"…본회의 목적은 우리 대한의 부패한 사상과 습관을 혁신하여 국민을 유신케 하며, 쇠퇴한 교육과 산업을 개량하여 사업을 유신케 하며, 유신한 국민이 통일연합하여 유신한 자유문명국을 성립케 함."

국사편찬위원회, 같은 책:1027

위의 두 귀절을 종합해 보면 도산의 신민회 구상은 (1) 신정신의 신민 창출, (2) 신민들에 의한 신단체 결성, (3) 신단체의 국내외에 걸친 확대 발전으로 자유문명의 신국가 건설에 있었음을 알게 된다. 이때 '독립자유의 신국가' 혹은 '유신한 자유문명국'이 구체적으로 뜻하는 바가 공화제의 근대국가라는 것은 일제의 정보기관에서조차 인정하는 사실이었다.[6]

어쨌든 도산이 구상했던 신민회는 이처럼 대한제국에 대한 전면적 부정 위에서 당시로서는 가장 선진적인 민주공화제의 근대국가 건설, 곧 대한민국의 건설을 지향하고 있었던 것이다.

우리나라에서 군주제의 완전한 폐지를 전제로 한 민주공화국가 건설의 주장은 1898년 독립협회운동이 가장 고조되었던 때 이미 한 차례 제기된 바 있었다. 그러나 당시는 아직 전제군주국가 체제가 그 틀을 유지하고 있던 상황이었으므로 독립협회 지도부는 충군애국忠君愛國을 내세우며 입헌군주제로의 개혁을 목표로 하였다. 반면 공화제 주장은 단지 급진적인 소수 청년층의 견해에 그치고 있었다. 1905년의 을사늑약 이후에도 이 같은 정치사상적 상황은 크게 다를 바 없었다. 대한자강회 등 신민회 결성 이전의 신지식인층 계몽운동은 여전히 충군애국에 머무르며 입헌군주제의 실현을 지향하고 있었던 것이다.

따라서 도산이 귀국하여 비밀리에 신민회를 결성하면서 군주제국가의 개혁이 아닌 완전 폐기를 그 공식목표로 제안한 것은 매우 획기적인 일이었다. 그러나 그것은 대한제국이 이미 일제의 보호국으로 전락해 거의 무력화된 당시의 시점에서 보면 아주 시의적절한 제안이었다고 볼 수 있다.

---

6 즉, 신민회가 비밀리에 조직된 지 2년 가량 지나 위의 문건들을 입수한 일제 경찰은 신민회의 궁극적 목적이 "열국 보호하에 공화정체의 독립국으로 함에 있는 것"이라고 해석하고 있다. (국사편찬위원회, 『한국독립운동사』 I, 卵. p. 1023-1024 참조.) 한편 여기서 '열국 보호하'라는 귀절은 아마도 일찍부터 거론되어 온 바 있는 한반도 중립화론 혹은 중립외교론과 관련되는 것이 아닌가 생각된다.

그리하여 신분적으로 또는 경력 면에서 대부분 대한제국에 일정한 친화감을 갖고 있었던 국내활동가들에게 처음에는 약간의 충격이 되었겠지만 곧 그의 제안에 동의하게 되었던 것으로 여겨진다.

도산이 귀국 후에 행한 수많은 연설 가운데 그 내용이 부분적으로나마 전해지고 있는 1907년 5월 12일의 삼선평에서의 연설을 보면 그의 군주제 국가에 대한 철저한 비판의식과 국민주권사상을 확연히 알 수 있다.

"오호라, 우리 나라는 수천 년 이래로 나라와 백성國與民 간에 서로 격막隔膜하야 백성들은 나라 알기를 다른 사람의 소유로 알아 고려시대에는 왕씨의 나라라 하며 조선에 들어와서는 이씨의 나라라 하야 그 흥하고 망하는 것이 나와는 무관한 일이라 하며, 국가가 백성들을 대하기를 물고기들이 큰 고기들은 중간 고기들을 잡아먹고 중간 고기들은 작은 고기들을 잡아먹듯이 백성들 침탈하기를 당연시하였으니 비록 나라에 천지가 뒤집히는 변고가 닥쳐와도 조금도 돌아보지 않다가 마침내는 노예 신세가 되는 지경에 이르렀으되 여전히 예전 상태대로 어떤 대책도 아니 세우고 단지 외인의 눈에 잘 보이기만 하는 것으로 자신의 보신책을 삼으려 하니 천리인정天理人情에 이러고서야 어찌 용납될 리가 있겠는가. 그런즉 국가는 한 사람의 소유가 아니요 우리들 모두의 어깨 위에 대한大韓 두 글자를 각기 짊어졌으니 원컨대 지금까지의 이런 낡은 생각은 절대 갖지 말라."

"嗚呼라, 吾邦은 幾千年來로 國與民 間에 互相 隔膜하야 民之視國은 他

一個人의 所有로 認하야, 前朝時代에는 曰 王氏의 國이라 하며, 本朝에 入하야는 曰 李氏의 國이라 하야, 其興其亡이 於己無關이라 하며, 國之 待民은 看作魚肉하야 大魚는 中魚 食하고 中魚는 小魚 食 으로 剝割侵 奪로 爲一能事하야, 비록 天地가 飜覆하는 變機가 迫頭하야도 頓不顧念 이라가 畢意은 奴隸文券을 繕給하는데 至하얏스되, 猶是 舊日狀態로 尸位素餐에 一事를 不做하고, 但히 他人의 眉睫을 仰視하야 自己의 休 戚을 삼으니 天理人情에 寧容若是리오.

然則 國家는 一人의 所有가 아니오 吾人 肩上에 大韓 二字를 各其擔 着하야스니 願컨대 前日 思量을 仍存치 勿하라."

그는 완전히 공개적인 자리에서 행한 위의 연설을 통해 청년 학생들에 게 망국의 원인이 국가를 사유화해 왔던 절대군주제의 정치 제도에 있었 음을 명확히 지적하고, 구래의 신민의식臣民意識에서 벗어나 국가의 주 인로서의 책임의식을 확고히 할 것을 강조하고 있는 것이다. 심지어 그는 청년 학생들에게 대한제국에의 참여를 통해 망국민의 심부름꾼仕換이 될 것인가, 아니면 신국민이 되어 신국가 건설의 간성이 될 것인가를 강 한 어조로 묻고 있었다.

도산이 공화제의 민주국가건설론을 어떤 계기로 언제부터 갖게 되었 는지는 정확히 말하기 어렵다. 그러나 늦어도 그가 을사늑약 체결을 계기 로 귀국을 결심했을 때에는 새로운 민주공화국 건설을 확고한 정치 목표 로 갖고 있었음은 분명하다. 역사적으로 보면 이 같은 도산의 민주공화제 국가 곧 대한민국의 건설이라는 정치 목표는 한말 신민회운동을 통해서는 결국 실현되지 못하였다. 그러나 1919년 3·1운동 후 상해에서 대한민국 임시정부의 수립으로 불완전하게나마 일단 실현되었다고 볼 수 있다. 그해 6월 28일 임정의 각료로 추대된 지도자급 인물들 가운데 유일하게 내무총장에 취임한 그는 취임 연설에서 이제 항구적 세계평화에의 기여라는 데까지 그 지평을 확장시킨 가운데 '모범적 공화국'의 건설을 거듭 다짐하고 있었다.

"…우리가 우리의 주권만 찾는 것이 아니라 한반도 위에 모범적 공화국을 세워 2천만으로 하여금 천연의 복락을 누리려 함이오. 그러므로 우리는 생명을 희생하여 이 목적을 달성하여야 하겠소, 그뿐만 아니라 더욱 세계의 항구적 평화를 돕고자 함이니 우리가 신공화국을 건설하는 날이 동양평화가 견고하여지는 날이요, 동양평화가 있어야 세계평화가 있겠소. 이러한 권능이 우리에게 있는 고로 하늘이 우리를 도우며 동서의 인민이 우리를 동정하니 우리는 반드시 성공할 것이외다."

도산기념사업회, 1990 : 100

한말 신민회 결성을 통해 도산이 제기하여 상해 임정 수립으로 매우 불완전하게나마 실현된 대한민국의 정치사상적 성격은 물론 서구, 특히 미국을 모델로 한 부르주아 민주주의국가였다. 예를 들면 1919년 9월 도산의 주도로 3개 임정이 하나로 통합되어 만들어진 대한민국 임시정부의 헌법에는 사유재산의 보유와 영업활동의 자유 및 언론, 집회, 결사, 출판의 자유 등 국민들의 여러 자유권이 보장되어 있었다.

즉 한말에서 1920년대 전반에 걸치는 도산의 전반기 민주건국론의 구체적 내용은 자본주의 경제 체제의 바탕 위에서 각종의 시민적 자유가 보장되는 자유민주주의국가건설론이었던 것이다.

3. 후기(1920년대 후반~30년대 초)의 사회민주주의국가건설론

부르주아적 자유민주주의국가의 건설을 목표로 했던 한말 신민회 이래 도산의 민주건국론은 1920년대 중후반에 이르러 그 성격에 큰 변화를 보이게 된다. 그 직접적 계기는 1926년 7월 이후 그가 앞장섰던 중국에서의 대독립당운동에서 연유했다고 볼 수 있다.[7]

1920년대 중후반 한때 우리 독립운동계에는 국내외를 망라하여 주로 좌우합작을 겨냥한 대동단결의 움직임이 활발히 일어난 바 있었다. 그 배경에는 물론 3·1운동 이후 특히 청년학생층 사이에 공산주의사상이 급속히 수용되고, 그에 따라 공산주의 세력이 급격히 대두한 사실이 깔려 있었다. 이념적 차이에 따른 독립운동자의 좌우 분열이 크게 우려되는 상황이었다. 그리하여 이를 극복하기 위한 좌우합작의 필요성에 대해서는 대략 1924년부터 그 논의가 제기되기 시작하여 점차 구체화된 결과 국내에서는 1927년 2월 신간회로 결실을 보았고, 이를 전후하여 중국과 만주에서

---

[7] 이하 3장의 내용은 주로 (박만규, 「도산 안창호의 대공주의에 대한 일고찰」, 『한국사론』 26, 1991.)을 요약한 것이다.

도 민족유일당운동 혹은 대독립당운동으로 불리면서 활발히 전개되었다.

이때 국내에서의 신간회 출현에 한발 앞서 시작된 중국에서의 유일당운동과 그에 뒤이은 만주에서의 유일당운동을 앞장서 선도하고 주도해 간 인물이 바로 도산이었다. 1926년 5월 말에 미국에서 다시 돌아온 그가 7월 8일 상해의 삼일당에서 행한 「우리 혁명운동과 임시정부 문제에 대하여」라는 제목의 연설이 바로 대독립당운동의 본격적인 전개를 알리는 선언이었다.

여기서 그는 우리의 독립운동은 어느 특정 계급만의 과제가 아닌 전 민족적 과제로서 계급혁명이 아니라 민족혁명이라는 점을 먼저 강조하였다. 따라서 독립 이후의 문제인 정체政體와 주의主義를 놓고 좌우가 미리 싸울 것이 아니라 전 민족이 합심하여 먼저 독립을 쟁취하는 데 협력하자고 역설하였다. 이어 그는 우리의 독립은 점진적 개조의 방법이 아니라 무단적 힘에 의한 혁명으로써만 가능하다고 주장하면서 당시 국내 일각에서 제기되고 있던 자치론이나 실력양성론이 현실적으로 적합하지 않은 주장이라고 비판하였다. 이 같은 전제 아래 그는 결론으로서 일제와의 효율적 투쟁을 위해 전민족적 대혁명당을 결성하자고 제안하였다. 이로부터 중국 본토와 만주에서의 유일당운동은 2～3년 간 독립운동계의 최대 관심사가 되었다.

그러나 결과적으로 좌우합작의 민족유일당운동은 1927년 말을 고비로 정체 상태에 빠졌다가 끝내는 실패로 끝나고 말았다. 그리하여 1920년대 말 중국에서의 한인 독립운동계는 민족주의자들의 모임인 한국독립당과 사회주의자들의 결집체인 유호留滬한국독립운동자동맹으로 양분되었다.

한국독립당은 상해 민족주의 진영의 양대 세력인 안창호계(서북파·흥사단계)와 이동녕계(기호파·임정계)를 주축으로 범 민족진영이 참여해 이루어졌는데, 발기인 28명 가운데에는 일단 안창호계로 볼 수 있는 서북출신이 15명이었으며 특히 그의 직계라 할 흥사단우는 12명이었다.

한국독립당의 강령은 당의와 7개 조의 당강으로 이루어졌는데 그 핵심 내용은 크게 다음의 세 가지로 집약될 수 있었다.

첫째는 독립운동 방법론으로서 '민중적 반항'과 '무력적 파괴'라는 반일투쟁의 방안이 구체적으로 제시되어 있었다.

둘째는 독립국가 건설론으로서 정치, 경제, 교육의 평등에 기초한 신민주국가 건설 구상이 정립되어 있었다.

셋째는 민족 간, 국가 간의 완전 평등에 기초한 평화적 국제질서를 희망하였는데, 이는 우리 독립운동에 대한 국제적 연대와 협조의 기대감이 반영된 것이었다.

이런 내용의 강령을 작성하는 데 참여한 강령 기초위원은 이동녕, 안창호, 이유필, 김두봉, 안공근, 조완구, 조소앙의 7인이었으며, 특히 실무 기초자는 조소앙이었다. 그러나 한국독립당의 강령 내용을 실질적으로 결정한 사람은 도산이었다. 이 같은 주장에는 몇 가지 근거가 있다.

먼저 강령의 직접 기초자인 조소앙은 후일 1938년 안창호가 국내에서 타계했다는 소식에 접하고 한국독립당 일동의 이름으로 추도시를 지어 발표하면서 그가 한국독립당의 당의와 당강을 수립한 공로樹我黨義 立我黨綱가 있음을 거론한 바 있다.

다음으로 당시 중국에서 활동했던 김성숙은 한국독립당이 창당될 때 삼민주의의 영향을 받은 안창호가 삼균주의를 들고 나왔고, 역시 그가 주창해서 삼균주의를 한국독립당의 사상으로 만들었는데 후에 조소앙이 다시 이를 들고 나왔다고 회고하였다.

또한 1929년부터 상해에서 도산의 측근으로 있었던 구익균은 도산이 어디까지나 민족주의자이면서도 독립운동가들의 좌우 분열을 막기 위해 화합하도록 힘쓰는 한편 사상적으로는 대공주의大公主義라는 새로운 용어를 만들어 사회주의의 합리성을 가능한 한 살리려 했다고 하고, 그 내용은 정치평등, 경제평등, 교육평등의 3대 평등강령을 그 내용으로 했다고 하였다. 이어 그는 도산의 3평등주의는 곧 한국독립당의 강령에 삽입되었고 후에 조소앙이 이를 발전시켜 삼평균주의로 칭하게 되었다고 말했다.

위의 우리 측 자료들 외에 비슷한 내용을 전하는 일제 경찰의 정보문서도 있으며, 특히 일제의 패망을 눈앞에 두고 한국독립운동에도 관심이 컸던 중국 국민당에서 파악한 바에 따르면, 한국독립당의 강령은 안창호에 의해 만들어졌는데 그 기본정신은 반일과 민주에 있었으며, 나아가 한국독립당 이후의 각 민족주의 단체의 투쟁강령은 거의가 다 그의 뜻을 이어받은 것이라고 하였다.

이상을 종합해 보면 한국독립당의 강령 내용은 주로 안창호의 주장에 따라 결정되고 이를 조소앙이 문장화했음을 알게 된다.

이제 1920년대 말 한국독립당의 강령에 반영된 도산의 후기 독립국가 건설론의 성격을 재정리함으로써 앞 시기의 그것과의 차이를 보다 분명히 하기로 한다.

1926년 7월부터 시작된 대독립당운동을 계기로 변화를 보인 도산의 후기 독립국가건설론의 가장 큰 특징은 정치적 자유와 더불어 경제, 사회적 평등이 매우 강조되어 있다는 점에서 찾아진다. 그리고 그것은 그가 바로 이 시기에 주창한 대공주의와 직결되어 있었다. 즉 그는 이때 좌우의 분열을 막기 위해 좌우합작의 대독립당운동에 앞장서는 한편, 그 이론적 바탕을 만들기 위해 대공주의 사상을 정립해 주창했던 것이다. 대공주의는 독립운동자들의 좌우 분열을 막기 위해 민족주의자들이 가장 강조하던 민족자주국가의 틀 안에서 사회주의자들의 최대 주장인 평등가치의 실현을 최대로 수용한 진보적 민족주의 사상이었다.[8]

대공주의에 입각한 도산의 후기 독립국가 구상을 제대로 이해하기 위해서는 먼저 당시 도산을 비롯한 민족주의자들이 가장 중요시하였던 민족자주국가 건설의 원칙에 대해 알아볼 필요가 있다. 그들이 생각하던 독립국가의 제일 요건은 무엇보다도 우리 민족 전체 성원으로 이루어지고 우리 스스로의 뜻에 따라 운영되는 자주적인 민족국가가 그 전제가 되었

8　1947년 도산안창호선생기념사업회에서 발간한 『도산안창호』의 서언에는 다음과 같은 내용이 있다. "도산의 당시 사상도 민주주의로 중심을 잡고 부국강병 정책을 견지함이 괴이치 않다. 나중에 아라사혁명 이후 세계를 휩쓰는 사회개조 이념에 봉착하야 그 민족주의가 내용적으로 건설 이념을 갖추게 된 것이 대공주의다. 그러나 대공주의가 이상사회 건설의 구도를 포함하였으나 그 기본은 어디까지나 민주주의에 둔 것이 사실이니 도산의 만년 사상은 부국강병 이념에서 한 걸음 나아가 왼편에 국제주의를 두고 바른편에 민족자본주의를 바라보면서 그 중용을 취해가는 진보적 민족주의라 할 수 있다."

다. 너무도 당연한 듯한 말이지만 이는 당시로서는 매우 중요한 뜻을 갖고 있었다. 일제의 식민지 지배가 상당 기간 지속되고 공산주의 사상이 급속히 보급되었던 3·1운동 이후 우리의 민족 성원들 가운데에는 이와는 다른 생각을 가졌던 사람들도 차츰 생겨나고 있었기 때문이다.

그 하나는 일본과 우리의 힘을 비교한 끝에 실망하여 독립의 가능성을 믿을 수 없게 된 사람들이었다. 그들 중에는 차라리 우리가 일본과 완전히 하나가 되거나 일본 속의 한 지방이 되어 자치권이라도 얻는 게 더 낫다고 생각하는 사람들이 생겨나고 있었다. 이른바 참정권운동, 자치운동 등이 논의되고 있었다. 따라서 확고한 반일독립 노선이 더욱 요청되고 있었던 것이다.

또 다른 하나는 일부 극단적인 계급지상주의자들의 경우였다. 3·1운동 이후 공산주의사상이 빠른 속도로 보급되는 과정에서 대부분의 사회주의자들은 물론 우리 민족의 자주독립을 가장 중요시하였다. 하지만 그들 가운데 일부는 민족의 독립보다는 계급의 해방을 더욱 중요하게 여겼다. 따라서 그들은 민족을 초월한 프롤레타리아계급의 국제적 협력을 강조하는 나머지 자주적인 공산주의 민족국가를 수립하자는 것이 아니라 소비에트연방에 가입할 것을 전제로 소비에트를 세우자고 주장했다.

이 같은 친일파와 국제주의적 계급주의 입장의 공산주의자들은 비록 그 수는 많지 않았지만, 당시에는 각기 큰 힘을 갖고 있던 일제와 국제공산당(코민테른)이 직접 혹은 간접으로 영향을 미치고 있는 상황이었다. 따라서 안창호를 비롯한 대부분의 민족주의 지도자들은 이들의 주장을 부단히 경계하면서 자주적인 민족국가의 건설을 강조하였던 것이다.

그러나 한편 좌우합작이라는 현실적 과제의 해결을 위해서는 일단 민족자주국가의 틀 내에서라면 사회주의가 내세우는 평등가치의 실현을 최대한 수용할 필요가 있었다. 물론 평등은 그 자체로서도 민주국가 건설에 필수적인 요건이기도 했다. 민주주의가 본래는 자유와 평등을 함께 아우르는 개념이었지만 역사적으로는 그것이 주로 부르주아 시민계급의 자유를 보장하는데 그친 한계를 보였기 때문에 도산은 이때 전체 민족 성원을 대상으로 정치적 자유는 물론 사회경제적 평등의 실현까지를 특히 강조하게 되었던 것으로 보인다. 구체적으로는 정치적으로 보통선거제와 경제적으로는 토지 및 대생산기관의 국유제와 교육에서의 국비의무교육제 실시를 통해 전민족적 평등을 보장한다는 것이었다.

이처럼 내부적으로는 정치적 자유와 더불어 사회경제적 평등이 더욱 강조된 신민주국을 건설하고, 이를 바탕으로 밖으로는 민족 간, 국가 간 평등에 기초해 침략적이고 불평등한 제국주의적 세계 질서를 극복함으로써 궁극적으로 자유와 평등의 평화세계를 지향한다는 구상이었다.

대공주의에 입각한 도산의 후기 독립국가 구상을 특히 현대국가의 경제 체제의 측면에서 생각해 보면, 사회보장제의 대폭적인 가미와 함께 일정 규모 이상의 사적소유에 대한 제한까지를 포함함으로써 순수 자본주의 체제나 공산당 일당 독재의 전제적 공산주의 체제의 국가와는 구별되는 사회민주주의적 국가론의 성격을 갖는 것이었다.

4. 맺음말

도산 안창호는 1907년 미국으로부터 귀국해 한말 구국운동을 배후에
서 총지휘한 비밀결사 신민회를 조직하는 데 성공함으로써 이후 우리나
라 근대 민족운동의 중심 인물로 부상하였다. 이때 그가 신민회의 정치적
목표로 제시했던 근대적 민주공화국가 건설이라는 이념, 곧 대한민국 건
설론의 정치사상적 내용은 물론 자본주의 경제 체제에 바탕을 둔 자유민
주주의였다. 그리고 그 같은 자유민주주의국가건설론은 대략 1920년대
전반까지 지속되었다.

그러나 도산의 독립국가건설론은 1926년에 시작된 대독립당운동을 계
기로 큰 변화를 보이게 되었다. 민족운동의 최고위 지도자로서 독립운동
가들의 이념적 분열을 막기 위한 노력과 함께 그는 좌우합작의 이론적 바
탕을 마련하기 위해 대공주의라는 진보적 민족주의 사상을 정립했던 것
이다. 대공주의는 민족자주국가라는 큰 틀 속에서 사회주의 이념을 대폭
수용해 자유와 평등이 조화된 이상적인 독립국가를 건설하겠다는 구상으
로서 사회민주주의국가건설론이었다.

비록 도산 자신은 일찍이 체포당해 순국함으로써 해방을 보지 못하였
으며 따라서 해방 후의 건국 과정에도 참여하지 못하였다. 그러나 한말
그가 결집했던 신민회의 회원들 다수가 일제하 독립운동의 주요 인물들
로 활약했으며, 특히 3·1운동 이후 그가 주로 활동했던 중국에서는 그가
국내로 끌려온 뒤에도 그의 반일독립 노선과 민주건국의 정신이 대부분
계승되고 있었다. 이 점에서 그는 한말·일제하의 우리나라 근대 민족운

동을 실천 활동뿐만 아니라 사상적으로도 늘 선도하고 주도해 온 인물이었다.

도산은 우리나라 근현대 역사에서 민주공화제의 근대국민국가 곧 대한민국의 건설론을 실질적인 의미에서 최초로 제기한 인물로 볼 수 있다. 한말 신민회운동을 통해 처음 제기된 그의 대한민국건설론은 3·1운동 후 대한민국 임시정부로서 불완전하게나마 실체를 드러내게 되었으며, 해방 후에는 일단 임정의 법통 계승을 표방한 대한민국으로 이어졌다고 볼 수 있다.

그러나 해방 후의 대한민국이 그의 민주건국론의 참뜻을 제대로 계승했는지에 대해서는 의문의 여지가 많다. 처음 그가 이상으로 했던 자유민주주의 이념에조차도 아직은 충실하다고 할 수 없을 뿐 아니라, 더욱이 1920년대 후반 이후 변화된 그의 대공주의에 입각한 후기 사회민주주의적 건국론과는 더욱 거리가 있는 현실로 여겨지기 때문이다. 식민지하의 우리 민족으로 하여금 독립운동 과정에서 먼저 좌·우의 이념적 대립을 극복하고, 독립 후에는 자유와 평등이 조화된 참된 민주사회를 건설해 영원한 번영을 누릴 수 있는 길로 이끌려 했던 그의 근본 취지는 아직 실현되지 못한 것이다.

이제 우리에게는 내부적으로 국민 간의 계층 갈등을 가능한 한 줄이고, 나아가 자본주의와 사회주의의 이질적인 양 체제를 평화적인 방법으로 극복할 수 있는 통일이념의 모색이 당면 과제로 대두되어 있다. 한말 이래 도산이 추구해 온 참된 민주주의국가 건설을 목표로 한 민주건국론의 구체적 내용과 시기별 변화를 알아보는 일은 오늘의 과제를 푸는 데에도 많은 도움이 되리라 생각된다.

참고문헌

1)　국사편찬위원회, 『한국독립운동사』 I, 서울, 국사편찬위원회, 1990

2)　김학준, 『혁명가들의 항일회상』, 1988

3)　도산기념사업회, 『안도산전서』 중, 1990

4)　박만규, 「한말 도산 안창호의 비밀결사 구상과 독립전쟁준비론」, 『도산학술논총』 2, 1992

5)　신용하, 『한국독립협회연구』, 1976

6)　신용하, 「신민회의 창건과 그 국권회복운동」, 『한국학보』 8〜9, 1977

(『도산사상연구』 2, 1993.4.)

II.   도산의 민족운동론과
　　　　대공주의의 형성

1. 대공주의에 앞선 도산의 민족운동론

한국 근대 민족운동의 최고 지도자 도산 안창호(1878~1938) 선생은 평생에 걸쳐 우리 독립운동을 전개하는 동안 다음과 같은 6개의 주장을 펼쳤다. 1) 민주공화국건설론, 2) 독립전쟁준비론, 3) 근대국민형성론, 4) 민족통일단합론, 5) 세계평화공영론, 6) 대공주의가 그것이었다.

이들을 시간적으로 보면 크게 두 개의 범주로 구분된다. 앞의 5개 주장은 일찍부터 정립되어 도산의 청·장년기를 관통해 일관되게 지속되었다. 반면 대공주의는 1920년대 후반 그의 나이 50세를 바라볼 무렵 만년의 생각이고 주장이었다. 말하자면 그의 민족운동론의 총합이자 귀결인 셈이었다. 따라서 대공주의를 이해하기 위해서는 먼저 앞선 5개의 민족운동론들에 대해 간략히 알아 둘 필요가 있다.

1) 민주공화국건설론

독립협회와 만민공동회운동에 참여해 사회활동의 첫 발을 뗀 도산은 1902년 24세의 나이에 미국으로 유학을 갔다. 그때까지 도산은 쾌재정 연설에서 보듯 정치사상적으로는 충군애국의 군주국가관을 완전히 벗어나지 못했던 것으로 여겨진다. 아마도 서재필, 윤치호 등 독립협회 지도층의 생각과 결을 같이하는 개혁적 입헌군주제 국가관을 가졌을 것이다. 그러나 미국 도착 후 그곳에서 날로 번영해 가는 신흥 공화국가의 활력을 직접 체감하면서는 완전한 국민주권주의와 민주공화국사상을 확고히 갖게 되었다.

때마침 갓 형성되고 있던 초창기 미주 한인 교민 사회에서 솔선수범의 리더십을 통해 청년 지도자로 성장한 도산은 한인 노동자들을 모아 이른 바 〈도산공화국〉을 만들고 운영한 경험을 가졌다. 그 과정에서 그는 구성원 모두가 주인의식을 가진 공동체의 무한한 가능성을 생생히 확인할 수 있었다.

도산은 미국에서 공립협회를 조직하고 지도한 경험을 통해 갖게 된 신민신국新民新國의 원대한 비전을 품고 1907년 초에 귀국하였다. 그는 무너져 가고 있는 낡은 대한제국의 수호가 아니라 신생 대한민국의 건설을 구국운동의 새로운 지표로 제시하면서 당대의 선각적 인물들을 결집해 공화주의 비밀 혁명결사인 신민회를 결성하였다.

도산이 신민회 동지들과 함께 적극적으로 전파한 국민주권사상과 민국건설의 목표는 급속히 확산되었다. 그래서 1919년 3·1운동 과정에서 드러나듯 불과 10여 년 만에 민주공화국가건설론은 우리 독립운동의 주류 이념이 되었다.

2) 독립전쟁준비론

명치유신을 계기로 신흥 제국주의 강국으로 급부상한 일본에게 한반도는 대륙 진출의 발판으로서 반드시 점령해야 할 대상이었다. 이에 맞서 전국에서 봉기한 항일의병과 해산군인들이 목숨을 걸고 저항하였지만 의로운 정신력만으로 저들의 강력한 근대 무력을 이길 수는 없었다. 동시에 도시의 신지식인들도 나름대로 저들과의 힘의 격차를 절감하면서 민중 교육과 계몽 활동으로 실력배양에 열정을 바쳤으나 군대를 앞세운 일제에게는 별다른 위협이 되지 못하였다.

시시각각 압박해 들어오는 일제를 앞에 두고 이 두 갈래 세력 간에는 서로를 향해 무모한 저항 세력으로, 또는 비겁한 기회주의로 비난하는 등 갈등 양상마저 빚어지고 있었다. 두 애국 세력 간의 이런 심각한 딜레마 상황에서 귀국한 도산은 일제와의 근대적 무력투쟁을 뜻하는 독립전쟁의 방략을 제시하고, 그에 입각해 장차 도래할 미일전쟁의 시기에 대비한 근대 무력의 준비를 당면의 활동 과제로 제안하였다.

즉 독립전쟁준비론은 항일의병의 무장투쟁 노선에 신지식인들의 각종 실력배양운동을 근대적 독립전쟁 준비 활동으로 초점을 분명히 해 결합함으로써 대립 갈등하던 위의 두 흐름을 하나로 지양 합일시킨 것이었다. 도산이 정립해 제시한 독립전쟁 전략과 그것을 전제로 한 독립전쟁준비론은 우선 신민회로 결집한 신지식인들의 전폭적인 지지를 받았고 급속히 확산되어 3·1운동 후 본격적인 독립운동 시기에 우리의 최고 전략지침이 되었다.

3) 근대국민형성론

민주공화국가를 건설하기 위해서도 독립전쟁을 성공적으로 준비하고 수행하기 위해서도 근대적인 생각과 역량을 가진 애국적 근대시민의 양성이 선결되거나 적어도 병행되어야 했다. 이때 근대시민의 핵심 요건은 무엇보다 자신과 사회와 국가에 대한 확고한 주인의식이었고 그 운명에 대해 스스로 강한 책임감을 갖는 것이었다. 즉 전근대적 군주제 국가의 한갓 백성이 아니라 근대적 민주공화국가의 주권 국민이어야 했다.

국민주권사상으로 무장한 이런 주체적 근대시민으로 변화되기 위해서는 보다 구체적으로 정직과 신용을 생명으로 여기는 가치관, 지행합일의 강한 실천력, 편협한 주장과 사사로운 이익을 뛰어넘어 대의와 공익을 위해 단결하고 협동하는 자세 등이 중요한 덕목으로 요청되었다. 그리고 이런 덕목들을 체화시키기 위해서는 범사회적인 의식적이고 체계적인 수련 기구와 조직과 프로그램이 필요하였다. 공화국가 건설이나 독립전쟁 준비를 실현하기 위한 가장 기초적인 사업이었다.

도산은 신민新民 곧 근대 국민의 형성이라는 큰 구상 속에서 국내와 미국에서 신민회, 대성학교, 청년학우회, 흥사단 등을 직접 만들고 운영했다. 뿐만 아니라 동지들로 하여금 교육과 언론을 통한 민중 계몽을 적극 권장하였다. 그 결과 국권을 상실한 암울한 상황에서도 전근대적 백성의식을 탈피하고 애국애족의 열정에 충만한 근대국민을 대거 배출할 수 있었다.

이들은 3·1운동의 거대한 분출을 통해 비로소 우리 민족사회의 진정한 주인으로 역사의 전면에 등장하였다. 애국애족의 건전한 민족주의적 가치관과 통일단합의 정신 등은 후일 대공주의의 중요한 요소로 수용되었다.

4) 민족통일단합론

도산은 신흥 제국주의 강국 일본을 상대로 한 우리의 독립운동은 불가피하게 장구한 시간 동안 진행되어야 할 대사업이며 그 경우 가장 중요한 것은 견고한 지휘부를 구성하고 그를 중심으로 전 민족의 총역량을 결집하는 일이라고 보았다. 전 민족의 총단결에 앞서 적어도 독립운동가들만이라도 통일 연합해야 한다는 것이 그의 절대 소신이었다. 그가 전 생애를 통해 심혈을 기울였던 신민회, 대한인국민회, 임시정부, 국민대표회, 대독립당 등은 다 독립운동가들의 통일과 대동단결을 위한 노력의 표현이었다.

한말과 일제 강점 시기 민족운동가들의 통일과 단합을 저해하는 요소는 여러 가지가 있었다. 각 개인마다 고유한 기질상의 차이 외에도, 낡은 신분의식이나 뿌리 깊은 지역감정 그리고 종교적 차이가 작용하였다. 거기에 복벽주의와 공화주의, 소비에트주의 등 독립국가의 미래상에 대한 지향도 달랐으며, 또 무장투쟁론, 의열투쟁론, 외교독립론, 실력양성론, 민중운동론 등 독립운동 방략에 따른 이견도 심각한 분열의 요인이었다.

이런 다양한 분열적 요소들을 극복하기 위해서는 끊임없이 민족적 대의에 호소하는 감성적 접근도 중요했다. 그래서 도산은 수많은 연설을 통해 통일단합을 외치고 그 중요성을 설파하였다. 하지만 독립운동의 목표와 방법론상의 차이는 보다 이성적으로 접근하지 않으면 풀 수 없는 문제였다. 그래서 그는 일찍이 한말 신민회운동 시기에는 민주공화국 건설이라는 한 차원 높은 목표를 제시하고 독립전쟁준비론을 제안하여 이를 한국 독립운동의 주류 이념과 방법론으로 정립시킨 바 있었다.

그럼에도 불구하고 최소한 독립운동계의 대동단결과 통일만이라도 이루려던 도산의 노력은 끝내 완전한 성공에는 이르지 못하였다. 그러나 '통일독립'이라는 그의 간절한 지론은 끝까지 변함이 없어서 민족통일단합론은 마침내 대공주의의 중요한 한 축으로 수렴되고 있었다.

5) 세계평화공영론

대부분의 다른 독립운동가들과 달리 도산의 언행 가운데 한 가지 두드러지게 주목되는 점은 우리의 독립을 동양평화 나아가 세계평화의 과제에까지 폭넓게 연결시키고 있다는 사실이었다. 이 점은 한말 신민회운동 때부터 이미 선명히 드러나고 있었다. 1907년 11월 이등박문과의 면담에서 그는 일본 중심의 동양3국제휴론을 단호히 배격하는 대신, 한중일의 상호존중에 바탕을 둔 진정한 동양평화론을 피력하였다. 그리고 그것만이 서양 제국주의의 침략을 막고 진정한 동양평화를 이루는 길이며 한 걸음 더 나아가 세계평화에 기여하는 일임을 분명히 강조한 바 있었다.

도산은 제국주의 시대 우리 독립운동이 국제정세의 변화에 민감하게
영향을 받을 수밖에 없다는 것을 누구보다도 잘 알고 있었다. 거기에다
3·1운동 이후 강력한 세력으로 대두한 공산주의자들이 세계혁명의 목표
와 슬로건을 강조하고 있는 사실은 또 하나의 심각한 고려 요소이기도 했
다. 그리하여 도산은 3·1운동 직후 우리 임시정부의 사명, 나아가 한국독
립운동의 의의를 주권 회복 후 한반도에 모범적 공화국을 건설한다는 데
한정하지 않고 동양평화 나아가 세계평화의 실현에 기여한다는 데까지
그 인식을 확장시켜 강조하고 있었다.

이는 그가 가장 우선적으로는 우리 민족의 식민지 상황을 타개하는 데
노력을 집중하면서도 인류 보편의 반침략 반제국주의 과제에까지도 깊은
관심을 기울이고 있었음을 말한다. 이 점에서 그는 단지 한국 민족주의운
동의 최고 지도자였을 뿐만 아니라 동시에 전 인류의 평화공영과 완전한
행복을 추구하는 세계주의 보편사상가이기도 했다. 이런 부분 역시 곧 대
공주의의 중요한 요소로 녹아들게 된다.

2. 1920년대 후반의 대공주의 정립

1) 대공주의의 민족운동사적 배경

3·1운동 이후 우리 사상계에 닥친 가장 큰 충격은 공산주의의 급속한
유입과 수용이었다. 1917년 러시아혁명이 성공하고 반면 거족적 3·1운

동이 독립 달성에 실패하면서 우리 사회에는 자본주의와 그에 기반을 둔 민족주의에 대한 신뢰가 크게 약화된 대신 공산주의사상이 물밀듯이 밀려 들어왔다. 동시에 청년층을 중심으로 강력한 세력이 형성되었다. 이런 민족 대분열의 상황에 맞닥뜨려 기존의 민족주의 지도자들의 대응은 각각의 성향과 처지에 따라 크게 다음 세 갈래로 나뉘었다.

첫째는, 자발적으로 공산주의를 수용한 경우였다. 이동휘와 여운형을 그 대표로 들 수 있다. 이들의 공산주의사상에 대한 이해나 심정적 공감 정도에 대해서는 이견이 있을 수 있다. 그러나 공산혁명에 성공한 소비에트러시아와 손잡고 이를 우리 독립운동에 적극 활용하려 한 의도는 공통된 것이었다.

둘째는, 공산주의에 반대하는 입장이었다. 이승만이나 김구 등이 그 대표 인물이다. 우직한 민족주의자였던 김구의 경우 공산주의 자체보다 공산주의자들 가운데서 극단적으로 계급주의와 국제주의에 기운 나머지 민족을 경시하는 극좌파 청년들을 매우 혐오하였다. 반면 권력투쟁의 화신 이승만은 우선 사상적으로 강한 반공주의자였을 뿐만 아니라 자신의 정치적 라이벌을 빨갱이로 모함하는 등 반공주의를 정략적으로 적극 활용하기까지 했다.

셋째는, 우리 독립운동계가 이제 이념적으로 좌우로 나뉘는 상황을 목도하면서 민족통일을 위해 어떻게든 이를 조정해 통합해야 한다는 관점에서 사상적으로도 그것을 접합하려는 입장이었다. 도산이 대표적인 인물이었다. 거기에 3·1운동 이전부터 이미 사회민주주의적 성향을 가졌던 조소앙과 국내에서 신간회운동에 앞장섰던 안재홍도 같은 경우였다.

어쨌든 3·1운동 이후 우리 사회에 공산주의가 급속히 수용되고 그에 따라 분열된 좌우의 이념적 통합 필요성 때문에 우리 사상계에는 불가피하게 중도적 성격의 사회민주주의사상이 대두하게 되었다. 이를 선도하고 주도한 최고 지도자가 바로 도산이었다.

2) 대공주의의 사회사상적 내용

3·1운동 직후 중국에 건너와 6년간 치열하게 활동했던 도산은 1924년 말부터 1926년 봄까지 미국에서 1년 반가량 재충전의 시간을 가졌다. 1926년 5월 다시 중국에 귀환하면서 그는 오랜 염원이던 독립 근거지 설립과 대독립당 결성을 다시금 다짐하고 있었다.

그런데 당시 상황에서 대독립당(혹은 대혁명당)은 무엇보다 먼저 좌우를 모두 아울러야만 했다. 기왕의 민족주의 진영 외에 공산주의 세력이 두텁게 성장해 첨예하게 대립하고 있었기 때문이었다. 그래서 1926년 7월부터 일제에게 체포당한 1932년 초까지 그는 중국에서 좌우합작운동을 앞장서 이끌었다. 이를 위해서는 이념적으로도 좌우를 포괄할 수 있는 중도적 사상체계가 반드시 요구되었던 것이다.

돌이켜 보면 도산은 20여 년 전 한말 신민회운동 때부터 민주공화국 건설이라는 목표 아래 자유문명국의 수립, 즉 미국식 자유민주주의 국가 구상을 갖고 그 실현을 위해 노력해 왔다. 그러나 이제 새로이 대두된 좌우합작의 당위성에 맞춰 〈신新민주국〉 혹은 〈진眞민주국〉 수립이라는 명제 아래 자유와 평등을 조화시킨 사회민주주의 독립국가 구상으로 전환하고 이를 대공주의라고 이름 지은 것이다.

계파를 초월한 모든 독립운동자들의 통일단합을 위해 비록 자신이 명명한 대공주의라는 용어를 적극적으로 표방하지는 않았으나, 내용적으로는 자유와 함께 평등을 더욱더 강조하는 사회민주주의적 사상체계였다.

그가 1931년 홍언을 통해 미국의 흥사단 동지들에게 보낸 다음 편지글에서 우리는 이를 직접 확인할 수 있다.

"일본 제국주의 압박에서 해방된 뒤에 신국가를 건설함에는 경제와 정치와 교육을 아울러 평등하게 하는 기본 원칙으로써 민주주의 국가를 실현시키며, 일보를 더 나아가 전 세계 인류에 대공주의를 실현할 것"

그래서 대공주의는 흔히 안으로 정치평등, 경제평등, 교육평등의 3평등사상으로 말해지거나, 혹은 거기에 밖으로 민족평등을 더하여 4평등사상으로 불렸다. 그만큼 평등이 강조되고 있었던 것이다. 그러면 이처럼 평등이 강조되었던 이유는 무엇일까.

민주주의가 본래는 자유와 평등을 동시에 포함한 개념이었지만 역사적으로는 그것이 주로 자산층 부르주아 계급의 정치적 자유를 보장하는 데 그친 한계를 보인 때문이었다. 그래서 도산은 이때 새로운 민주주의 국가(신민주국) 혹은 진정한 민주국가(진민주국)를 지향한다는 표현 속에 전체 민족 성원을 대상으로 정치·경제·사회적 평등의 실현을 특별히 강조하였다.

이념적으로 보면 일찍이 한말 신민회 때부터 자유문명국의 수립, 곧 자유민주주의 공화국 수립을 목표로 했던 도산이 이제 사회민주주의 공화국가 수립으로 그 목표를 전환한 것이었다. 즉 도산은 1920년대 후반 좌우합작의 대혁명당운동을 선창하고 주도하면서 대공주의를 정립하였는데, 이를 세계사상사 속에서 보면 자유 가치를 가장 우선하는 자본주의와 평등 가치를 절대시하는 공산주의를 절충하고 조화시킨 사회민주주의사상의 한 갈래라 할 수 있다.

이 같은 도산의 대공주의는 단지 그 개인의 사상적 모색과 주장에 그치지 않고 1930·40년대 중국 내 한국 민족주의 각 정당 및 임시정부에 수용되어 새로운 이념적 좌표가 되었다. 우리는 그가 주도적으로 내용을 정한 1930년 1월의 한국독립당 강령을 통해 그 핵심 내용을 알 수 있다. 즉 정치적으로〈보통선거제〉와 경제적으로〈토지 및 대생산기관의 국유제〉그리고〈교육에서의 국비의무제〉로 전 민족 성원의 평등을 실현하려고 하였다. 그리하여 안으로 정치적 자유를 바탕으로 경제사회적 평등까지가 잘 보장된 자주독립의 민족국가(신민주국. 진민주국)를 건설하는 것이 일차적인 목표였다. 그리고 한걸음 더 나아가 이를 바탕으로 밖으로 모든 민족 간(국가 간)의 민족평등 원칙에 입각해 인류공영의 평화세계를 지향한다는 것이 대공주의사회사상의 핵심 내용이었다.

3. 대공주의의 독립사상적 내용

그런데 도산의 대공주의를 이해하는 데 있어서 한 가지 우리가 각별히

유의해야 할 점이 있다. 즉 대공주의는 3평등 혹은 4평등을 핵심으로 하
는 분명한 하나의 사회사상이면서도 자본주의, 공산주의, 사회민주주의
등 다른 사상들과는 확연히 다른 특징을 갖고 있다는 사실이 그것이다.
사회민주주의적 성격의 경세론적 사상 체계 외에, 그 실천 주체들의 내면
의 상태를 말하는 인생론적 측면까지를 아울러 갖고 있다는 점이 그것이
었다. 그리고 그 인생론적 측면은 또 다시 〈정신〉과 〈자세〉의 두 가지로
구분되었다. 즉 대공주의라는 하나의 개념 속에 사회사상과 그 실행 주체
들의 정신과 자세라는 세 가지 내용이 함께 포함되어 있다는 점이 매우
이채롭고 특징적이다.

　대공주의적 가치와 자세 그리고 대공주의 사회사상의 세 가지 내용을
좀 더 구체적으로 말하면 〈전 민족의 애국애족의 정신〉 및 〈독립운동가들
의 통일단합의 자세〉와 〈사회민주주의적 사회사상〉이 그것이다. 말하자
면 대공주의란 3층의 단과 같은 모양이라고 비유해 볼 수 있다.

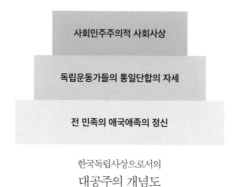

한국독립사상으로서의
대공주의 개념도

즉 3단의 중층적 구조로 이루어진 도산의 대공주의는 가장 아래층은 전민족의 애국애족의 정신이고 가운데층은 모든 독립운동자들의 통일단합의 자세이며 가장 위층은 독립 이후의 자유평등의 사회민주주의적 국가상으로 이루어진 복합적 사상체계인 것이다. 그리하여 대공주의에는 자기 민족공동체에 대한 강한 애정과 헌신, 그리고 독립운동자들 간의 통일단합을 지향하는 태도와 자세가 중요하게 덧붙여졌던 것이다.

이처럼 한 가지 개념 속에 사회사상과 그 추진 주체들의 내면의 정신 가치와 운동 자세까지가 복합되어 있는 경우는 대공주의 외에는 달리 찾아볼 수 없는 특수한 사례였다. 이는 대공주의가 단지 바람직한 하나의 사회사상으로서만 모색되어 정립된 것이 아니고, 제국주의에 대항하는 식민지 약소민족의 독립사상으로서도 기능을 해야만 했던 특수성에 연유하였다. 즉 대공주의는 독립운동 과정에서의 독립사상으로서도 필요했고, 독립 이후의 국가건설 과정에서의 미래 사회사상으로서도 필요한 사상이었다.

그런데 만약 우리가 1920년대 후반 대공주의를 정립하고 주창했던 당시 도산에게 굳이 그 경중을 묻는다면 당연히 1단과 2단의 독립사상적 측면이 더 중요하다고 답했을 것으로 보인다. 왜냐하면 강력한 일제의 지배를 물리치고 독립을 이루기 위해서는 무엇보다 먼저 전 민족 구성원의 강한 애국심이 근본 밑바탕이 되어야 했다. 그 위에 한걸음 더 나아가 독립을 위해 직접 행동에 나선 애국투사들의 통일단합이 반드시 선결되어야 할 최우선의 당면 과제가 아닐 수 없었기 때문이다.

독립운동의 최고 지도자 도산에게는 한편으로는 일제의 집요한 동화

정책과 또 다른 한편으로는 민족보다 계급을 중시하는 공산주의의 급속한 대두로 흔들리는 민족 구성원들의 애국애족의 정신이 절실히 요청되었다. 동시에 갖가지 이유로 사분오열되어 있는 독립운동가들의 통일단합이야말로 민족혁명을 성공시키기 위해 가장 중요한 일차적이고 선결적인 과제였다. 시간적으로 볼 때도 당면의 국권광복을 위한 독립운동기에는 독립운동 주체들의 애국애족과 통일단합이라는 독립사상적 측면이 우선 강조되어야 했다. 반면 사회사상적 측면인 3단의 대공주의는 바람직한 국가·사회상으로서 독립 이후의 미래 설계였던 것이다.

그러나 우리가 조금만 더 생각해 보면 독립사상적 측면과 사회사상적 측면이 이처럼 시간적 선후에 따라 기계적으로 분리되는 것은 아니었다. 특히 3·1운동 이후 사상적 차이를 두고 좌우가 첨예하게 대립하고 있는 상황에서 좌우의 진정한 단합과 합작을 위해서는 최소한의 공통된 이념이 필수적으로 요구되었다. 독립 이후의 지향이 엄연히 다른 좌파와 우파가 그 차이를 전적으로 독립 이후의 문제로만 치부하고 운동 과정에서 무조건 단합할 수는 없는 일이었기 때문이다.

독립 이후의 국가·사회상에 대한 공통된 비전, 즉 사회사상으로서의 대공주의가 동시에 필수적으로 요청되었다. 그 경우 좌우가 최대한 접근할 수 있는 중도적 사상체계가 요구되는 것은 너무도 당연하였다. 애국애족의 정신 및 통일단합의 자세를 뜻하는 인생론적 대공주의와 함께 사회민주주의적 독립국가 구상이라 할 경세론적 대공주의가 함께 포함될 수밖에 없는 절실한 민족운동사적 배경이 있었던 것이다.

(흥사단, 『도산사상과 대공주의』(요약), 2018.12.)

III. 대공주의의 역사적 평가와
현재적 의의

1. 대공주의의 역사적 평가

도산의 대공주의는 직접적으로는 1920년대 후반 대독립당 결성을 위한 좌우합작운동 과정에서 정립되었다. 그러나 분명히 지적할 점은 도산이 단지 좌우합작을 위한 필요성에서 한갓 편의적 수단으로 대공주의를 정립하고 주창한 것은 아니라는 사실이다. 그는 독립 달성의 방안은 물론 독립 이후 우리의 바람직한 미래상에 대해서도 늘 숙고하며 동지들과 토론했다. 그 결과로서 정치평등, 경제평등, 교육평등의 3평등사상을 정립했다.

일찍이 한말에서부터 가장 먼저 민주공화국가 수립을 주창해 왔던 그는 이제 대공주의를 정립해 자유와 평등이 조화된 새로운新 민주국가 또는 진정한眞 민주국가 수립을 주창하기에 이르렀던 것이다. 동시에 그는 대공주의를 통해 우리 한민족만의 범위를 넘어 세계평화와 인류공영의 이상을 실현하기 위해 국가평등과 민족평등의 원칙을 주창함으로써 침략적 제국주의를 극복하려고 하였다.

그는 일찍이 1919년 5월 상해에서 임시정부 내무총장에 취임하면서 한민족의 독립과 한반도의 평화가 동양평화와 세계평화로 이어진다는 인식을 명확히 밝힌 바 있었다. 거의 같은 시기에 〈개조〉라는 제목의 연설을 통해서는 전 인류의 완전한 행복이야말로 동서고금 모든 사람들의 간절한 바람이라고도 밝히고 있었다. 그 이전부터도 그는 자유, 문명, 부강, 독립, 사랑, 행복 등 인류 보편의 가치를 담은 개념들을 늘 애용해 왔다. 즉 그의 사고는 일찍부터 한민족의 범위를 넘어 전 세계의 평화와 전 인류의 행복으로까지 확장되어 있었던 것이다. 그래서 대내적으로 정치평등, 경제평등, 교육평등의 3평등과 함께 대외적으로 민족평등을 대공주의의 핵심원칙으로 정립하기에 이른 것이다.

그러한 대공주의는 단순히 도산 개인의 사상적 모색에 그치지 않고 1930년 초 상해지역 민족주의자들의 결집체인 한국독립당의 강령으로 정착됨으로써 이후 중국에서 활동한 민족진영의 공통된 이념으로 자리 잡았다. 즉 1932년 그가 일제에게 체포되어 국내로 납치되어 간 뒤에도 1930·40년대에는 임정을 비롯한 민족주의 각 정당들의 이념적 지표가 되었다. 그리하여 한편으로는 일본 제국주의 및 그에 타협하려는 일부 반민족 세력과 다른 한편으로는 극단적 공산주의 세력의 대두로 위기에 직면하였던 한국민족주의와 민족운동에 새로운 가능성을 열어 주었다. 해방 후 대체로 그의 사상을 계승한 백범 김구 중심의 임정 세력이 정치적으로 패배하여 현실 속에서 실천의 기회를 잃은 것은 매우 아쉬운 일이 아닐 수 없었다.

어쨌든 도산에게 대공주의는 결코 잠정적이거나 방편적 주장이 아니었다. 청년 시절부터 가장 불행한 약소 민족의 하나였던 한국 민족의 해방투쟁에 헌신해 온 그가 50세 무렵 만년에 도달한 민족운동론들의 총합이고 귀결이었다. 그런 대공주의는 비록 직접적으로는 한국 민족의 독립 달성이라는 과제에서 비롯되었지만 단지 한민족에 한정되는 순수 민족주의의 범주를 넘어 전 세계의 평화와 전 인류의 행복을 위한 보편사상으로까지 승화되기에 이르렀다. 즉 당시 횡행하고 있던 각 민족 간, 국가 간 약육강식의 침략적 제국주의가 극복되고, 각 민족마다 그리고 각 나라마다 안으로 자유와 평등이 잘 어우러진 대공주의 국가공동체 및 대공주의 민족공동체들이 공존하고 연대하는 평화세계 실현이 그의 궁극의 이상이었던 것이다.

이 점에서 보면 도산은 비슷한 시기에 활동했던 중국의 손문이나 인도의 간디보다 한 차원 더 탁월한 사상가였다. 근대 제국주의에 의해 함께 고통받은 중국과 인도 그리고 우리나라를 대표하는 민족지도자였다는 공통점을 갖고 있으나 사상가로서 그들이 보여 준 폭과 깊이 그리고 높이는 다 같지 않았다. 손문은 삼민주의를 내걸고 중국혁명을 이끌었지만 어디까지나 중국 민족주의에 한정되어 있었다. 간디는 영국의 식민 지배에 맞서 비폭력이라는 정신적 가치를 앞세웠지만 바람직한 정치사회적 미래 비전을 보여주지는 못하였다.

반면 도산은 대공주의를 통해 애국애족의 개인윤리와 협동단합의 공동체윤리 그리고 자유와 평등이 조화된 사회상까지를 함께 제시해 주었다. 더욱이 그것은 우리 한민족의 범위를 넘어 전 세계의 평화공영과 전인류의 완전한 행복을 지향했던 도산의 이상이 총 집약된 깊고 넓고 높은 사상이었다. 지난 20세기 전반 제국주의에 신음하던 한 약소민족의 지도자가 정립한 대공주의에는 그 당대에 산출된 어떤 사상보다도 고상하고 품격 있는 내용이 담겨 있었던 것이다.

2. 대공주의의 현재적 의의

그러면 이제 대내적으로는 남북의 화해협력과 통일운동의 시기, 그리고 대외적으로는 동북아공동체 및 세계 평화운동의 시기를 맞아 대공주의는 어떤 의미를 갖고 있을까.

먼저, 한반도에 모범적 공화국, 나아가 복스러운 새 나라를 세우자던 도산의 메시지를 다시 음미해 보자. 일찍이 도산은 일제의 침략이 가중되던 한말 국권수호운동에 뛰어들면서 군주주권의 대한제국을 대신해 국민주권의 대한민국을 세우려고 가장 먼저 공화주의 혁명운동의 깃발을 들었다. 이어 일제에게 완전히 국권을 뺏긴 상태에서 1920년대 후반부터는 한걸음 더 나아가 한반도에 자유와 평등이 잘 조화된 진정한 민주공화국을 세우자고 외치면서 새롭게 대공주의를 주창하였다.

그로부터 어언 한 세기 가까운 세월이 흐르고 있다. 그동안 일제 지배로부터의 해방과 광복이 있었고 남쪽에서는 눈부신 경제 성장과 민주화의 진전을 이루었다. 이는 우리 한민족 현대사의 큰 자랑거리임이 분명하다. 그러나 다른 한편으로는 그 과정에서 남북이 분단되고 동족끼리 전쟁까지 치렀으며 아직도 서로 대립과 갈등을 완전히 청산하지 못하고 있는 것은 큰 비극이 아닐 수 없다. 또 북한 동포들이 세습 독재 체제 속에서 가난과 통제에 시달리고 있는 사실 역시 참으로 큰 아픔이 아닐 수 없다. 그런가 하면 남한 사회 안에서도 이념의 대립, 계층과 지역 간의 격차, 지도층의 전횡과 부패 등은 하루빨리 치유해야 할 과제로 남아 있다.

오늘의 이런 현실에서 4평등을 대원칙으로 하는 도산의 대공주의는 우리에게 무엇을 시사해 주고 있는가. 나라 안과 밖의 문제점들과 대안에 대해 간략히 점검해 보기로 하자.

첫째, 민주주의에 대한 보다 심층적인 이해가 요구되고 있다. 보통선거제에 의한 국민주권의 실현만이 민주주의의 전부가 아니다. 현대적 의미의 진정한 민주주의는 정치적 자유와 평등을 보장하는 선거 제도만으로 완성될 수 없다. 사회경제적 평등의 실현까지가 담보되어야 한다는 점을 잊어서는 안 된다. 정치, 경제, 교육, 문화 등 사회 각 분야에서의 기회의 균등은 물론 생산된 부의 분배에 있어서도 사회구성원들 모두가 생활에 필요한 최소한의 몫을 가질 수 있도록 정치 제도적으로 보장되어야 하는 것이다.

둘째, 경제적 평등의 모색이야말로 현재 우리에게 가장 시급한 과제가 아닐 수 없다. 근 한 세대 이상 세계를 휩쓸고 있는 신자유주의 물결은 우리 사회에도 예외 없이 양극화를 심화시키고 있다. 사회적 부의 총량은 지속적으로 증대되는데도 대재벌 중심의 기업 생태계와 부동산 가격 폭등은 소득과 자산의 양면에서 부익부빈익빈을 가속시켜 왔다. 사회복지를 통한 약자 보호라는 소극적 대응을 넘어 재벌과 중소기업의 관계를 근본적으로 재조정하고 토지 및 주택의 공개념 확대를 통해 지속 가능한 사회가 되도록 근본적인 개혁이 요구되고 있다.

셋째, 날로 공고해지고 있는 기득권 체제를 완화시키기 위해서도 획기적인 교육개혁이 필요하다. 그러기 위해서는 우리 교육시스템에 대한 전면적인 재검토가 시급하다. 사람마다의 다양한 소질이나 재능을 키워주는 일과는 거리가 먼 입시 경쟁 위주의 우리 교육은 개인과 사회의 창조적 활력을 떨어뜨리는 대신 주로 기존의 지배카르텔을 강화하는 데 기여하고 있다. 부모의 재력이나 배경과는 상관없이 오로지 본인의 적성과 의지에 따라 잠재된 능력을 극대화할 수 있는 교육 기회가 제도적으로 보장되어야 한다.

넷째, 민족평등·국가평등의 관점에서 한반도의 평화와 통일 문제를 다시 조감할 필요가 있다. 통일의 방안을 두고 일부에서 우려하는 적화통일은 바람직하지도 않지만 우선 현실적으로 가능하지가 않다. 반대로 흡수통일은 가능성은 있지만 바람직하지 않다. 역시 그 해답은 남북이 하루빨리 평화 체제를 확립하고 바람직한 미래 사회상을 함께 공유하면서 교류협력을 확대해 점진적 통합의 길로 나아가야 한다. 그 경우 도산의 대공주의적 지향이야말로 거의 유일한 해답이 될 것이다.

오랜 인류 역사와 특히 지난 20세기의 현대사 경험을 통해 우리는 이상과 현실이 반드시 일치하지만은 않는다는 사실을 잘 알고 있다. 좋은 이상이 반드시 성공적인 결과를 보장하지는 않기 때문이다. 도산의 대공주의는 굳이 분류하자면 이상주의적인 사회사상 가운데 하나라 할 수 있다. 우리가 대공주의를 단지 지나간 역사 속의 한 유물로 간주하지 않고 현재와 미래의 아직 살아있는 자산으로 활용하려 할 경우 가장 먼저 고려해야 할 점은 과연 그것이 현실적인 대안으로서 경쟁력을 갖고 있느냐 하는 점도 살펴야 할 것이다.

돌이켜 보면 제국주의적 속성을 갖고 있는 자본주의는 또 하나의 제국주의이기도 했던 공산주의를 이미 무너뜨리고 신자유주의로 진화하여 더욱 그 위세를 떨치고 있다. 대공주의와 같은 맥락의 유럽 여러 나라의 사회민주주의도 그동안의 성공을 뒤로하고 최근에는 신자유주의와의 경쟁에서 고전을 면하지 못하고 있다. 그들 나라보다 정치·경제·사회적 기반이 전반적으로 더 취약한 우리가 대공주의를 현실적인 대안으로 내세울 수 있을까. 이는 결코 쉽지 않지만 우리가 우리 자신과 우리의 후대를 위해 모두 힘을 모아 함께 답을 마련해 가야 할 매우 의미 있는 과업이라 할 것이다. 도산의 이상을 나침반으로 하고 대공주의를 지도로 삼아 미래를 개척해 나가는 첫 걸음이 이제 막 시작되고 있다.

(흥사단, 『도산사상과 대공주의(요약)』, 2018. 12.)

IV.　대공주의 4.0
새 버전을 위하여

1.　도산 안창호의 대공주의

　　1947년에 간행된 도산기념사업회 편 초판본 『도산 안창호』의 서언緒
言에서는 대공주의에 대해 다음과 같이 말하고 있다.

"대공주의란 말을 도산이 처음으로 사용하기는 1927년이었다고 생각
된다. 이 말은 도산의 독창이니 그가 세계개조사상의 풍조를 깊이 고
찰하고 이를 소화하야 스스로 도달한 이상의 총칭을 이렇게 명명한
것이다.
　　대공주의의 정신적, 윤리적 의의는 "개인은 민족에 봉사함으로써 그
의 천직을 다한다."라는 그의 국가제일, 민족지상의 인생관을 총괄한
것이다. 여기서 대공大公은 곧 전민족의 복지, 공공의 이익, 국가의 요

청을 표시하고 그에 대하야 개체個體, 소아小我, 사익私益을 희생할 것을 요구하니 이는 공리주의, 자유주의, 개인주의에 대한 비판을 의미한다.

경세적經世的으로 본 대공주의는 이상 사회 건설의 설계도니 도산은 침략주의에 대한 민족해방사상, 정치적 민주주의사상, 경제적 착취에 반항하는 사회혁명사상, 링컨의 민유民有, 민치民治, 민향民享, 손문의 민족, 민권, 민생, 내지 종족 상호부조에 근거한 자유연합사회사상 등을 종합하여 그 모든 장처를 취하고 단점을 거去한 조화적 건설 이념을 세우려 한 것이다. 그리하야 선생은 당면의 정책으로 민족평등, 정치평등, 경제평등, 교육평등의 네 가지 평등을 주장하였다."

위에서 보듯 도산의 대공주의에는 인생론으로서의 의미와 경세론으로서의 의미가 복합적으로 내재되어 있다.

먼저 인생론으로서의 대공주의를 살펴보자. 대공大公에 대비되는 말은 소아小我 혹은 소사小私 정도가 아닐까. 그래서 도산은 대공주의를 통해 소아나 소사적 삶이 아닌 대공적 삶의 가치관과 태도를 강조한 것이다. 그러면 소아의 삶이란 무엇이고 대공의 삶이란 무엇일까?

공평무사라던가 선공후사라는 말에서 보듯 사私 보다 공公을 더 우선하고 중시하는 태도는 동서고금을 막론하고 보편적 인생론에 속한다고 할 것이다. 따라서 도산이 단지 공을 더 강조하여 이를 대공이라 이름 지었다고 하여 우리가 특별히 주목할 일은 없을 것이다.

그러나 우리가 도산의 인생론으로서의 대공주의를 제대로 이해하기 위해서는 역사적, 사회적 맥락 속에서 해석해 보아야 할 것이다. 일제강점기 민족운동 지도자 도산에게 소아의 삶과 대공의 삶이란 대체 무엇이었을까. 가장 단순하게는 식민지 체제에 순응하는 삶인가 아니면 민족운동에 복무하는 삶인가에서 갈라질 것이다. 소아의 삶은 일신과 가족의 안일과 영달을 위해 일제에 굴복하고 나아가 영합하는 삶일 것이다. 반면 일신의 안위와 이해를 초월해 민족의 해방을 위해 헌신과 희생을 마다하지 않는 삶이야말로 대공의 삶일 것이다.

그러나 공과 사는 이처럼 절대적인 한 가지 구분만 있는 것은 아니고 상대적인 개념이기도 하다. 예컨대 크게는 같은 민족운동의 범위 내에 있다 하더라도, 가령 자기가 속한 단체나 조직 혹은 사상과 이념 혹은 방법론에만 국한되어 배타적으로 생각하고 분열적으로 행동하는 것은 민족과 인류 전체를 위한 대공적 정신과 태도에 비추어 보면 소아와 소사적 범주를 벗어나지 못한 것이 되고 만다.

결국 대공주의를 통해 도산이 말하려고 했던 것은 20세기 전반 우리 민족이 일제의 식민지 지배 아래 놓인 상황에서 일차적으로는 대한민족 전체가 민족운동에 헌신하는 애국애족의 삶을 살 것을 강조하였던 것이고, 더 나아가서는 민족운동에 투신하는 삶을 살되 그것도 민족운동의 한 부분에 집착하고 매몰되어 민족운동의 다른 부분에 대해 배타적이거나 분열적인 태도에서 벗어나 통일단합할 것을 강조하였다.

이처럼 도산의 대공주의는 우선 민족과 나아가 인류를 위한 삶이라는 인생의 목표와 더불어 항상 보다 상위의 전체를 생각하면서 조화하고 단합하는 삶의 자세를 포괄하는 정신적, 윤리적 가치와 태도였다. 따라서 인생론의 측면에서 볼 때 도산의 대공주의는 〈대공의 정신〉 혹은 〈대공복무의 정신〉으로 불러도 전혀 같은 의미였기에 특히 민족운동을 위한 훈련단체의 성격을 겸하였던 흥사단의 약법을 통해 직접 계승되었다.

그런데 앞에서 보았듯 대공주의에는 경세론, 즉 사회사상적 내용이 함께 포함되어 있다. 강력한 일제에 대항하는 식민지 시기 한국 민족운동의 가장 큰 과제는 어떻게 하면 민족운동 진영이 대동단결을 이루어 그 총역량을 극대화할 수 있는가 하는 것이었다. 도산은 언제나 이 점을 독립운동의 최대 관건으로 강조하였기에 〈안창호의 통일독립〉이라는 말이 있을 정도였다.

실제로 한말·일제시기 민족운동 진영은 여러 이유로 통일과 단합보다는 개별 분산적으로 전개되고 있었다. 우리 독립운동은 지역적으로 국내외를 망라하는 광역성을 특징으로 하였기 때문에 당시의 교통 통신 사정을 감안하면 이는 실로 극복하기 힘든 근원적 제약 요인을 안고 있는 셈이었다. 그 위에 운동의 목표와 방법의 차이, 출신 지역의 차이, 신앙과 종교의 차이, 세대 간의 차이 등이 겹쳐져 단결보다는 분열로 흐르게 하였다.

일찍부터 통일과 단결을 무엇보다 중요시 하였던 도산은 신민회 결성, 임정의 통합, 국민대표회 등을 통해 민족운동 진영의 총결집을 위한 구체적 방안을 마련하고 지속적인 노력을 기울였다. 1920년대 후반에도 민족운동 진영은 여전히 분열과 반목을 벗어나지 못하였다. 도산이 활동하던 중국 관내 지역의 경우, 임시정부가 극도로 무력해진 상황에서 우선 민족주의와 공산주의 그리고 무정부주의의 사상적 대립, 기호파와 서북파의 대립, 중장년 세대와 청년 세대의 대립, 각 단체 간의 주도권 다툼 등으로 그나마 빈약한 독립운동 역량이 더욱 위기에 봉착하고 있었다. 이때 1924년 말부터 1926년 봄까지 미국에서 체류하고 돌아온 도산은 그해 7월부터 중국 국민당과 공산당의 국공합작의 영향, 코민테른의 식민지 민족운동전략 등과 맞물려 좌우합작을 전제로 한 대혁명당 결성을 제창하기 시작했고 민족운동계에 큰 반향을 일으켰다.

　너무도 상식적이지만 통일과 단결은 당위적 호소만으로 이루어지는 것은 아니다. 먼저 그럴 만한 조건이 갖추어져야 하는 것이다. 무엇보다 함께 공감할 수 있는 공통의 운동 목표와 방법이 마련되어야 했다. 통일단결운동의 지도자 도산은 이 점을 누구보다도 가장 잘 알고 있었다. 그리하여 운동 목표로서 뿐만 아니고 통일단합의 관점에서도 장차 세울 독립국가의 틀과 내용을 무엇으로 할 것인지를 진지하게 모색하였다. 그 결과가 밖으로는 제국주의를 극복한 민족 간 평등이요, 내부적으로는 정치, 경제, 교육 3부면의 평등을 통한 진정한 민주국가 실현이었다. 반일독립反日獨立과 민주건국民主建國의 두 가지 대 원칙 아래 좌우를 망라하여 가능한 모든 운동 세력을 결집하려 했던 것이다. 즉 장차 세워질 독립국가의 상으로 자유와 평등이 조화된 민족민주국가를 건설하자는 것인데 현대적 관점에서 그 이념적 지향을 구분한다면 사회민주주의 사회를 실현하자는 것이었다. 그리하여 도산의 대공주의는 1930년 초 한국독립당의 강령으로 수용되었고 이후 중국 내 한국 민족주의 각 정당들과 임시정부의 건국강령으로 계승되었다.

2. 대공주의의 현재와 계승의 과제

돌아보면 1920년 대 후반에서 30년대 초까지 도산이 정립하고 주창했던 대공주의는 적실하고 깊은 뜻에 비해 역사적으로는 그 울림이 크지 못했다. 이유는 도산 자신은 1932년 윤봉길 의거의 여파로 곧 일제에게 체포되어 민족운동의 일선에서 활동할 수 없었고, 측근 제자들 가운데서는 그의 사상적 유지를 충실히 발전시킬 만한 인물이 없었기 때문이다. 그나마 인생론으로서의 대공주의는 흥사단을 통해 〈대공의 정신〉 또는 〈대공 복무의 정신〉으로 개정 약법에 삽입되었지만 당위적이고 선언적인 의미로만 이해되어 왔을 뿐 그 온전한 뜻을 체화하지는 못하였다.

더욱이 좌우합작의 민족운동 이론이면서 독립 이후의 건국 청사진이었던 경세론으로서의 대공주의는 거의 잊혀진 유산이 되고 말았다. 도산의 구상은 그의 국내 압송 이후 당시 기호파의 일원으로서 민족진영의 대표적 이론가였던 조소앙趙素昻이 삼균주의三均主義라는 이름으로 발전시켰으나 도산과의 관련성은 거의 사상되어 버렸기 때문이다.

해방 후 통일민족국가의 수립이라는 과제를 안게 되었을 때 도산사상의 계승 세력은 대공주의 2.0을 만들어 대응해야 했다. 그러나 정치적으로 중국에서 도산의 대공주의 정신을 이어받았던 백범 김구 중심의 임정 세력은 정치력의 빈곤으로, 도산 직계의 흥사단은 후계 인물군의 부재로 그 사명을 다하지 못하였다. 미소의 냉전체제하에서 결국 그에 밀착된 세력들에게 해방 정국의 주도권을 빼앗기고 말았다.

대한민국 정부 수립과 함께 대공주의 3.0이 필요했으나 역시 출현하지 못했다. 미소 중심의 압도적인 국제정세에 따라 분단국가의 수립이 불가피한 귀결이었다 치더라도, 남쪽에서 만은 정상적인 민주공화국가로 바로 서야 했다. 그러나 그 역정은 참으로 지난하였다. 대한민국의 근대화, 곧 산업화와 민주화 과정에서 도산의 제자들은 이미 사회적 존재감이 많이 줄어들어 있었고 그 역할에 있어서도 일부 아카데미 청년학생들의 헌신과 희생을 제외하면 큰 기여가 있었다고 말하기 어렵다.

이제 남북 화해와 통일운동의 시기, 동북아공동체운동의 시기, 세계평화운동의 시기를 맞아 그에 부응할 대공주의 4.0이 요청되고 있다. 이미 본격적으로 진행되고 있는 글로벌 시대를 배경으로 일찍이 〈한반도에 모범적 공화국을 세워 동양평화와 세계평화에 기여하자〉던 한 세기 전 도산의 비전을 새삼 음미하게 된다. 민주주의, 인권, 평화, 자유, 평등, 번영 등 오랜 역사를 통해 인류가 발전시켜 온 보편적 가치들을 모두 우리 삶 속에 안아 들여야 할 때다. 그 과정에서 통일민주국가의 실현은 필수적인 과정이자 결과여야 할 것이다.

그러면 도산의 제자들인 우리는 오늘 그의 대공주의에 담긴 뜻을 어떻게 계승 발전시켜야 할까? 도산이 올바른 삶에 대한 인생론과 바람직한 세상에 관한 경세론을 담아 대공주의 1.0을 정립했듯이, 우리도 (1) 우리 시대의 올바른 삶에 관한 인생론과 (2) 우리가 몸담고 있는 세상이 어떤 모습이어야 하는가 하는 바람직한 공동체상을 담은 대공주의 4.0을 정립하면서 이를 널리 펼쳐 나가는 데 힘을 모을 것을 제안한다.

(20.1.12)

V. 대공주의의
올바른 이해와 계승

50세 전후의 도산이 인생과 세상에 대한 자신의 견해를 집약해 만든 대공주의에는 인생관과 세계관의 두 갈래 뜻을 함께 담고 있다. 즉, 그는 대공주의라는 말 속에 그가 지향했던 바람직한 인생론과 사회상을 동시에 집약해 담았던 것이다.

먼저, 인생론으로서의 대공주의를 살펴 보자.

도산은 대공주의를 제창해 소아小我적 삶이 아닌 대공大公적 삶을 강조한 것이다. 그러면 소아의 삶이란 무엇이고 대공의 삶이란 무엇일까?

대공주의를 통해 도산이 말하려고 했던 것은 20세기 전반 우리 민족이 일제의 식민지 지배 아래 놓인 상황에서 일차적으로는 대한민족 전체가 민족운동에 헌신하는 삶을 살 것을 강조하였던 것이고, 더 나아가서는 민족운동에 헌신하는 애국애족적 삶을 살되 그것도 민족운동의 한 부분에 집착하고 매몰되어 민족운동의 다른 부분에 대해 배타적이거나 분열적인 태도에서 벗어날 것을 강조한 것이었다.

이처럼 도산의 대공주의는 우선 민족과 나아가 인류를 위한 삶이라는 인생의 목표와 더불어 항상 보다 상위의 전체를 생각하면서 조화하고 단합하는 삶의 자세를 포괄하는 정신적 윤리적인 것이었다. 따라서 인생론의 측면에서 볼 때 도산의 대공주의는 〈대공의 정신〉 혹은 〈대공복무의 정신〉으로 불러도 전혀 같은 의미였다. 그래서 특히 민족운동에 헌신할 투사양성의 수련단체적 성격을 겸하였던 흥사단에서 약법을 통해 직접 계승되었다.

다음은 바람직한 사회상으로서의 대공주의에 대해 알아보자.

일찍부터 민족운동의 통일과 단결을 무엇보다 중요시 하였던 도산은 그런 통일과 단결이 당위적 호소로만 이루어질 수 없다는 것을 잘 알고 있었다. 독립운동계의 통일단결은 무엇보다 대다수 독립운동가들이 함께 공감할 수 있는 공통의 운동 목표와 방법이 마련되어야 하는 것이다. 1920년대 좌우의 극심한 분열 상황을 놓고 도산은 민족주의자들과 공산주의자들이 최대한 공감할 수 있는 독립운동의 목표를 제시하려고 노력하였다.

그 결과가 밖으로는 제국주의를 극복한 민족간 평등이요, 내부적으로는 정치, 경제, 교육 3부면의 평등을 통한 진정한 민주사회 실현이었다. 反日과 民主라는 대원칙아래 좌우를 망라하여 가능한 모든 운동 세력을 결집하려 했던 것이다. 장차 세워질 독립국가의 상으로 자주적 민족국가의 틀 속에 자유와 평등이 조화된 민주 사회를 건설하자는 것인데 현대적 관점에서 군이 그 이념적 지평을 구분하려 한다면 사회민주주의 사회를 실현하자는 것이었다. 이는 당시 1930년대 이후부터 해방 때까지 한국독립당 등 중국 내 한국민족주의 정당들의 강령으로 그리고 임정의 건국 강령으로 정착되었다.

그러면 오늘 우리는 대공주의에 담긴 도산의 뜻을 어떻게 이어갈 것인가. 도산이 그의 대공주의에 인생론과 경세론의 두 가지를 담았듯이 우리가 이를 온전히 계승 발전시키기 위해서는, (1) 우리 시대에 바람직한 삶은 어떤 것인가 하는 올바른 인생관을 정립하는 일과 (2) 우리가 몸담고 사는 세상을 어떻게 설계할 것인가 하는 올바른 사회상을 정립하는 두 가지로 귀착된다고 할 수 있겠다.

올바른 인생관을 형성하는 일은 매우 개인적인 일이면서 동시에 조직의 과제이고 국가사회적 과제이기도 하다. 일찍부터 흥사단에서는 도산의 대공주의를 수용하여 대공의 정신, 혹은 대공복무의 정신을 약법 속에 도입하고 이를 단우들의 삶 속에 내면화하도록 장려하여 왔다. 우리는 흥사단우 나아가 국가사회 및 인류공동체의 구성원들이 가질 바람직한 가치관이 무엇인지를 교육과 수련의 관점에서 활발히 논의하는 기회를 가질 필요가 있다.

미래 한 세대 혹은 100년 앞을 내다보며 우리의 정치·경제·사회체제를 어떻게 짤 것인가 하는 것은 특히 흥사단이 도전해 볼만한 과제이다. 특히 우리는 남북분단의 특수한 상황을 안고 있으면서 불과 한 세대 만에

후진국에서 선진국으로의 도약을 경험하고 있는 그야말로 세계사적으로
도 특별한 사례에 속한다. 우리는 통일의 과제 및 급속한 변화 발전 과정
에 따르는 문제점들을 세계사적 경험들 속에서 넓게 조망하며 바람직한
대안을 모색할 수 있는 보기 드문 위치에 있는 것이다. 우리가 직접 그 해
답까지 내놓지 않더라도 그런 큰 스케일의 문제제기와 그랜드디자인의
필요성을 부각시키기만 하여도 충분한 기여가 될 것이다. 논의 주체의 구
성과 구체적 진행 프로그램의 마련이 요구된다.

(홍사단, 『기러기』, 2010년 11월호.)

VI.　대공주의자의 관점으로 보는 2022년 대통령 선거

　제20대 대통령 선거가 끝났다. 유력 후보 간의 치열한 공방 끝에 박빙의 차이로 승패가 갈렸다. 우선 당선자에게는 축하를 그리고 낙선인들에게는 마음으로부터 위로를 드린다.

　근래 우리 사회의 분열과 진영 간 대립에 대한 우려의 목소리가 크다. 그러나 넓은 시야에서 객관적으로 우리 사회의 갈등이 어느 수준인지 나로서는 잘 가늠되지 않는다. 예를 들면, 미국에서는 트럼프가 재선에 실패하자 부정 선거를 이유로 불복했고 그 지지자들 중 일부는 의사당에 난입해 점령하는 일조차 있었다. 반대로 일본에서의 집권자 교체는 자민당 내 몇 개 파벌의 보스들이 조용히 담합해 결정되곤 한다.

　우리의 경우 직선제 이후 여야 간에 별다른 후유증 없이 정권 교체가 이루어져 왔으니 크게 보면 민주주의가 정상적으로 작동하고 있다고 볼 것이다. 이번에도 간발의 차이로 떨어진 차점 낙선자가 깨끗이 승복해 깔

끔하게 잘 마무리되었다. 이제 우리가 오랫동안 피땀으로 가꿔온 민주주
의의 기본 틀에 대해서 걱정할 일은 없다고 본다.

그보다 나에게는 이번 선거 국면에서 부각된 핵심 이슈가 무엇인가 하
는 점이 관심사였다. 유력 후보들과 그 가족의 도덕성 문제는 어차피 본
질은 아니고, 오래 전부터 대중 선동용으로 쓰여 온 친일친미 수꼴 혹은
종북종중 좌빨 등의 감성적이고 저급한 용어들도 곧 소멸해 갈 퇴영적인
인식의 잔재들이므로 부차적이라 할 수 있다. 몇 가지 현재적 관심사들이
무성하게 논란되었지만 나는 무엇보다 특히 우리 공동체의 미래 지향점
이 어디로 향하고 있는가 하는 데 주목하였다.

가장 눈에 띄는 것은 여권 이재명 후보 진영에서 내건 〈대한민국의 대
전환〉이라는 구호였다. 외형적으로 우리나라가 세계 10대 선진국 대열에
들어선 것은 최근 국제적으로 널리, 그리고 UN무역개발기구를 통해서
공식적으로 인증되었다. 그동안 잘 드러나지 않았지만 각 분야에서 우리
스스로도 깜짝 놀랄 만한 성취를 이루어 오고 있었던 셈이다.

그럼에도 불구하고 오늘 우리 사회에는 일상의 삶에서 여유를 누리며
만족해하는 사람보다 하루하루를 힘겹게 살아가는 이들이 훨씬 더 많은
게 현실이다. 가난한 노인들, 힘겨운 중년들, 일자리 없는 청년들, 맹목적
경쟁교육에 내몰리는 청소년들 대다수가 고단하다. 국가 전체로 성취는
컸으나 개인적으로는 이건 아니라는 생각, 뭔가 크게 바뀌어야 한다는 바
람이 함께 커져 왔다. 그리고 마침내 이번 대선에서 유력 정당의 집약적
구호로 표출되기에 이른 것이다.

당장 눈앞의 한 표가 소중한 선거 국면의 특성상 각종 네거티브 선전과

자극적인 포퓰리즘성 공약 탓에 그 구호 자체의 주목도나 득표 효과에 대해서는 잘 모르겠다. 그러나 유력 후보가 우리 사회에 큰 변화가 필요하며 일대 전환을 해야 한다는 인식을 내보인 것은 나에게는 매우 상징적인 사건으로 다가왔다. 사실 이런 문제의식이 어제 오늘에 싹튼 것은 아니다. 그동안 여기저기서 산발적으로 제기되어 왔었는데 드디어 우리 사회 주류의 유력 정당 유력 후보 진영에서 대선 캠페인의 메인 타이틀로 내걸게 되었다는 사실은 시사하는 바가 매우 크다고 생각되었다.

그런데 거시적으로 보면 현재 우리가 당면하고 있는 불평등의 문제들을 이미 100년 전에 예견하고 그 해법까지 제시한 분이 있었다. 바로 도산 안창호 선생이고 대공주의大公主義였다. 우리 근현대 역사를 돌아보면 대한민국을 디자인하고 실현시키는데 결정적으로 기여한 분이 도산 안창호 선생이다. 한말 신민회와 일제 강점기의 대한인국민회와 임시정부를 이끈 도산은 민주공화국 대한민국의 정신적 실질적 국부라 할 수 있다.

그런 도산 선생은 대략 그의 40대까지는 자본주의에 바탕한 모범적 공화국을 추구하였다. 그러나 1920년대 중반 이후 50세 무렵부터는 좌우 독립운동계의 단합이라는 현실적 필요성과 더불어 동지들과의 사상적 공부와 토론 끝에 불평등이라는 자본주의가 안고 있는 근원적 문제점에까지도 심화된 인식을 갖게 되었다. 그리하여 자유와 평등의 가치가 잘 조화되는 사회사상을 갖게 되었고 이를 대공주의라 이름 지었다. 도산 선생의 대공주의는 말하자면 오늘 대한민국 대전환론의 사상적 원조가 되는 셈이다.

이번 대선에서도 극명히 드러났듯이 현재 우리 사회를 주도하는 양대

세력은 더불어민주당과 국민의힘이다. 그런데 두 당의 지향을 단순화하면 한 세대 이상에 걸친 지금까지의 신자유주의적 기조를 지속 확장해 가려는 국민의힘과 이제는 일대 변화가 필요하다고 보는 더불어민주당이 치열하게 경쟁하고 있는 양상이다.

이번 대선은 결과적으로는 신자유주의 세력이 승리하였다. 당분간은 한미일 동맹의 강화 속에 한 세대 이상 지속해온 기득권층 위주의 길을 답습해 가려 할 것이다. 그러다 곧 미중 패권 경쟁이라는 국제 정세의 구도에 적응해야 하고 국내적으로는 여소야대라는 큰 제약과 국민적 격차 해소 요구에 조응하는 과정에서 상당한 난관에 봉착할 것이다. 어쨌든 일단 국민의 선택을 받았으니 새 당선자와 여당이 주어진 임기 동안 국가 안전과 민생 안정에 큰 차질 없이 역할을 다해 주기를 바란다.

그럼에도 불구하고 일찍이 도산 선생께서 제시한 대공주의 사상과 맥을 같이 하는 한국사회 대전환론은 이제 거스를 수 없는 대세가 되고 있다고 본다. 단지 그것이 점진적으로 다가올 것인지 아니면 좀 더 극적으로 전면화될 것인지는 새 정부의 국정 역량과 국민적 요구의 정도에 따라 가변적일 것이다.

(흥사단, 『기러기』, 2022년 3월호.)

3부

도산 안창호의 리더십

I. 도산 안창호의 독립운동과 민족운동론

1. 머리말 — 생애와 사상 개관

도산 안창호 선생은 우리 겨레가 일제의 침략과 지배 아래 고통받고 있을 때 위기에 처한 나라를 지키고, 독립을 되찾기 위한 구국 독립운동에 앞장섰다. 한말에는 독립협회에 가담해 활동했고, 1902년 도미 후에는 공립협회를 조직해 열악한 처지의 교민들을 지도했으며, 다시 국내로 돌아와서는 비밀결사인 신민회를 조직해 신지식인 애국지사들의 구국운동을 지휘했다.

국치를 눈앞에 두고 망명을 떠난 그는 1910년대에는 미국에서 대한인국민회를 이끌었고 북미실업주식회사를 세우고 흥사단을 조직했다. 이어 3·1운동이 일어나자 중국에 건너간 그는 임시정부의 기초를 확립하고 국민대표회를 여는 데 힘썼으며, 1926년 후반부터는 대독립당운동을 전개하면서 대공주의大公主義를 정립하고 그 대공주의를 핵심 강령으로 하는 한국독립당을 만들었다. 1931년 일제가 만주를 침략하자 본격적인 반일투쟁을 위해 한국대일전선통일동맹韓國對日戰線統一同盟을 결성하려고 노력하던 중, 불행히도 이듬해 윤봉길 의거 후 일제 군경에 체포당해 국내로 끌려오게 되었다. 국내에서 두 차례의 옥고를 치른 끝에 그는 결국 해방을 보지 못하고 세상을 떠났다.

도산은 쉴 새 없는 구국 독립의 실천 활동 속에서도, 한편으로 우리 겨레가 일제의 속박에서 벗어날 수 있는 방안이 무엇이며, 더 나아가 살기 좋은 이상적인 나라를 만들어 영원히 번영을 누릴 수 있는 길이 무엇인지를 나름대로 깊이 생각하였다. 그래서 그는 다음과 같은 몇 가지 결론을 얻게 되었다.

첫째, 우리가 일제로부터 독립할 수 있는 유일한 길은 적절한 기회에 그들과 전쟁을 해서 승리하는 데 있다고 보아 최소한의 근대적 무력을 준비해 가자는 〈독립전쟁준비론〉을 정립했다.

둘째, 동시에 독립을 이룬 다음에는 모든 국민들이 나라의 주인으로서 자유롭고 고르게 잘 살 수 있도록 참된 민주주의 국가를 건설해야 한다는 〈민주공화국건설론〉을 갖고 있었다.

셋째, 이처럼 독립을 이루고 민주국가를 세워 번영을 누리기 위해서는 무엇보다도 민족을 위해 헌신할 지도적 인물들의 양성이 선행되어야 한다고 본 그는, 민족운동의 간부 양성을 위한 〈흥사단운동론〉을 평생의 지론으로 견지하였다.

2. 민족운동

1) 한말 공립협회와 신민회운동

그의 생애에서 20대 후반 미국에서의 〈공립협회〉 활동은 매우 중요한 의미를 가진다. 먼저, 그가 평생을 민족운동에 종사하는 동안 늘 인적·재정적으로 도움을 받을 수 있었던 튼튼한 지지기반을 쌓게 되었다. 동시에 그가 전 생애에 걸쳐 거의 일관하여 견지했던 민족운동 방안들 거의가 이때 정립되었다. 즉, 민주공화국가 건설이라는 민족운동의 목표와 독립전쟁 준비라는 국권회복의 방법론과 민족간부훈련이라는 기초 준비가 그것이며 이를 총지휘할 비밀결사조직이 당면의 일차적 과제였다.

이런 구상을 갖고 1907년 초 귀국한 도산은 당대의 가장 선진적이고 애국적인 신지식인들을 모아 비밀조직인 신민회를 결성하였다. 그는 표면에 드러나지 않는 신민회를 중심으로 전국의 애국지사들을 규합해 가는 한편, 그들로 하여금 교육·언론·산업 등 여러 부문에 걸쳐 다양한 표현사업들을 벌이게 하였다. 그리하여 1911년 이른바 105인 사건으로 일제에 의해 강제로 해산당할 때까지, 약 3년간 그가 주도했던 신민회운동은 비록 나라를 구하는 데는 실패하였지만 일제하의 독립운동에 커다란 원동력이 되었다.

2) 1910년대 미주에서의 독립준비 활동

1909년 10월에 안중근이 만주의 하얼빈역에서 이토를 총살한 의거가
일어나자 일제는 그 배후 인물의 한 사람으로 도산을 지목해 검거하였다.
약 두 달간 갇혀 있으면서 심한 고문을 받았지만 그는 끝까지 관련 사실
이 없다고 버텨 풀려 나올 수 있었다. 그러나 이미 국내에서는 더 이상 활
동할 수 없는 상황이어서 몇몇 동지들과 함께 국외로 망명할 것을 결정했
다. 그는 처음 만주와 러시아의 접경지대에 농장을 개척해 독립운동의 기
지로 만들려는 계획을 갖고 있었다. 그러나 망명한 동지들 간에 의견이
일치되지 않자 결국 그는 가족과 튼튼한 지지기반이 있는 미국으로 가게
되었다.

당시 미국에는 그의 도착 직전인 1910년 5월 통합 교민단체로 대한인
국민회가 만들어져 있었다. 이는 공립협회를 비롯한 미국 본토와 하와이
의 각 한인단체가 합쳐진 조직이었다. 처음에는 북미 지방총회와 하와이
지방총회만이 있었으나, 계속하여 시베리아 지방총회와 만주 지방총회도
설립되었다. 그리하여 1912년 11월에는 도산의 주관으로 4개 지방총회
대표자가 모여 대한인국민회 중앙총회를 결성하였으며, 1915년 4월에는
제 3대 중앙총회장으로 선출되었다. 적어도 미주의 전교민이 그를 대표
자로 하여 하나의 조직 속에 결집한 셈이었다.

해외 한인의 대동단결이라는 최대 과제를 해결하기 위해 진력하는 동안
에도 그는 장래에 대비하기 위한 기초 작업에도 소홀하지 않았다. 1911년
9월에는 교민들의 자금을 모아 북미실업주식회사를 설립하였다. 이는 캘

리포니아에서 미국인들의 농토를 빌려 대대적으로 쌀농사를 짓기 위한 것이었다. 착실히 성장해 점차 큰 희망을 갖게 했으나 1920년 대홍수를 만나 결국 실패로 돌아가고 말았다.

1913년 5월에는 흥사단을 조직하였다. 흥사단은 국내에서 그가 세웠던 신민회의 산하 조직으로 만들었던 청년학우회의 취지를 계승한 것으로 민족운동의 간부를 양성하려는 청년 훈련단체였다. 흥사단은 미국에 본부를 두고 3·1운동 후에는 중국과 국내에도 회원을 확보해 지부를 설치했다.

3) 임시정부와 국민대표회 활동

1918년은 특히 약소민족들에게 세계정세 변화에 대한 기대감이 높았던 해였다. 1차 대전이 끝나고 파리에서 강화회담이 열릴 예정이기 때문이었다. 우리 교민들 사이에서도 독립운동에 대한 열기가 고조되었는데, 이에 도산은 아직 본격적으로 움직일 시기가 아님을 말하고 좀 더 실력배양에 노력할 때라고 말했다.

그러나 이듬해 예상치 못한 3·1운동의 소식에 접하게 되자 그는 일제의 총칼을 무릅쓰고 맨손으로 총궐기한 국내 동포들의 정신을 계승하기 위해서는 어쩔 수 없이 독립운동에 착수할 수밖에 없다고 결심했다. 그리하여 그는 국민회의 대표 자격으로 중국에 건너갔다. 1919년 5월말 그가 상해에 도착했을 당시에는 그곳에도 이미 임시정부가 조직되어 있었으며, 그는 내무총장에 선임되어 있었다. 그는 당초 정부 형식이 아닌 정당

형식의 독립당 결성을 주장했다. 하지만 임시정부 수립은 이미 기정사실로 되어 있었고, 청년들은 그의 취임을 강력히 재촉하였다.

그는 첫 각료로 취임해 국무총리 대리를 겸하면서, 아직 명의상의 정부에 불과한 임정의 실체를 갖추는 데 정성을 쏟았다. 국민회에서 가져온 자금으로 정부청사를 얻고 각료로 추대된 각지의 인물들을 초치하였으며, 독립신문 발간과 독립운동 방략 작성을 주도했다.

무엇보다도 이때 그가 가장 중요하게 생각했던 것은 일단 건립된 임정을 권위 있는 우리 민족의 최고 지도기관으로 만들어 장기적인 독립운동에 대비하는 것이었다. 상해 임정 외에도 이미 연해주에 대한국민의회 정부가 조직되어 있었고, 서울에서도 한성정부의 구성이 발표되어 있는 실정에서 그 통합이 시급하였다. 그는 3개월에 걸친 헌신적인 노력 끝에 결국 9월에 들어 통합을 이루어냈다. 이후 통합 임정의 국무총리인 이동휘를 비롯하여 각부 총장들이 차례로 취임하고 대통령 이승만까지 합류함으로써, 임정은 독립운동의 최고 지도 기관으로서 면모를 갖추는 데까지는 성공했다.

그러나 문제는 이때부터였다. 임정의 중심인물이 되어야 할 이승만과 이동휘 간에는 갈등과 대립이 심각했다. 그의 적극적인 중재에도 불구하고, 먼저 이동휘가 임정을 떠났으며, 이승만도 미국으로 가버렸다. 도산은 임정의 위기를 타개하기 위해서는 전체 독립운동가가 한번 크게 모여 다시 의견을 결집할 필요가 있다고 여겼다. 그리하여 임정을 사퇴한 그는 국민대표회 개최를 위해 노력했다. 마침내 1923년 초부터 국민대표회가 열리게 되었다. 그러나 이마저 새정부창조론·임정개조론·현상고수론

등으로 갈려 끝내 유회되고 말았다. 이에 그는 5년간의 활동을 되돌아보며, 재충전의 기회를 갖기 위해 1924년 말 미국으로 돌아갔다.

4) 좌우합작운동과 한국독립당 활동 그리고 순국

1년 반 가량의 미국 체류 끝에 1926년 5월 말 다시 상해에 도착한 그는 이제 좌우 합작의 대독립당운동大獨立黨運動에 앞장서게 되었다. 좌우합작론은 3·1운동 이후 새로이 대두된 공산주의 세력과의 합작을 주장한 것으로 1924년경부터 국내외에 걸쳐 제기되었는데, 아직 실질적인 움직임은 보이지 않았다. 산발적으로 논의되는 데 그치고 있던 좌우합작문제를 중국과 만주에서 본격적인 실천운동으로 끌어올린 사람이 도산이었다. 상해 도착 후 한 달 여가 지난 7월 8일 140명의 동포가 모인 가운데 그가 행한 〈임시정부 문제와 우리의 혁명운동에 대하여〉라는 연설이 그 출발을 알리는 신호였다.

도산의 주도로 시작된 좌우합작운동은 한동안 활발히 추진되다가 실패로 끝나, 1920년대 말 중국에서의 한국독립운동계는 결국 민족주의자들의 한국독립당과 사회주의자들의 한국독립운동자동맹으로 나뉘어 지고 말았다. 한국독립당은 상해에서 만들어진 우리나라 최초의 민족주의 정당이었는데, 안창호계(서북파, 홍사단계)와 이동령계(기호파, 임정계)를 주축으로 민족주의 독립운동가들 28명이 발기인으로 참가했다. 도산은 7인 강령 기초위원의 한 사람으로 참여하여 그의 대공주의大公主義에 입각해 한국독립당의 강령을 결정했다. 대공주의는 도산이 대독립당을 추진하는 과정에서 정립한 통일단합론이자 중도통합의 사상이었다. 후일 그가 국내로 압송된 후 한국독립당에 모였던 인물들은 여러 갈래로 나뉘게 되었지만, 임정을 비롯한 모든 민족주의 단체들은 도산의 뜻이 반영된 강령만은 대부분 그대로 계승하였다.

1931년 일제가 만주를 침략하자 도산은 오래 기다리던 기회가 오고 있다고 판단하여 본격적인 반일투쟁을 준비하기 시작했다. 그러나 대독립당 결성이라는 목표와도 관련하여, 대일전선통일동맹을 추진하던 그는 윤봉길 의거의 여파로 일제 경찰에 체포되어 국내로 끌려오게 되었다. 도산은 4년 반에 걸친 두 차례의 감옥생활 끝에 얻은 병이 악화되어 1938년 3월 10일 경성대학(서울대) 부속병원에서 만 59년 4개월을 일기로 세상을 떠났다.

3. 민족운동론

도산이 활동하던 시기는 우리 겨레가 오랜 기간의 봉건 생활에서 쌓여온 여러 폐단들을 미처 다 해결하지 못한 가운데, 다시 일제의 침략을 받아 그 지배 아래 신음하던 때였다. 그러므로 하루빨리 일제의 지배에서 벗어나 민족 독립국가를 세우고, 근대적 발전을 이루어 세계사의 진전에 발맞춰 가야 하는 과제를 안고 있었다.

이 같은 과제에 대응해, 도산의 사상적 모색 또한, 우리 겨레의 독립과 번영이라는 데 초점이 모아졌다. 따라서 그 본질은 역시 한국근대민족주의라는 한 마디 말 속에 집약될 수 있는 것이었다. 하지만 편의상, 그의 사상은 크게 세 갈래로 나누어 생각해 보는 것이 좋을 듯하다. 이미 앞에서 말했듯이, 독립전쟁준비론과 민주국가건설론과 흥사단운동론이 그것이다.

1) 독립전쟁준비론

도산의 독립운동 방안은 흔히 '준비론'으로도 불리는 독립전쟁준비론이었다. 그는 귀국 후 얼마 지나지 않은 1907년 5월 12일 수많은 청년 학생들을 앞에 두고, 그의 명연설 가운데 하나로 꼽히는 이른바 삼선평 연설을 행하였다. 본래 약소국이었던 일본이 38년 간의 오랜 준비 끝에 마침내 러시아를 이긴 예를 들면서, 그는 우리의 국권을 침해하는 일본과 언젠가는 치뤄야 될 전쟁에 대비해 반드시 승리할 수 있도록 다 함께 힘을 모아 준비에 나서자고 역설했다.

그가 한말 미국에서 돌아와 신민회 결성을 제안하면서 처음으로 주장하기 시작한 독립전쟁준비론의 구체적 내용은 다음과 같이 요약될 수 있다.

1) 을사조약으로 말미암아 일제의 보호국으로 전락해 버린 우리 민족이 국권을 다시 회복할 수 있는 유일한 길은, 그들과 싸워서 이기는 것뿐이다.

2) 우리의 힘만으로 강력한 일본을 이기기는 어렵지만, 언젠가 그들이 다른 강대국과 충돌하는 때를 기회로 활용하여 전쟁을 선포하고 참

전하면 승전국의 하나가 되어 독립이 가능하다.

3) 그러므로 장차 반드시 닥쳐올 일본과의 전쟁에 대비해 승전할 수 있도록 최소한의 근대적 실력을 미리 준비해 두자는 것이었다.

국내에서 오래 떠나 있던 그가 신민회의 결성에 비교적 쉽게 성공한 것을 보면, 그의 독립전쟁준비론이 당시의 애국지사들에게 큰 설득력이 있었던 것을 알 수 있다. 사실 그가 귀국하기 전의 의병운동과 계몽운동은, 국권회복의 구체적 방안으로는 미흡하였다. 일제의 침략을 저지하고 국권을 회복하기 위해서는 의병운동과 계몽운동의 장점을 계승하면서, 동시에 그 한계들을 보완할 수 있는 새로운 논리의 개발이 시급히 요청되고 있었다. 도산의 귀국은 이 같은 요구가 절실하던 때의 일이었는데, 1907년 초 귀국 직후 그는 당시의 객관적 요청에 부응할 수 있는 새로운 방법론을 제시하였던 것이다.

도산의 독립전쟁준비론에 입각해 결성된 한말 신민회의 구국운동은, 끝내 일제의 무력에 의한 식민지화를 막지는 못하였다. 그러나 이후에도 그의 일관된 주장이었던 독립전쟁준비론은 식민지 시대의 우리 독립운동에서 가장 유력한 방안으로 계승되고 있었다.

2) 민주 공화국 건설론

도산은 우리 겨레가 하루빨리 일제를 몰아낸 다음에는 살기 좋은 나라를 세워 영원토록 번영을 누리면서 세계평화에도 기여해야 한다는 큰 희망을 갖고 있었다. 그리하여 그의 이상적 국가에 대한 간절한 꿈은 때에 따라 여러 가지 다른 말로 표현되어 나타나곤 했다. 한말에는 '독립 자유의 신국가' '유신한 자유문명국'이란 말을 썼으며, 3·1운동 후 임시정부에 참여하면서는 '모범적 공화국의 건설'이라는 표현을 사용했다. 또 그는 가까운 사람들에게 "잃어버린 옛나라를 찾아 복스러운 새나라를 세우자"라는 말을 자주 했다고 한다. 그런가 하면, '정치·경제·교육의 균등을 기초로 한 새로운 민주국가新民主國 혹은 진정한 민주국가眞民主國'라는 표현도 볼 수 있다. 이들 모두가 그의 이상적인 민족국가에 대한 진지한 구상 속에서 나온 말들이었다.

한말 일제시기에 도산이 염원했던 자주독립의 민족국가는 물론 대한제국의 계승이나 부활은 아니었다. 그가 세우려 했던 것은 입헌공화제의 민주주의 국가였다. 그는 이미 앞에서 말한 바 있는 삼선평연설을 통해, 군주제국가에 대한 철저한 비판의식과 국민주권사상을 명확히 보여 주었다. 그는 청년학생들에게 망국의 원인이 국가를 왕의 개인 소유물처럼 여겨왔던 절대군주제의 낡은 정치제도에 있었다고 날카롭게 지적하고, 이제는 종래의 신민臣民의식에서 벗어나 모든 국민이 국가의 주인이라는 국민國民의식을 확고히 할 것을 강조하였다. 심지어, 그는 아직도 대한제국의 관리가 되겠다고 생각하는 청년이 있다고 하면, 이는 망국의 심부름꾼이나 되려는 것이라면서 마땅히 신국민이 되어 신국가건설의 간성이 되라고 권고하였다.

그가 주도해 만든 신민회의 정치적 목표가 일제의 침략을 물리친 다음, 왕국이나 제국 같은 군주국가가 아니라 전혀 새로운 국민주권의 공화국

가를 세우려 했다는 것은 이미 잘 알려진 사실이다. 이때 당시의 국호가
대한제국이었고 또 도산이 늘 우리 스스로를 일컬어 대한이라는 말을 썼
던 사실을 감안해 보면, 그가 세우려 했던 국가는 곧 대한민국이었다고
할 수 있다.

그러나 도산의 대한민국 건설의 목표는 한말 신민회운동을 통해서는 결
국 실현되지 못하였다. 대신 10여 년 후 상해에 수립된 대한민국임시정부
로 극히 불완전하게나마 실현되었다고 볼 수 있다. 그리하여 1919년 6월
28일 임정의 각료로 추대된 인물들 가운데 유일하게 내무총장에 취임한
그는, 취임연설에서 항구적 세계평화에 기여할 수 있는 '모범적 공화국'
을 건설하자고 주장하였다.

한말 신민회 때부터 3·1운동 후 임정 시기까지 도산이 생각했던 대한
민국의 정치·사상적 내용은 당시의 미국을 모델로 삼은 것이었다고 볼
수 있다. 임시정부의 헌장에는, 사유재산의 보유와 영업활동의 자유 및
언론·집회·결사·출판의 자유 등 국민들에 대한 제반 시민적 자유의 보
장이 명기되어 있었다. 즉, 자본주의체제의 바탕 위에서 각종의 시민적
자유가 법률로 보장되는 자유민주주의 국가의 모습으로 나타나 있는 것
이다. 따라서, 이 시기 도산의 독립국가 구상은 자유민주주의의 대한민국
을 건설하려는 것이었다고 하겠다.

그런데 시민적 자유민주주의 국가를 지향했던 도산의 건국구상은
1920년대 중후반에 이르러 평등민주주의 국가건설론으로 큰 변화를 겪
게 된다. 그 같은 변화의 이유는 여러 가지 요인을 들 수 있지만 직접적인
계기는 1926년 7월 이후 중국에서 그가 앞장섰던 좌우합작의 대독립당

운동과 관련된다고 볼 수 있다.

2~3년 간의 대독립당운동 과정에서 이루어진 도산의 새로운 독립국가 구상은 1927년부터 그가 주창했다고 하는 대공주의와 직결되어 있는데, 정치적 자유를 바탕으로 하면서도 정치·경제·사회적 평등을 적극 강조하는 특징을 가졌다.

대공주의는 독립운동가들이 민족주의와 사회주의로 분열하는 것을 막기 위해 도산이 정립한 것으로, 사상적으로는 민족국가의 틀 속에서 사회주의의 이념을 최대한 수용하기 위해 정치·경제·교육의 평등을 강조한 평등주의적 사상체계였다. 민주주의가 본래는 자유와 평등을 함께 담고 있는 개념이었지만, 역사적으로는 그것이 주로 부르주아 시민계급의 자유를 보장하는 데 그친 한계를 보였기 때문이었다. 이에 그는 전 민족을 대상으로 정치적 자유는 물론이고, 경제사회적 평등의 실현을 더욱 비중 있게 반영해 좌우가 합작할 수 있는 공통의 민족운동 목표를 설정하려 했던 것이다. 즉, 정치적으로 보통선거제, 경제적으로는 토지 및 대생산 기관의 국유제와 교육에서의 국비 의무교육제 실시로 전 민족의 평등을 보장하겠다는 것이었다.

이처럼 안으로는 정치적 자유를 바탕으로 하되 특별히 사회경제적 평등이 강조된 새로운 민주국新民主國 혹은 진정한 민주국眞民主國을 건설하고, 나아가 밖으로는 민족간·국가간 평등에 기초해 불평등한 제국주의적 세계 질서를 극복함으로써 평화세계를 지향한다는 것이 1920년대 후반 이후 도산의 새로운 건국론이었다. 이 점을 특히 현대 국가에서의 체제와 이념이라는 면에서 말하면, 순수 자본주의 체제나 전체주의적 공산주의 체제의 국가와는 구별되는 사회민주주의적 성격의 국가건설론이라 할 수 있다.

도산의 대공주의에 입각한 사회민주주의적 후기 독립국가 구상은 먼저 한국독립당의 강령에 반영되었고, 그 후에도 임정을 비롯한 중국 내 민족주의 각 단체의 정치사상이 되었다. 그러나 해방 후 임정세력이 외세와 극좌·극우세력에 몰려 몰락함으로써, 현실정치에 제대로 이어지지 못한 것은 아쉬운 일이 아닐 수 없다.

3) 흥사단운동론

도산은 그의 생애를 통해 한말 신민회 시절 평양에서 세운 대성학교를 비롯해 점진학교·동명학원 등 몇 개의 학교를 세웠으며, 동시에 청소년 훈련을 위한 단체로 청년학우회와 흥사단을 별도로 만들어 이끌면서 인재 양성에 헌신하였다. 특히 도산이 1913년 미국에서 조직한 흥사단은 한말의 청년학우회를 계승한 단체로서, 오늘날까지도 면면히 이어져 내려오고 있다.

청년학우회와 흥사단을 만든 목적은 그가 직접 작성한 규약 속에 가장 잘 나타나 있는데 흥사단 약법의 목적 조항은 다음과 같다.

"본 단의 목적은 무실역행務實力行으로 생명을 삼는 충의남녀忠義男女를 단합하여 정의情誼를 돈수敦修하고, 덕·체·지 삼육을 동맹수련同盟修練하여 건전한 인격을 작성하고, 신성한 단결을 조성하여 민족

전도대업民族前途大業의 기초를 준비함에 있음."

도산이 청년학우회와 흥사단을 설립한 것은 위에서 보듯, 주로 동맹수
련이라는 방식을 통해 건전한 인격과 강한 단결력을 가진 인물들을 양성
함으로써 민족전도대업의 기초로 삼겠다는 것이었다. 여기서 특히 주목
해야 할 것은 '기초'라는 말의 구체적 의미가 무엇인가 하는 점이다.

따라서 흥사단운동의 목적을 좀 더 분명히 알기 위해서는 우리 겨레의
독립과 번영을 궁극적 목적으로 했던 도산의 민족운동론 체계에 대해 알
아둘 필요가 있다. 그는 메모지에 그의 민족운동론 체계를 도표형식으로
잘 요약해 두고 있었다. 이를 통해 그의 민족운동론 체계를 살펴보면, 그
속에서 기초로서의 흥사단운동이 무엇을 뜻하는지 쉽게 알 수 있다.

그는 우리 민족운동에 대해, 1) 기초, 2) 진행준비, 3) 완전준비, 4) 진
행결과, 5) 완전결과라는 다섯 단계를 설정해 놓고 접근하고 있었다. 이
를 그의 기록에 따라 좀 더 자세히 살펴보면 다음과 같다.

1) 기초는 신애·충의·용감·인내 등의 덕목을 갖춘 인물들을 공고히
   단결하게 해 민족운동의 간부들로 육성하는 단계이다.
2) 진행준비는 위의 간부들이 조직적으로 학업단學業團과 실업단實
   業團을 만들어 활동하는 단계이다.
3) 완전준비는 학업단과 실업단의 활동에 의해 각 부문의 전문인재가
   배출되고 재정이 비축되는 단계이다.
4) 진행결과는 드디어 독립전쟁을 결행하고 동시에 그 과정에서 민족

정권을 수립하는 단계이다.

5) 완전결과는 마침내 일제를 구축驅逐해 광복을 실현하고 이상적인 민족국가를 건설하는 단계이다.

위에서 살펴본 것처럼 홍사단운동론은 도산의 총체적 민족운동 구상 속에서 가장 기초를 이루고 있었다. 요컨대, 그것은 장차 독립운동과 건국사업에 헌신할 지도적 인물들을 양성하기 위한 방안이었다. 이때 그가 민족운동의 지도적 인물들에게 가장 중요하게 기대했던 것은, 건전한 인격과 그에 바탕을 둔 단결의 능력이었다. 그리하여 인격훈련과 단결훈련이 그 핵심을 이루고 있었다.

4. 미완의 꿈 ― 도산의 이상

도산이 세상을 떠난 지 이미 81년이 지났다. 하지만 그는 아직도 완전히 과거의 인물만은 아니다. 그의 독립운동상의 업적은 지난 일로 치더라도, 그의 인격과 사상은 아직도 우리에게 살아 있는 유산이 되고 있기 때문이다.

그는 우리나라 근·현대의 여러 인물들 가운데서 가장 성실한 자세와 정직한 마음씨를 가졌던 참으로 인격적인 지도자로 알려져 있다. 지금까지도 많은 사람들이 그를 〈겨레의 스승〉 혹은 〈민족의 사표〉로 부르며 추앙하는 까닭은 물론 그의 고매한 인격을 길이 본받으려 하기 때문이다.

그는 청년학생들에게, "죽더라도 거짓이 없으라, 농담이라도 거짓말을 말아라, 꿈에라도 성실을 잃었거든 통회痛悔하라"고 가르쳤다. 심지어 그는 일제와 싸우는 데 있어서조차도 떳떳하고 정당한 방법으로 해야 한다고 말했다. "우리가 하려고 하는 위대하고 신성한 사업의 성공을 허虛와 위僞의 기초 위에 세우려고 하지 말고, 진眞과 정正의 기초 위에 세우려고 하자"고 했다. 그는 어려운 시기에 험난한 투쟁의 일생을 살면서도 한결같이 성실과 정직을 몸으로 실천함으로써 만인의 스승과 사표가 되기에 조금도 부끄럽지 않은 인격적 모범을 보여 주었다.

한편, 오늘 우리에게는 민주주의의 완전한 실현과 민족통일의 평화적 달성이라는 과제가 주어져 있다. 자유와 평등이 잘 조화되어 모든 국민이 자유롭고 고르게 살 수 있는 참된 민주주의 국가야말로 우리 모두가 바라는 사회이며, 그것은 곧 도산이 그렸던 바람직한 민족국가의 모습이기도 하다. 동시에 자본주의와 사회주의의 이질적인 양 체제를 접목시켜 평화적인 방법으로 분단을 극복할 수 있는 통일이념의 모색 또한 과제로 대두되어 있다.

우리는 도산의 주장들 가운데 하나인 민주국가건설론의 내용과 그 변화 과정에 대해 새삼 주의를 기울일 필요가 있다. 특히 그가 독립운동가들 사이의 좌우 이념 대립을 극복하기 위한 노력의 하나로 대독립당운동을 전개하던 과정에서 정립한 대공주의 사상은, 오늘의 민주화와 민족통일이라는 과제를 푸는 데도 큰 참고가 되리라 생각된다.

아울러 그의 흥사단운동론은 당시에는 비록 건전한 인격을 갖춘 민족운동의 간부 양성에 그 초점이 있었다. 하지만, 거기서 도산이 강조했던 무실·역행·충의·용감의 네 가지 덕목과 주인의식이나 민주적 단결 등의 정신은 오늘날 민주사회의 지도자는 물론 일반 시민들이 공통적으로 가져야 할 가치이기도 하다. 따라서 소수 엘리트 지도자 양성론에 그치는 것이 아니라 거의 그대로 민주시민 교육의 지침으로도 활용될 수 있다고 여겨진다.

도산 당시 독립운동 시기의 흥사단우에게 특별히 투사의 자격이 요구되었다면 오늘의 단우들을 포함한 민주시민들에게는 그의 애기애타愛己愛他의 정신이 강조될 필요가 있다. 스스로를 사랑하는 일 중의 최선은 도산이 강조한 자기 수련일 것이다. 또한 이웃을 사랑하는 봉사는 선진 시민사회의 으뜸되는 덕목이 아닐 수 없다. 도산은 일찍이 흥사단의 취지 속에 수련과 봉사를 담아 애기애타의 정신을 강조한 바 있었다.

오늘날 우리는 단지 도산의 지난날 업적을 기리는 데서 그칠 것이 아니라, 그의 높은 인격을 본받는 동시에 그가 남긴 사상의 참뜻을 되살리는 데 더욱 관심과 노력을 기울여야 할 것이다. 한반도 위에 자유·평등·번영의 모범적 공화국을 세워 세계평화 실현에 기여하자던, 그리하여 〈전 인류의 완전한 행복〉을 말했던 백 년 전 그의 염원은 아직 우리 모두가 간직하고 가꿔가야 할 아름다운 꿈이자 지표이기도 하기 때문이다.

(『도산 안창호와 흥사단운동』, 흥사단 중앙수련원, 2004. 6.)

II.　도산 안창호의 성공원리

1. 머리말

도산 안창호는 개항 무렵 평양 근교의 한 평범한 농가에서 태어나고 자랐으나 오늘 우리에게는 비범한 인물로 기억된다. 시대적으로나 사회적으로 갖가지 어려운 조건 속에서 이룩한 그의 인격과 사상과 업적은 실로 범인이 도달하기 어려운 넓이와 깊이와 높이를 보여주고 있기 때문이다.

그럼에도 불구하고 도산이 한 인간으로서도 과연 성공적인 삶을 살았는가 하는 점은 관점에 따라 평가가 다를 수 있다. 그의 생애에서 소년 시절을 빼면 일상의 삶에서 안락하고 평온한 시절은 거의 없었다. 오히려 항일투쟁 과정에서 그는 세 차례 옥고를 치러야 했고 그 속에서 일제에게 당한 가혹한 고문의 후유증으로 만년에는 갖가지 병고에 시달렸다. 가정적으로도 오랜 시간 집을 떠나 활동해야 했고 안정된 수입이 없었으므로 가장으로서 늘 미안한 마음을 떨치지 못하였다. 사회적으로는 그를 전적으로 이해하고 헌신적으로 따라 준 동지들도 많았지만 한편으로 그에 반대하는 사람들로부터는 심한 비방과 모함을 감수해야 했다. 이렇게 보면 도산은 평온한 시대인 오늘의 소유와 향유 중심의 가치관으로 볼 때 결코 행복한 삶을 살았다고는 말할 수 없을 것이다.

그러나 근대 초기 민족의 대수난기에 살다간 도산 역시 수많은 애국지사들이 그랬던 것처럼 일찍부터 일신의 안일을 초월해 민족과 나라를 위해 생명을 바치기로 서원하였다. 말하자면 그도 당대의 또다른 많은 인물들과 같이 사명적 인생을 살기로 결단했던 것이다. 따라서 삶의 목적과 가치 기준 자체가 도산의 시대와는 크게 다른 시대 상황 속에 살고 있는 오늘의 우리 모두가 그의 가치관과 삶을 직접적인 모범으로 삼아 따르기는 어렵다.

그럼에도 불구하고 여기서 특별히 주목하려는 점은 당대의 그 수많았던 사명적 인물들 속에서 도산이야말로 가장 크게 기억되는 성공한 인물이라는 사실이다. 오늘날 도산처럼 그의 인격과 업적에 대해 개인적 집단적으로 추앙받고 그의 비전과 사상이 현재에도 살아 계승되고 있는 민족운동가는 달리 또 없다.

무엇이 그를 수많은 민족운동가들 가운데 그처럼 가장 큰 성공자로 만들었는가. 이 점을 밝혀 오늘을 사는 우리에게도 인생과 성취에 있어 참고가 될 수 있는 성공원리를 찾아보려고 한다. 비록 자신이 직접 말을 통해 성공철학을 체계적으로 제시하거나 설명하지는 않았지만 그의 삶 자체가 현재 각 분야에서 성공을 지향하는 사람들에게 풍부한 교재라고 여겨지기 때문이다. 도산의 60년 생애 속에서 우리는 다음 세 가지 특징적인 성공 요인을 발견하게 된다.

2. 명확한 목표─민족개조와 민국건설

나라와 겨레 사랑의 표본으로 일컬어지고 있는 도산에게는 크고 강력한 하나의 염원이 있었다. 〈새 나라 새 겨레〉를 만드는 일, 곧 신민신국新民新國의 비전이었다. 그것은 한때 스쳐가는 바람이 아니라 실로 일생을 관통해 변함없이 간직하며 가꾸어 나갔던 염원이었다.

1894년 가을 17세 소년 안창호는 평양성에서 청일전쟁의 참상을 직접 바라보면서 나라와 백성의 힘없음을 통절히 아파하였다. 외국 군대가 마음대로 우리 땅에 들어와 전쟁판을 벌려 아무 죄 없는 동포들을 죽고 다치게 하는 사태 앞에서 힘없는 나라와 겨레의 불행에 대한 뼈아픈 각성이 싹텄던 것이다. 이때부터 그는 자신과 가족을 넘어 사회와 국가 그리고 세계에 대해 생각하게 되었고 점차 힘없는 백성과 나라를 힘 있는 새로운 민족과 국가로 혁신하는 것을 일생의 사명으로 삼게 되었다.

그러면 도산이 말하는 새로운 민족은 과연 어떤 모습이며 어떻게 이룰 수 있는 것인가.

무엇보다 그는 수천 년 동안 스스로를 군주의 소유물로 여겨 온 나약한 신민臣民들이 대각성하여 나라의 주인으로 거듭나야 한다고 생각하였다. 민주주의 시대를 맞아 나라의 주인임을 새롭게 자각한 인민들, 곧 신민新民이란 국민國民 바로 그것이었다.

전근대적 신민臣民에서 근대적 국민으로의 전환을 위한 신민운동新民運動은 인민들이 국가에 대해 스스로를 단지 노예에서 주인으로 여기는 의식 차원의 일만이 아니었다. 노예에게는 노예에게 알맞은 덕목과 자격이 있듯이 주인은 주인에게 걸맞는 덕목과 자격을 갖춰야만 하기 때문이다. 따라서 그의 신민운동은 단지 몇몇 선각자들의 대중에 대한 의식 계몽운동으로 끝날 수는 없고 2천만 겨레 각자 각자가 스스로 주인다운 정신과 역량을 갖추는 자각과 수련을 병행하는 실천운동으로 연결되어야만 했다. 그가 일생을 통해 민족개조운동을 힘써 전개한 이유였으니 도산은 지난 20세기 초부터 우리 역사에서 본격적으로 신민사상을 전파하고 신민운동을 전개한 민족개조운동의 대선각자였다.

그러면 다음으로 그가 염원하였던 새로운 나라는 과연 또 어떤 모습이며 어떻게 이룰 수 있는가.

20세 무렵의 도산은 충군애국을 표방하는 독립협회운동에 투신하여 처음으로 정치사회운동에 참여한 바 있었다. 당시 대부분의 개화파 인물들처럼 그도 제한군주제의 정치사상을 갖고 있었다고 할 수 있다. 그러나 적어도 미국에서 공립협회를 창립하여 교민지도에 헌신했던 그의 20대 후반 동안에는 낡은 군주국가 의식을 완전히 벗어나 공화주의 민국사상가로 전환되어 있었다. 그리하여 미국에서 교민지도 활동을 끝내고 귀국하여 국내에서 신민회를 조직한 다음 본격적으로 민족운동의 전면에 나선 30세 되던 1907년 이후에는, 낡은 대한제국을 수호하자는 것이 아니라 새로운 민주 공화국가 대한민국을 건설하자는 혁명운동에 앞장섰다.

그는 대한제국이 제국주의 외세의 침략, 특히 일제의 침략 앞에 풍전등화의 위기를 맞게 된 근본 원인이 군주국가라는 국가 제도 자체에 있음을 설파하였다. 백성을 단지 군주의 사유물로 여기는 군주국가의 낡은 틀 속에서는 인민들로부터 진정한 애국심이 우러나올 수 없고 따라서 외세의 침략에 맞설 수 있는 민력의 배양도 이루어질 수 없다고 여겼기 때문이었다. 귀국하자마자 그가 신민회라는 비밀결사를 조직했던 것은 이천만 한민족을 국가의 주인들로 새롭게 혁신하고 이들을 총결집하여 한반도에 대한민국을 건설하기 위한 대장정의 시작이었던 것이다.

3. 구체적 계획—5단계 민족혁명 구상

안창호는 민족개조와 민국건설이라는 명확한 목표를 설정함과 동시에 이를 실현하기 위한 매우 구체적인 실천 방안을 마련하였다. 그 결실이 지금은 널리 알려진, 이른바 그의 〈민족운동 방략도〉에 잘 드러나 있는데 시기적으로는 적어도 미국에서의 공립협회 활동 시기에 완성되었던 것으로 보인다. 1907년 그가 신민회운동의 구상을 갖고 귀국을 결심했을 때는 일제로부터의 국권회복과 새로운 근대국가 건설을 향한 한국근대민족운동의 명확한 목표와 구체적 방안이 마련되어 있었음을 알 수 있기 때문이다.

그의 민족운동 방략은 크게는 기초→준비→운동의 3단계로, 보다 상세히는 기초→진행준비→완전준비→진행결과→완전결과라는 5단계로 이루어져 있었다. 요약하면 민족운동의 간부 양성, 교육과 산업의 진흥, 독립운동에 필요한 각 분야 전문 인재와 재정의 마련, 독립전쟁을 통한 국권회복, 문명부강한 근대국가의 건설이라는 일련의 종합적인 청사진을 담은 것이었다. 이 구상 속에는 거의 무에서 유를 창조하는 전 과정이 담겨 있다.

우선 2천만에 가까운 하나의 민족을 새롭게 혁신하여 거듭나게 한다는 것은 실로 거대한 과제였다. 이와 병행하여 낡고 무력한 나라를 혁신하여 문명부강한 근대국가를 건설한다는 것 또한 참으로 거창한 사업이었다. 수많은 인력을 필요로 하고 엄청난 재원이 소요될 뿐 아니라 장구한 세월을 내다보아야 하는 그야말로 〈민족 전도 대업〉이 아닐 수 없었다.

그러나 당시 상황에서 도산에게는 이 거대한 민족 대업을 추진하기 위해 활용할 수 있는 자원이 거의 아무 것도 없었다. 그에게 국가 차원의 제도화된 정책적 지원 체계가 없었음은 두말할 필요도 없고 자발적인 민간 지지세력 또한 미미하였다. 오히려 쓰러져가는 무력한 대한제국은 간과한다 치더라도 한반도를 통째로 삼키려드는 거대한 일제 침략세력의 탄압에 맞서면서 그나마 미약한 민간 세력을 결집해 계도해 가며 추진해야 하는 실정이었다. 이는 굳이 비교해 말한다면 충무공 이순신 장군이 당시 조정으로부터 제대로 지원을 받지도 못한 채 병력과 함선은 물론 식량 의복 등 군수물자를 손수 마련해 가며 왜군의 침략을 막아내야 했던 상황보다 조금도 나을 것이 없는 처지였다.

그런 속에서도 민족개조와 민국건설을 향한 도산의 간절한 소망은 결코 꺾이거나 위축되지 않았다. 단지 냉철하게 현실을 직시하면서 궁극적인 목적에 도달하기 위한 전체 과정을 설계하고 당면의 과제가 무엇인지를 생각하였다. 〈긴 날이 맞도록 깊은 밤 들도록〉 그는 오로지 민족개조와 민국건설을 염원하면서 그것을 실현하기 위한 방안을 마련하는 데 온 맘을 바쳤다. 거기에는 20대의 청년 시절에 정립한 〈5단계 민족운동 방략〉이라는 정밀한 청사진이 밑받침되어 있었던 것이다.

그런데 당시의 여러 민족운동론들과 비교할 때 그의 방안이 갖는 가장 큰 특징은 체계적이고 종합적이라는 점이었다. 민족의 개조에서부터 민국의 건설에 이르는 전 과정이 총체적으로 담겨 있어서 모든 사람들이 각자의 관심과 능력에 따라 다 함께 참여할 수 있는 넉넉한 공간을 갖고 있었다. 그의 방안에 따르면 심지어 나 하나의 인격을 건전하게 만드는 일조차도 민족운동의 일환으로 승화될 수 있었다. 대부분의 다른 민족지도자들이 특정의 노선만을 선택적으로 강조하면서 자기와 다른 의견을 가진 사람들을 비난하고 배척했던 것과는 달리 그의 민족운동 방략은 누구에게나 열려 있었다. 따라서 그의 민족운동 방략은 언제나 여러 동지들과 민족 구성원들 간의 협의와 합의가 중시되었고 자발적 동의에 입각한 역할의 분담과 협력, 즉 분공합작分工合作의 협동 원칙이 전제되어 있었다.

4. 꾸준한 실천 — 점진과 협동

도산은 민족개조와 민국건설의 간절한 뜻을 품고 있었고 이를 이루기 위한 세밀한 추진 계획을 갖고 있었다. 그러나 아무리 절실한 목표가 있고 그것을 달성할 수 있는 구체적 방안이 마련되어 있다해도 마침내 하나의 사업을 성공시키기 위해서는 결국 직접 실행이 따르지 않으면 안 된다.

도산은 한 사람의 이론가나 사상가에 그치지 않고 동시에 실천가이고 운동가였다. 그가 가장 강조하였던 덕목 중의 하나가 공리공론空理空論과 허언장담虛言壯談이 아닌 무실역행務實力行이고 실천궁행實踐躬行이었다. 실제로 도산은 스스로가 실천 역행의 화신이었다. 단적으로 상해 임정 시기에 쓴 일기를 보면 말 그대로 불철주야 쉴 새 없이 온 몸과 온 맘을 다 바쳐 민족운동에 헌신하였음을 생생히 보여주고 있다.

그러나 우리는 도산의 실천 방식에 대해 특히 주의 깊게 살펴볼 필요가 있다. 두 가지 큰 특징을 발견하게 되기 때문이다. 점진주의漸進主義와 분공합작分工合作의 원칙이 그것이다.

먼저, 도산은 그의 사고에서 드러나는 선구적 혁신성과는 달리 실행에서는 점진주의적 태도가 두드러지게 나타난다. 잘 알려져 있듯이 도산에게 점진주의란 단순히 급진주의나 혁명주의에 대한 반대의 의미가 아니었다. 그에게 점진漸進이란 말 그대로 조금씩 나아가되 쉬지 않고 꾸준히 나아가는 것이었다. 가까운 데서 먼 곳으로, 작은 데서 큰 곳으로 목적을 달할 때까지 쉬지 않고 끊임없이 나아가는 것이 점진이었다. 작은 것으로부터 시작하여 점차 큰 것을 이루어 낸다는 이소성대以小成大의 원칙을 도산은 굳게 믿으며 간직하고 있었다.

아울러 〈돌배나무에는 돌배가 열리고 참배나무에는 참배가 열린다〉고 쉽게 요약하고 있듯이 도산은 일에 관한 한 철저히 인과의 법칙을 믿는 합리주의자였다. 그래서 그는 무슨 일이든지 인과율因果律에 근거하여 노력한 만큼 결과가 따른다는 믿음을 갖고 있었다. 그는 언제나 시대에 앞선 선구적 이상과 목표를 간직하고 이를 실현하기 위한 방안을 갖고 있었지만 이를 실행하는 과정에서는 흔히 보듯 호언장담으로 대중을 일시적으로 선동하거나 이용하려 들지 않았다. 이는 결코 성공에 이르는 길이 되지 못할 뿐 아니라 오히려 신용을 실추시켜 오랫동안 악영향만을 끼칠 뿐이었다. 따라서 오로지 가장 합리적인 방안을 찾아 일단 방침을 결정하고 나면 다 함께 온 정성을 기울여 끊임없이 실천을 계속하자는 것이 그의 지론이었다. 때문에 그는 민족개조와 민국건설이라는 위대한 사업의 성공을 허虛와 위僞에 기초하지 말고 진眞과 정正의 기초 위에 세우자고 간절히 호소하였다. 우리의 목적이 옳고 바른 것이라면 비록 우리 당대에 성공을 보지 못하더라도 우리의 먼 후대에라도 끝끝내 성공하고야 말 것이라는 게 그의 바위 같은 신념이었다. 그의 점진주의 실천 방식의 밑바탕에는 이 같은 굳건한 믿음이 깔려 있었던 것이다.

다음, 도산의 실천에는 늘 조직적 협력의 중요성이 전제되어 있었다는 점을 또 하나의 특징으로 들 수 있다. 그는 언제나 어떤 조직을 가지고 어떤 과정을 거쳐 어떠한 결과를 지어내겠다는 명확한 계획 아래 그 목적을 다 이루기까지 뜻을 옮기지 않고 성심을 다해 노력할 것을 강조하였다. 실제로 그의 민족운동의 전 과정을 들여다보면 결국은 민족개조와 민국건설이라는 큰 목표에 일관되게 수렴되고 있지만 상황과 조건에 따라 다양한 조직을 만들거나 이끌며 대응하고 있었음을 알게 된다.

그는 누구보다도 조직의 중요성을 잘 인식하고 있었다. 그래서 민족운동의 고위 지도자였던 그의 실천은 언제나 동지들과의 조직적 협력과 역할 분담, 즉 분공합작의 방식을 통해서 이루어졌다. 그래서 그는 민족운동의 간부를 양성하는 가장 기초적인 일에서부터 교육과 산업을 통한 실력배양, 그리고 이를 바탕으로 일제와의 독립전쟁을 준비하는 일, 그리하여 적절한 기회에 독립전쟁을 결행하여 광복을 쟁취하고 이상적인 선진국가를 건설하는 일까지 총체적으로 조망하면서 동지들과 함께 전 방위의 협동적 활동을 전개하였던 것이다.

5. 맺음말

우리는 모두 성공적인 삶을 살려고 한다. 하지만 안타깝게도 이 세상에서는 스스로를 성공했다고 여기기보다는 그렇지 못하다고 좌절하고 실망하며 살아가는 사람들이 더 많다. 그래서 보다 나은 인생을 살기 위한 조언을 담은 자기계발의 이론들을 이른바 성공철학이라는 이름으로 부르며 따라 배우려 하기도 한다.

하지만 우선 무엇이 성공인가 하는 물음에서부터 답은 갈린다. 성공의 잣대가 사람에 따라 다르기 때문이다. 흔히 큰 권력을 갖거나 많은 재산을 쌓았거나 이름을 널리 드러낸 사람들을 우리는 성공한 사람이라고 말하며 선망한다. 대체로 맞는 말이다. 인생의 궁극적인 목표를 행복한 삶이라 할 때 권력과 재산, 명예 등의 소유와 향유는 우리에게 큰 만족감을 주고 행복감을 느끼게 하는 중요한 요소들임에 틀림없기 때문이다. 그러나 좀 더 깊이 생각해 보면 그것들은 어떤 과정을 통해 얻은 성공의 결과

이지 성공의 요인 그 자체는 아니라는 것임을 알게 된다.

지금까지 우리는 민족 수난의 시기에 평범하게 태어나 우리의 근현대 역사 속에서 가장 성공한 민족운동가로 평가되는 도산의 삶을 통해 시공간을 뛰어 넘어 오늘날 어느 분야에서도 통용될 수 있는 일반적인 성공원리를 되새겨 보고자 하였다. 도산의 성공 요인을 현대적인 성공철학의 이론에 비추어 재구성해 보면 다음 세 가지 핵심 사항으로 집약된다고 할 수 있다.

첫째, 〈목표와 비전〉이다. 민족운동 지도자로서 그가 성공한 데에는 가장 먼저 강렬한 염원이 밑받침 되어 있었다는 점을 들어야 할 것이다. 간절한 소망이야말로 미래 속에서만 실현 가능한 모습을 현재에 앞당겨 보여주는 비전이 되고 마침내 시간 속에서 그것을 점차 현실화 시켜내는 가장 큰 원동력이 된다. 도산에게는 한국 민족의 번영과 행복이라는 위대한 비전 속에 민족개조와 민국건설이라는 분명한 목표가 일생을 관통하고 있었다.

둘째, 〈추진 전략과 계획〉이다. 그가 민족운동의 최고 지도자가 될 수 있었던 것은 시대정신에 맞는 가치 있는 목표와 함께 그것을 실현할 수 있겠다는 믿음을 주는 구체적이고 설득력 있는 추진 전략과 계획이 있었기 때문이다. 그가 설계하고 견지했던 민족운동 방략은 당대의 여러 운동론과 비교해 볼 때 가장 종합적이고 체계적이면서도 합리적이어서 많은 사람들로부터 동의와 참여를 끌어낼 수 있었던 것이다.

셋째, 〈시스템화된 실천〉이다. 무엇보다 도산이 민족운동의 지도자로 우뚝 설 수 있었던 것은 그가 이론가나 사상가에 머물지 않고 스스로 실천에 앞장서면서 많은 지지 세력을 조직해 낼 수 있었기 때문에 가능하였다. 지속적이고 조직적인 시스템화된 실천이야말로 가슴 속의 소망과 비전 그리고 머리 속의 추진 전략과 계획을 끝내 현실로 이끌어 내는 결정적인 성공 요인이기 때문이다.

한국 근대 민족운동의 가장 우뚝한 봉우리를 이루고 있는 도산의 장대한 생애를 조감하면서 우리는 분명한 목표와 비전, 구체적인 추진전략, 시스템적인 실천이라는 세 가지 특징을 발견하게 된다. 이는 시공을 초월해 오늘 우리들 현대인의 삶에도 널리 응용될 수 있는 성공원리로서 충분한 내용이라고 본다.

(도산 아카데미, 『한국 사회의 발전과 도산 안창호』, 2007.8.)

III.   도산 안창호의 통합리더십과 대공정신

1. 도산의 통합리더십

오늘 저희 흥사단 창립 107주년을 맞아 창립자인 도산 안창호 선생에 대해, 특히 그분의 통합의 리더십과 대공정신에 대해 말씀드리려고 합니다.

도산 선생께서 타계하신 지도 어느새 82년이 흘렀습니다. 아직도 많은 사람들이 그분을 흠모하고 그리워합니다. 그분의 고결한 인격과 다방면의 업적 그리고 탁월한 경륜 등 여러 이유가 있겠습니다. 하지만 무엇보다 요즘 우리 사회가 여러 갈래로 갈라져 있는 상황에서 특히 선생의 사심 없는 통합의 리더십이 더욱 절실히 요청되기 때문이 아닌가 합니다.

그렇습니다. 일제강점기 독립운동 지도자였던 도산 선생의 리더십에 대해서는 섬김의 리더십, 솔선수범의 리더십, 비전과 변혁의 리더십 등 여러 측면에서도 높이 평가되지만 특히 그분의 통합의 리더십은 오늘날 우리에게 한층 더 필요한 것이 아닌가 생각됩니다. 맞습니다. 그 분은 평생을 통해 늘 협동과 단합, 통일과 연합을 강조했습니다. 다 함께 서자는 뜻의 共立이라는 말도 그가 20대 청년 시절에 공립협회라는 단체를 조직하면서 만들어 사용한 말입니다.

하기야 크든 작든 지도적 위치에 있는 사람치고 단합과 통일을 부르짖지 않은 사람이 있겠습니까마는, 문제는 그 진정성에 있는 법이지요. 진정으로 공동체 전체를 위한 통일과 단합을 말하고 있는가? 아니면 말로는 그렇게 외치지만 실은 자신을 위해서, 즉 자기를 중심으로 모이고 뭉치라는 경우가 더 많지 않은가 합니다.

그러나 도산 선생은 독립운동 기간 동안 여러 단체를 만들고 이끌면서 항상 통일과 단합을 최우선의 가치로 내세우고 성심으로 실천했습니다. 대표적인 사례가 대한민국 통합임시정부를 성공시킨 일입니다.

2. 3·1운동, 3개의 임시정부, 도산의 통합정부 수립

1919년 3·1운동이 일어나자 각 지역 애국지사들은 동시다발적으로 여러 군데에서 정부를 조직했습니다. 왜냐하면 독립선언을 통해 이제 우리 민족이 자유민임과 함께 자주국임을 세계 만방에 선포했으므로, 그 후속 작업으로 당연히 정부를 수립해야 했던 것입니다. 그중에 상당한 주체세력이 있어 실체를 인정받는 것은 세 개입니다. 상해에서 조직된 대한민국임시정부와 연해주의 대한국민의회 서울에서 조직된 한성정부가 그것이었습니다.

그런데 문제는 한 국가의 주권을 대표하는 정부 조직이 이렇게 복수로 병렬되어서는 진정한 정부로서 정통성을 가질 수 없고, 대외적으로 대표성을 인정받을 수도 없었습니다. 따라서 이들 여러 정부를 하나로 통합하는 일은 시급하고도 절대적인 과제였습니다. 잘 알다시피 이때 통합정부 수립이라는 중차대한 일을 성공시키신 분이 바로 도산 안창호 선생이셨습니다.

그에 앞서 통합정부의 주축이 된 상해 대한민국임시정부조차 실은 도산 선생이 계셨기에 실질적으로 설립되고 가동될 수 있었습니다. 3·1운동 당시 대한인국민회의 중앙총회장으로 미국에 계시던 선생께서는 국내 민중들의 봉기 소식에 접하자마자 그 숭고한 의미를 즉각 파악하고 미주 교민들의 독립자금 2만 5천불(현재가치로 약 4～5억 상당)을 갖고 상해로 달려 가셨습니다.

상해정부의 내무총장에 선임되었던 선생께서는 다른 각료급 지도자들이 다 주저하며 참여를 망설일 때 현지 청년 독립운동가들의 추대를 받아 국무총리 대리를 겸하여 제 1착으로 취임하였습니다. 정부청사를 마련하고 직원을 뽑고 각종 법제도를 제정하면서 대한민국임시정부를 궤도에 올려놓았던 것입니다.

선생께서는 곧바로 통합정부를 수립하는 일에 착수하였습니다. 하지만 그 과정은 험난하고도 지난했습니다. 기왕의 3개 조직을 통합하기 위해서는 복잡한 형식과 절차를 거쳐야 했는데 물론 그 핵심은 어느 세력

어느 누가 주도권을 갖느냐 하는 것이었지요. 특히 경쟁 관계인 상해정부와 노령정부 대신 세력은 미약하지만 국내에서 만들어졌다는 점에서 명분상 우위에 있는 한성정부를 계승하는 방식으로 통합을 이끌어 갔습니다.

7월과 8월 두 달여 동안 도산은 혼신의 정성을 다해 설득과 호소를 거듭하면서 마침내 9월 11일 임시대통령 이승만 국무총리 이동휘를 핵심으로 하는 통합 대한민국임시정부를 수립하는데 성공했습니다. 대신 자신은 총장급보다 한 급 낮은 노동국총판 직으로 내려갔습니다. 참으로 살신성인 선공후사의 자세가 아닐 수 없었습니다.

일단 통합을 이룬 시점에서 대한민국임시정부는 비로소 민족사적 정통성을 확보하고 대외적으로는 한민족을 대표할 수 있게 되었습니다. 또 명실상부한 독립운동의 총사령부로서 권위를 가질 수 있게 되었습니다. 상해 임정의 국무총리 대리에 취임한 지 100여 일 만에 사심 없는 통합의 리더 도산이 성취해낸 값진 성과였습니다.

그러나 잘 알다시피 무한한 가능성과 내외의 엄청난 기대 속에 수립된 통합임정은 곧바로 급전직하하여 상당한 기간 동안 활동력이 없는 상징적 존재로 전락하고 말았습니다.

3. 지도자와 공공의식

되돌아보면 임정의 통합 문제와 관련하여 도산 선생 앞에는 세 갈래 선택 옵션이 있었습니다.

첫째는, 통합의 과제를 도외시하고 상해 임정의 실질적인 책임자로 독립운동을 내실 있게 이끌어 가는 방안이었습니다. 그를 따르는 서북파라는 많은 인적 자원이 있었고 미주 교민의 자금 지원을 받고 있어서 결심만 하면 충분히 선택 가능한 방안이었습니다.

둘째는, 신민회운동의 동지였던 연해주의 이동휘 선생과 손잡고 상해 임정과 대한국민의회만 통합해 공동으로 이끄는 방안이었습니다.

셋째, 소수 기호파 인사들에 의해 만들어졌지만 무엇보다 국내에서 만들어졌다는 명분을 갖고 있는 한성정부까지 합쳐서 명실상부한 통합 임정을 이루는 일이었습니다.

말할 것도 없이 도산 선생은 세 번째 방안을 선택했습니다. 선생은 우리 독립운동은 강력한 일제를 상대로 해야 하는 만큼 불가피하게 오랜 동안의 지구전이 될 수밖에 없으므로 이에 대응하기 위해서는 우선 전 민족적 통일과 단합을 전제로 해서 권위 있고 강력한 지도부가 구성되어야 한다고 생각했습니다. 이런 문제의식은 당위적으로 보면 너무도 당연해서 누구도 이의를 제기할 수 없었습니다. 실제로 그렇게 해서 이승만, 이동휘, 도산을 중심으로 하는 통합 임시정부가 수립되었습니다. 이제 임시정부는 독립운동의 총사령부로 기능해야 했습니다.

문제는 통합 임정의 중심이 되어야 할 대통령 이승만의 인물됨이었습니다. 3·1운동 전후 갑자기 이승만이라는 인물이 부각되었습니다. 그는 상해 임정의 최고위직인 국무총리이자, 노령 정부에서도 상징성만 있을 뿐 실제로 활동할 수 없는 대통령 손병희와 부통령 박영효에 이어 국무총리에, 그리고 한성정부에서는 최고직인 집정관총재로 선임되어 있었습니다. 세 정부에서 다 실질적인 최고책임자로 선출된 것입니다.

도대체 어떻게 해서 이런 돌출적인 일이 생겨났을까요? 그는 일찍이 독립협회운동 때 청년지도자로 두각을 나타내긴 했으나 국권 상실 후 독립운동 과정에서 뚜렷이 내세울 업적은 없었습니다. 오히려 친일파 미국인 스티븐스를 총살한 전명운, 장인환 의사의 법정투쟁을 도와 달라는 미주 교민들의 요청을 자신은 학업에 바쁠 뿐더러 무엇보다 테러리스트를 변호하기 싫다는 어처구니 없는 이유로 거부해 애국지사들의 공분을 산 바 있었습니다.

3·1운동 후 임정의 각료급 인물들이 대개 한말 신민회운동에 열정을 바친 후 각지에서 나름의 독립운동에 헌신한 분들임에 비해, 그는 미국 선교사들의 비호 속에 학위 취득에 몰두해 미국 철학박사가 됐습니다. 당시 한국인으로서 박사 학위자가 극히 희귀할 때였음으로 그것만으로도 이승만에게는 엄청난 자산이었습니다. 그런데 그것도 다른 곳이 아니라 당시 미국대통령이 된 우드로우 윌슨이 교수로 재직하던 당시 프린스턴대학에서 취득한 학위였습니다. 말하자면 박사 이승만은 이제는 신흥 강국 미국 대통령의 제자이기도 한 셈이었습니다. 그야말로 엄청난 스타 탄생이었습니다.

아마도 당시 독립운동가들은 그의 인격이나 업적이나 능력을 제대로 모른 채 그런 허명에 끌려 큰 기대를 걸었을 것입니다. 그러나 실제의 그는 자신을 하와이에 초청해 정착하게 해준 왕년의 의형제 박용만을 음해해 대한인국민회의 하와이 지방총회를 파탄으로 몰아넣은 그야말로 문제적 인물이었습니다. 그는 본래 독선과 아집이 강한 성격에다 전체의 이익, 공공의 이익보다는 항상 자신의 이익과 명예, 무엇보다 권력을 우선시하는 인물이었습니다.

곧 드러나지만 3·1운동 후 세 곳 임시정부를 수립한 독립운동가들이 다 공공의식과는 거리가 먼 이승만을 최고 지도자로 추대한 것은 우리 독립운동사의 최대 실책으로 귀결되고 맙니다. 도산 선생 역시 그 이유 여하간에 임정 통합을 추진하면서 이승만을 통합 임정의 수반에 추대함으로써 큰 과오를 범한 셈이었습니다.

도산의 헌신적인 노력으로 일단 통합을 이루어 안팎의 엄청난 기대와 가능성을 안게 됐던 임정이 곧바로 급전직하하여 오랜 기간 활동력이 거의 전무한 상징적 존재로 전락하고 만 것은 최고 지도자의 자질과 역할, 특히 그가 가진 공공의식의 대소 유무가 얼마나 중요한지를 극명하게 보여주는 사례라 할 수 있을 것입니다.

4. 도산의 대공정신과 대공주의

그럼 도산은 왜 그처럼 자신의 격을 낮추면서까지 대통령 이승만과 국무총리 이동휘 중심의 통합을 추진했을까요? 마음먹기에 따라서는 반대로 그 자신이 이미 선점한 상해 임정의 최고 책임자가 되어 실질적이고 내실있게 이끌 수도 있었는데도 말이지요. 실제로 당시의 차장급 청년들은 무성의하고 소극적인 각료급 인사들에 실망해 그에게 책임자가 되기를 거듭 요청하고 있었습니다.

통합정부 추진 당시 왜 도산이 그처럼 이승만을 옹호하였는가 하는 점은 지금도 궁금한 일입니다. 과연 그도 이승만의 실체를 잘 몰랐을까요? 아니면 알면서도 명분상으로나 당시 정황상 다른 선택의 여지가 없었던 것일까요? 확단하기 어렵습니다. 도산이 대한인국민회의 중앙총회장으로 있는 동안 하와이에서 분란을 겪고 있는 박용만과 이승만의 갈등을 조정하기 위해 하와이까지 갔으나 이승만은 그를 만나지 않으려고 피해버렸습니다. 그래서 직접 대면하지는 못했습니다. 그러나 저간의 사정을 듣기는 했을 텐데 그럼에도 불구하고 미처 그의 인간적 진면목 깊이까지 파악하지는 못하지 않았나 싶기도 합니다. 사람은 겪어보아야 아는 법이니까요.

도산은 민족의 독립과 독립국가 건설을 위해서는 어쨌든 전 민족적 통일과 단합이 반드시 필요하다고 생각했을 것입니다. 그는 자신의 이익과 권력과 명예가 아니라 진실로 국가와 민족을 위한 길이 무엇인가만 생각하며 밀고 나아간 것입니다. 솔로몬 앞에 선 친어머니의 심정이었을까요? 자기 중심이 아니고 진정으로 민족과 국가를 중심에 두고 생각한 분입니다. 작을 小자 사사로울 私자 소사의 가치가 아니라, 클 大자 공변될 公자 대공의 삶을 사신 분입니다. 당시 선생에게는 민족과 국가가 곧 대공이었습니다.

선생은 〈밥을 먹어도 대한의 독립을 위해, 잠을 자도 대한의 독립을 위해서〉라고 말했습니다. 또 〈개인은 민족을 위해 일함으로 하늘과 인류에 대한 의무를 다한다〉고 말했습니다. 〈민족이 천대받을 때 개인이 저 홀로 영화를 누릴 수는 없다〉고 했습니다. 어느 작가나 학자가 한갓 책상머리에서 지어낸 멋진 말이 아니고 선생 자신의 삶과 영혼에서 우러나온 말들이기에 우리는 두고두고 감동을 받습니다.

그러면 도산 선생은 어떻게 이처럼 고상하고 품격 있는 지도자적 내면을 갖게 되었을까요?

개항 직후 국가 해체의 시기에 태어난 도산 선생은 17세 소년 때 고향인 평양에서 청일전쟁의 참상을 직접 목격하고 일찍이 각성하여 작은 가슴 가득히 민족과 국가를 품었습니다. 이어 청년 시기 다양한 애국 활동을 통해 한국 민족의 독립과 번영을 자신의 일생 사명으로 확립하였습니다. 대공정신의 가장 근본 바탕인 애국애족의 가치관을 확립하신 것입니다.

그 후 독립운동 과정에서 또 하나 도산이 필요성을 절실히 느낀 것이 통일단합의 태도와 자세였습니다. 민족의 독립과 번영을 위해서는 지역, 사상, 종교, 방략 등 온갖 작은 차이를 넘어 오직 민족독립의 대의 앞에 통일 단합하는 태도가 요청되었습니다. 그래서 통일단합의 자세가 대공정신의 또 하나의 축을 이루게 됐습니다.

즉, 도산의 대공정신은 전 민족적 애국애족의 가치관과 독립운동가들의 통일단합의 자세를 합친 개념입니다. 독립운동 과정에서 절실히 요구되는 정신적 가치이고 태도였습니다. 국가 민족에 대한 충성과 헌신, 그리고 아울러 통일단합의 자세를 강조한 대공정신은 흥사단의 약법을 통해 전승되었습니다.

독립운동 과정에서 강조한 대공정신은 또 독립의 목표이자 독립국가의 청사진인 대공주의로 확장되었습니다. 대공주의는 좁게는 민족평등·정치평등·경제평등·교육평등의 4평등사상으로 이루어져 있는데, 독립

이후의 건국 지표이자 설계라 하겠습니다. 민족·국가간 평등 원칙으로 제국주의가 극복된 평화세계를 이루고 정치·경제·교육의 평등으로 진정한 민주주의 국가를 실현함으로써 모두가 함께 번영을 누리자는 생각이었습니다.

이런 생각은 대략 도산 선생이 50세 무렵 1920년대 후반 좌우합작의 대독립당운동을 전개하면서 정립되었습니다. 4평등사상으로서의 대공주의는 1930~40년대 한국독립당 등 중국 내 민족주의 제 정당들과 임시정부의 이념으로 계승되었습니다.

종합해 보면 3·1운동 이후 일제가 식민지 고등 지배정책으로 동화주의를 가속화하고 한편으로 공산주의가 세력을 펼쳐 계급주의와 국제주의를 내세움으로써 한국 민족의 애국애족 정신이 크게 위협당한다고 여기게 됐습니다. 또 독립운동계가 지연·사상·방략에 따라 극심한 분열을 면치 못하자 무엇보다 앞서 통일단합을 강조했습니다. 이 같은 대공정신에 독립 후 국가설계로서 민족·정치·경제·교육의 4평등사상을 합쳐 대공주의라고 이름 지었습니다.

5. 오늘에 주는 교훈

오늘 우리 사회가 지나치게 편 가르기가 심하다는 우려가 큽니다. 생각이 다르다고, 사는 지역이 다르다고, 종교가 다르다고, 인종이 다르다고, 그 밖에 갖가지 이유로 나와 너를 구분하고 나와 다르면 배척하고 적대시하는 풍조가 심하다고 염려하십니다. 특히 우리 사회의 지도층에 있는 사람들마저 이런 편가르기에 함몰되어 있을 뿐 아니고 오히려 자신의 이익을 위해 이를 부추기는 듯한 모습마저 없지 않습니다. 그래서 도산 선생을 더욱 그리워하는 분들이 많습니다. 품 넓고 사심 없는 참 지도자를 찾는 것이지요.

우리는 이제 인물 평가의 기준을, 특히 크든 작든 지도적 위치에 있는 사람을 평가하는 기준은 기본적인 정직성과 성실성에 더하여 그가 얼마나 공공의식을 가졌는가 하는 데 두어야할 듯합니다. 가슴 속에 세계를 품은 사람만이 세계의 지도자가 되어야 합니다. 자기 나라만을 생각하는 사람이 세계의 지도자가 되어서는 곤란합니다. 한 나라를 품은 사람은 그 나라의 지도자가 되는 데 그쳐야 하고 한 지역만 생각하는 사람은 그 지역의 지도자가 되는 것으로 충분합니다.

하물며 자기 한 몸이나 가족만을 생각하는 사람은 평범한 한 시민의 자격을 가질 수는 있겠으나 절대로 다른 사람에게 영향을 미치는 지도자가 되어서는 안 될 것입니다. 공공의식의 부재나 결핍은 지도자로서는 치명적인 결함이 아닐 수 없습니다.

민족 수난의 시기에 활동한 도산 선생은 참으로 품격 있는 지도자였습니다. 정직과 성실을 생명으로 삼고 대공정신에 투철하신 분이었습니다. 그래서 사심 없는 통합의 리더가 될 수 있었습니다. 우리 모두는 한갓 소시민을 넘어 도산 선생의 대공정신과 대공주의를 본받고 배워야 하겠습니다. 사회와 국가, 나아가 세계와 인류의 발전에도 관심을 갖고 그에 부합하는 삶을 살아야 하겠습니다.

(흥사단 창립 107주년 기념 특강, 2020. 5. 13.)

IV. 미주 공립협회의
청년 지도자 안창호

1. 머리말

돌이켜 보면 미국에 거주하였던 한국인들은 물론 전체 한국 민족에게 지난 한 세기 100년은, 큰 고난 속에서 분투 노력한 끝에 마침내 광명을 되찾은 시기였다고 말할 수 있을 것입니다. 우리 민족은 20세기에 접어들면서 곧바로 일본에게 국권을 빼앗기고 식민지 지배를 겪어야 했지요. 해방 후에는 미·소 양대국의 개입과 민족 내부의 심각한 갈등 끝에 남북으로 갈리어 동족상잔의 전쟁까지 치렀습니다. 그러나 이 같은 상황 속에서도 결코 좌절하지 않았으며 자주독립과 번영발전을 위한 의지를 잃지 않았습니다. 그리하여 전 민족이 다 함께 혹은 계층별로 다양한 시도와 운동을 지속적으로 전개한 끝에, 특히 남쪽 대한민국의 경우 산업화와 민주화에 성공하여 선진국가 진입을 바라보는 지점에 이르렀습니다.

20세기 시작과 함께 거의 대부분 열악한 조건의 노동 이민으로 시작된 미주의 한인사회도 극심한 고통 속에서 상당히 오랜 인고의 시간을 보내야 했습니다. 그러나 조국 해방 후 여러 계기를 통해 오늘에는 수적으로 크게 팽창하고 질적으로도 성장하여 정치·경제·사회·문화의 모든 부면에서 점차 미국 주류 사회의 일원으로 진입해 들어가고 있는 것으로 알고 있습니다.

우리 근대 역사를 통해 근대화와 자주독립을 지향하는 갖가지 형태의 운동과 사건이 분출되는 과정에서는 당연히 많은 선각자와 애국지사들이 헌신적으로 앞장서 나섰습니다. 그 중에서도 국권 수호와 독립 달성을 1차적인 과제로 안고 있던 20세기 전반의 한말, 일제 시기 여러 지도자들 가운데 가장 우뚝한 봉우리로 서 있는 분이 도산 안창호 선생님입니다.

미주 한인사회의 형성과 발전 과정과도 긴밀한 관련을 가진 그는 다방면에 걸쳐 직접 활동을 전개했던 실천운동가이면서 동시에 나름대로 구국 독립의 방안은 물론 독립 이후의 민족국가의 발전 방안까지를 폭넓게 모색했던 사상이론가였다는 점에서 특히 주목됩니다. 한국 근대 민족운동의 최고위급 지도자로서 다양한 활동은 물론 독자적인 이론 체계를 함께 보여준 아주 드문 경우였습니다.

2. 도산의 공립협회 조직과 지도

먼저 그의 민족운동을 초창기의 미주 한인사회와도 관련하여 개괄적으로 살펴보려고 합니다.

개항 직후 평양 근교의 한 평범한 농가에서 출생한 도산 선생께서 우리 근대 민족운동에 처음 뛰어든 것은 그의 나이 만 19세 되던 1897년 독립 협회운동에 가담하면서부터였습니다. 비록 1년 반 정도의 짧은 기간이었 지만 이때 그는 독립협회의 평양지회 설립에 중요 인물의 한 사람으로 참 여하였고 만민공동회에서의 탁월한 연설로 상당한 대중적 명성도 얻게 되었습니다.

그러나 1898년의 독립협회와 만민공동회 활동에서 만 20세에 불과하 였던 그는 청년 간부의 한 사람으로 활약하기는 했지만 아직 전체 운동 방향에 영향을 미칠 수 있을 정도의 위치에는 이르지 못하였습니다. 당시 그는 우리 근대 민족운동의 큰 흐름에서 보면 개화파 계열의 서재필·윤 치호 등 독립협회 지도층의 근대화사상과 민주주의사상 그리고 민족주의 에 크게 영향을 받으면서 성장하고 있었다고 볼 수 있습니다.

안창호가 나름대로 하나의 독자적인 사회세력을 형성하여 그 지도적 위치에 설 수 있었던 것은 지난 세기 초 미국의 교민사회에서였습니다. 1902년 교육학과 기독교를 공부하겠다는 목적을 갖고 유학을 위해 미국 에 건너간 그는 이내 방침을 바꾸게 되었지요. 현지 동포들의 비참한 생 활상에 충격을 받아 일단 학업을 포기하고 먼저 그들의 생활개선을 위한 교민 지도에 나서게 된 것입니다.

당시 샌프란시스코에는 20여 명의 한국인 동포가 거주하고 있었다고 합니다. 그중 절반은 그와 비슷한 처지의 유학생이었으며 나머지 반은 주 로 중국인 노동자들 틈에 끼어서 온 평안도 출신의 인삼 장사들이었습니

다. 이들은 중국 여권을 갖고 들어와 중국인들이 거주하는 지역을 찾아다
니며 인삼을 팔았습니다. 열악한 처지에서 조금이라도 더 실적이 나는 판
매 구역을 차지하기 위하여 걸핏하면 서로 경쟁하다가 멱살 잡고 싸움까
지 벌이는 실정이었습니다.

물론 그들의 생활 정도는 극히 낮아 하층 빈민의 처지를 벗어나지 못하
였겠지요. 도산은 동향 출신의 유학생 이강·정재관·김성무 등의 도움을
받으며 헌신적으로 교민 지도에 나섰습니다. 솔선수범의 자세로 차츰 신임
을 얻게 된 그는, 이듬해 1903년 9월 23일 샌프란시스코에서 10여 명의
발기인을 모아 한인친목회를 만들었습니다. 아주 미미한 세력이었지만
미국 본토에서 조직된 최초의 한인 단체였다는 의미를 갖고 있었습니다.

곧 이어 그는 로스앤젤레스 부근의 리버사이드로 이주하였습니다. 이
때 로스앤젤레스와 샌프란시스코를 비롯한 미국 서부에는 처음 하와이로
갔던 사탕수수농장 이민자들 가운데 계약 기간이 끝난 사람들이 좀 더 나
은 삶을 찾아 모여들고 있었습니다. 로스앤젤레스에서 60마일 거리의 리
버사이드에도 많은 한인들이 찾아 왔습니다. 여기서도 그는 18명의 한인
노동자를 결집하여 공립협회라는 이름으로 조직을 만들었습니다. 차츰
회원이 증가하고 어느 정도 기틀이 세워진 다음 그는 동지들의 권유를 받
아들여 다시 샌프란시스코로 되돌아갑니다. 여기서 그는 다시 기왕의 친
목회를 확대 발전시켜 공립협회를 창립하였습니다.

1905년 4월 15일 샌프란시스코에서 안창호를 회장으로 하여 창립된
공립협회는 이전의 한인친목회가 회원 간의 상부상조를 목적으로 하던
단순 친목 단체였던 데 비해 위기에 처한 조국의 국권회복까지를 포함하

는 민족운동 단체로 발전하였습니다. 이후 공립협회는 창립 이래 1907년 초 그가 미국을 떠나 국내로 들어가기까지 직접 이끌었던 2년 미만의 단기간에 전체 1,300여 명의 한인 가운데 절반 이상을 회원으로 결집하는 한편, 회관 건물을 구입하고 매월 두 차례 공립신보를 발간하는 등 당시로서는 국내외를 통틀어 매우 유력한 단체 가운데 하나로 성장하였습니다.

결과적으로 선생께서는 유학이라는 본래 목적에서 벗어나 버린 셈이었습니다. 당시로 보면 개인적으로 큰 자산이 될 수 있었을 박사학위 취득의 길에서는 멀어지고 말았지요. 대신 미주에서 교민 지도에 직접 투신함으로써 보다 크게 민족사적 관점에서 보면 다음 두 가지 큰 성과를 거둘 수 있었다고 생각됩니다.

먼저, 교민사회의 입장에서 보면 열악한 처지의 초창기 미주 동포들이 나날의 생존에 허덕이다가 뿔뿔이 흩어져 미국의 하층 빈민으로 분해되어 버리지 않을 수 있었습니다. 그 대신 도산 선생 같은 헌신적인 지도자를 중심으로 단체를 이룸으로써 인간적 품격과 민족적 정체성을 지닌 한 공동체로 존립할 수 있었다는 점입니다.

한편, 도산의 입장에서 보면 이후 그가 평생토록 민족운동 지도자로 활동하는 동안 늘 인적·재정적으로 도움을 받을 수 있었던 든든한 지지기반의 하나를 확보할 수 있었습니다. 아울러 이때의 공립협회 활동 과정에서 그는 전 생애를 일관하여 견지한 독립 달성 및 민족 발전 방안의 마스터플랜을 정립하는 큰 성과를 얻었다고 볼 수 있습니다. 그리고 이 점들이 합쳐져 도산이 단지 미주 교민사회의 지도자에 그치지 않고 전 민족의 지도자로 부상할 수 있는 밑바탕이 되어 주었습니다.

3. 도산의 민족혁명 구상

이제 여기서는 특히 도산이 초기 미국에서의 공립협회운동기에 한국 근대 민족운동의 청사진을 갖게 된 점에 주목하고, 이를 바탕으로 국내에 서 신민회운동을 전개함으로써 그가 한국민족의 최고지도자로 성장한 사 실을 살펴보려고 합니다.

도산이 마침내 한국 근대 민족운동의 가장 핵심적인 중심인물로 떠오 른 계기는 1907년 초 귀국하여 국내에서 신민회를 조직하면서부터라고 말할 수 있습니다. 형성 과정의 초창기 미주 교민사회에서 그 지도자로 성장하기까지 그의 활동은, 대다수가 주로 노동 이민으로 이루어진 열악 한 처지의 교민들을 결집시켜 그들의 생활상 권익을 보호하고 민족의식 을 유지 강화시킨 나름대로 큰 의미를 가진 것이었습니다. 그러나 전체 민족운동의 시야에서 보면 먼 해외에서의 주변부 활동에 불과하다는 한 계를 벗어날 수 없었습니다. 본격적인 역할을 위해서는 역시 국내에 거점 을 두지 않으면 안 되었던 것입니다.

도산 선생과 공립협회 동지들의 원대한 구상에 입각해 만들어진 대한 신민회는 비록 일제의 침략으로부터 나라를 지키지는 못하였습니다. 그 러나 그를 비롯하여 거기에 참여했던 인물들이 후일 임시정부를 비롯해 각 독립운동 단체에서 중추적 역할을 수행하여 독립운동의 지도 세력을 형성하였기 때문에 한국 근대 민족운동사의 흐름 속에서 매우 중요한 위 치를 차지하고 있는 단체였습니다.

그런 신민회를 조직하고 그 활동을 이끌어간 중심인물이 누구였는지에 대해서는 현재 도산으로 보는 견해와 양기탁이라고 보는 두 가지 다른 주장이 있습니다. 도산 선생이라고 말하는 경우는 그가 신민회의 최초 발의자였을 뿐 아니라 조직과 설득에 탁월한 능력을 가진 인물이었다는 점을 강조하고 있습니다. 반면 양기탁이 그 중심이었다고 보는 경우는 그가 신민회의 총감독이었다는 사실을 지적하고 나아가 그 결성 과정에서 다양한 집단의 인물들이 규합될 수 있었던 것도 그의 큰 영향력이 있었기 때문이라고 말합니다. 특히 신민회를 다른 계몽 단체들과는 달리 보다 적극적인 성격의 국권회복운동 단체로 보려는 입장일수록 양기탁의 비중을 강조하는 한편 도산은 신민회 내의 온건파 혹은 우파를 대표하는 인물로 한정시켜 보는 경향이 있습니다.

그러나 박은식·김구·장도빈 등 당시 직접 신민회에 참여했던 인물들이 남긴 기록을 보면 예외 없이 도산을 맨 첫머리에 언급해 신민회운동의 중심인물로 인식하고 있었음을 알 수 있습니다. 그는 국내로 들어온 즉시 비밀결사 신민회의 결성을 처음 발의하여 성공시켰으며 그 활동 과정에서도 가장 역동적으로 활약함으로써 이등박문 면담 및 도산내각설 등에서 보듯 한말 신지식인 구국운동가들 속에서 핵심 인물로 부상하였던 것입니다.

그런데 도산 선생께서 신민회운동을 통해 한국 근대 민족운동의 중심에 서게 된 사실과 관련해서는 다음 사실이 좀 더 설득력 있게 설명되어야 한다고 봅니다. 즉 일찍이 1902년 미국에 건너가 5년여 동안을 체류했던 그가 1907년 2월 귀국한 뒤 불과 몇 달 사이에 당시의 지도급 애국지사들을 설득해 위험성이 매우 큰 비밀조직 속으로 총결집해 낼 수 있었던 요인이 과연 무엇이었겠는가 하는 점입니다.

도산 선생께서 비록 조직과 설득에 탁월한 능력을 가진 인물이었다고 하더라도 5년 간의 공백 끝에 귀국한 그가 단기간에 국내의 계몽운동 지도자들을 주로 독립협회운동 시절의 인간관계만으로 규합할 수 있는 상황은 아니었으리라고 보기 때문입니다. 다음으로는 비밀결사로서 신민회가 결성될 수 있었던 또 다른 요인으로 그 명분과 이론적 배경이 무엇이었던가에 대해 더욱 주목하지 않을 수 없습니다. 정치사회적 목적을 가진 단체가 새로 만들어지기 위해서는 그에 합당한 명분과 논리가 반드시 필요하다는 것은 상식에 속하기 때문이지요.

이 점을 밝히기 위해서는 무엇보다 먼저 신민회가 왜 비밀결사로 구상되고 조직되었는지에 대해서부터 살펴보아야 할 것입니다. 신민회가 당시의 다른 계몽단체들과 구별되는 가장 두드러진 특징은 바로 그것이 비밀결사였다는 점에 있기 때문입니다.

앞에서 언급되었듯이 신민회 결성을 위한 초기의 논의 과정에서 도산 선생과 양기탁 간에는 비밀결사론과 합법단체론의 이견이 표출된 바 있었으나 결국 비밀결사로 결정되었습니다. 도산이 비밀결사를 주장했던 이유는 후일 그가 일제 경찰에 체포당해 심문 받으면서 진술한 바 있습니다. 신민회를 비밀결사로 했던 까닭은 수구파의 방해와 불순분자의 침투 그리고 일제의 탄압에 대한 우려에서 이를 미연에 방지하려 한 때문이었다고 했습니다. 그런데 이런 점들을 우려해야 했던 보다 근원적인 이유는 무엇이었을까요? 역시 그가 신민회를 통해 이루려고 했던 진정한 목적이 무엇이었는가를 생각해 볼 수밖에 없습니다.

신민회의 궁극적인 목표가 민주공화제의 근대 국민국가를 건설하는 데 있다는 것은 현재 잘 알려져 있습니다. 즉 도산을 비롯한 공립협회 동지들은 대한제국의 몰락이 임박한 상황 속에서 낡은 대한제국을 지키자는 것이 아니라 새로운 대한민국을 건설하자는 쪽으로 합의했던 것입니다. 그런데 이는 당시 항일 투쟁의 제1선에 나선 의병세력이 절대군주제 사상을 견지하고 있고 다른 계몽운동 단체들은 제한군주제 정치사상에서 벗어나지 못하고 있던 상황과 비교해 보면 그야말로 매우 혁신적이고 진보적인 생각이 아닐 수 없었습니다.

동시에 민주공화제의 신국가 건설을 목표로 하는 신민회가 그 목적을 이루기 위해서는 먼저 일제로부터 국권을 회복해야 했지요. 그런데 그렇게 하기 위한 최고 전략으로 독립전쟁전략을 채택하고 있었다는 것 또한 잘 알려져 있습니다. 그런데 정작 문제는 그 같은 독립전쟁전략 혹은 독립전쟁론이 신민회 결성을 제안하면서 처음부터 도산 선생에 의해 주장되었다는 사실은 아직 학계에서는 잘 받아들여지지 않고 있습니다.

그러나 실제로는 도산은 귀국 직후 신민회 결성의 초기부터 공개 연설을 통해 일본과의 전쟁이 불가피함을 설파하고 즉각 그 준비에 나서자고 역설하고 있었습니다. 이는 당시 의병 세력이 실천하고 있던 항일 무장 투쟁과 계몽운동 세력의 비폭력 실력양성론을 결합하여 장차의 근대적 대일 독립전쟁을 상정한 독립전쟁준비론이었습니다. 『안도산전서』의 자료편에도 실려 있습니다만, 1907년 5월 12일에 서울의 삼선평에서 청년들에게 행한 선생의 연설문에 보면 국민주권사상과 독립전쟁준비론이 명확히 표명되어 있습니다. 여러분께서도 한번 직접 읽어 보시면 좋을 듯합니다.

종합하면 결국 도산 선생은 일제의 완전한 국권 탈취 기도가 막바지에 이른 절박한 시점에서 민주공화제의 신국가, 즉 대한민국 건설이라는 정치적 목표와, 독립전쟁전략에 입각해 일제와의 독립전쟁을 조직적이고 체계적으로 준비하자는 방법론이 포함된 참신하고도 설득력 있는 혁명운동의 명분과 논리를 제시함으로써 단기간에 선각적 애국지사들을 비밀결사의 형태로 결집해 낼 수 있었던 것입니다. 이는 우리 근대 민족운동사에서 이론적으로도 실천적으로도 참으로 의미 있는 진전이고 발전이었습니다.

그러면 어떻게 도산 선생과 공립협회 그리고 나아가 그 모태가 되었던 미주 교민사회는 국내의 다른 사람들보다 먼저 공화국가 건설과 독립전쟁 준비를 근간으로 하는 선진적이면서도 설득력 있는 운동론을 정립할 수 있었을까요.

한국 근대민족운동의 전체 시야에서 보면 당시 미주 교민사회는 우선

수적으로 매우 적은 규모였고 지리적으로도 본국에서 멀리 떨어져 있는 작은 변방에 지나지 않았습니다. 그러나 미국은 당시 자본주의 신흥 강대국으로 떠오르고 있었으며, 절대 불리한 군사력에도 불구하고 대영제국과 독립전쟁을 감행해 공화국가를 세운 독립혁명의 역사를 갖고 있었습니다. 이 같은 사실은 미주의 교민들과 그들의 정치사회적 결집체인 공립협회 그리고 특히 무엇보다 그 지도자였던 도산에게 위기에 처한 조국의 미래를 구상하는 데 깊은 영감을 주었을 것으로 생각됩니다. 도산 선생께서는 그 구체적 내용을 도표 형식으로 간결하게 정리해 남겨 놓으셨습니다. 현재 원본은 도산 선생 유품으로 독립기념관에 보관되어 있고, 5년 전에 발간된 『도산안창호전집』 제1권에 「독립운동구상 초안」(1910년대)과 「독립운동 구상안」(1910)이라는 제목으로 사진판이 실려 있어서 그 내용을 확인해 볼 수 있습니다. 단지 각기 1910년대라는 연대 표시는 잘못된 것입니다. 도산 선생 귀국 직전인 1906년 말에 작성된 것입니다.

그러면 이제 미국에서의 공립협회 활동기에 정립된 도산 선생의 민족혁명운동 구상에 대해 좀 더 자세히 알아보기로 하겠습니다. 선생께서는 우리 근대 민족운동의 진행 경로를 크게 다섯 단계로 설정하고 있었습니다. 즉 (1) 기초, (2) 진행준비, (3) 완전준비, (4) 진행결과, (5) 완전결과의 다섯 단계였습니다. 이제 위의 각 단계별 내용을 그가 남긴 각종 말과 글 그리고 실천 활동들을 종합하여 설명하면 다음과 같습니다.

(1) 기초는 뜻 있는 청년들로 하여금 신애·충의·용감·인내 등의 정신적 덕목을 생명처럼 중히 여기는 건전한 인격의 인물들로 훈련하고 이들

을 주의의 동일, 직무의 분담, 행동의 일치라는 원칙 아래 공고히 단결하도록 훈련하여 민족운동의 근간이 될 지도적 인재들을 양성하는 단계입니다.

(2) 진행준비는 위의 기초 단계를 통해 배출된 지도적 인물들이 곳곳에서 학업단과 실업단을 만들어 인재와 재정을 준비해 가는 단계입니다. 학업단은 통신 혹은 서적을 통한 공동 수학이나 학교 교육을 통한 전문 수학 등으로 덕육·지육·체육의 각종 학업을 수행하는 조직체를 결성하여 활동하는 것을 말하며, 실업단은 농업·상업·공업을 위한 회사를 조직하고 금융기관·교통기관을 만들며 각 개인들의 경제력을 제고하는 여러 활동들을 뜻했습니다.

(3) 완전준비는 위의 학업단과 실업단의 활동에 의해 각 부문의 인재들이 속속 양성되고 장차 소요될 재정이 확보되는 단계입니다. 즉 장차 적절한 기회에 결행할 독립전쟁에 대비하여 독립군 지휘관을 비롯해 정치가·기술자·의사·실업가·학자 등 각 분야 전문 인재의 확보가 이루어지고, 아울러 군사비·건설비·외교비가 비축되는 단계를 말합니다.

(4) 진행결과는 드디어 일제와 독립전쟁을 결행하고, 그와 동시에 전 민족적 기반 위에 선 민족 정권을 수립하는 단계입니다.

(5) 완전결과는 독립전쟁을 통해 마침내 한반도에서 일제를 몰아내고 국권을 회복한 다음, 문명 부강한 독립국가를 건설해 가는 단계입니다.

이상을 통해서 보듯 도산 선생은 일제에 의한 반식민지·식민지 지배 아래서의 유례없는 악조건 속에 놓여 있으면서도 조금도 절망하거나 두려워하지 않고 민족의 자주 독립과 번영 발전이라는 원대한 이상을 세워 놓고 있었으며, 그에 도달하기 위한 민족운동의 전 과정을 매우 정밀하게 정립하고 있었음을 알 수 있습니다.

그의 민족운동 구상을 보다 선명히 이해할 수 있도록 다시 이를 간결하게 세 단계로 정리해 보기로 하겠습니다.

첫째, 기초 단계이니 위의 (1) 기초에 해당하는 바 건전한 인격과 유능한 자질을 가진 청년들을 모집하여 조직적으로 정신훈련과 단결훈련을 시켜 민족운동의 간부 요원들로 양성하는 과정을 말합니다.

둘째, 준비 단계이니 이는 위의 (2) 진행준비와 (3) 완전준비에 해당합니다. 기초 단계를 통해 배출된 간부급 인물들이 각 방면에서 조직적으로 교육과 산업 활동을 전개해 독립운동과 독립국가의 건설 과정에서 소요될 전문 인재 및 재정을 널리 확보해 가는 것을 말합니다.

셋째, 운동 단계이니 위의 (4) 진행결과와 (5) 완전결과에 해당합니다. 준비단계를 통해 확보된 인재와 재정의 실력을 바탕으로 적절한 기회를 포착하여 본격적인 독립운동, 곧 일제와 독립전쟁을 결행함으로써 완전히 광복을 달성한 다음, 한걸음 더 나아가 문명 부강한 국가를 건설해 번영을 누리도록 하겠다는 것을 말합니다.

도산 선생의 이 같은 민족운동의 이론 체계가 구체적으로 언제 어떤 과정을 거쳐 정립되었는지를 명확히 특정해 말하기는 어렵습니다. 그러나 그의 생애와 활동을 주의 깊게 살펴보면 위에 나타난 구상은 매우 이른 시기부터 그의 민족운동의 밑바탕에 확고히 자리 잡고 있었음을 알 수 있습니다. 늦어도 한말 신민회운동을 위해 국내로 돌아올 때는 이미 그 내용이 확실하게 세워져 있었다고 보여집니다. 즉 미국에서 공립협회를 결성해 미주 교민들을 지도하던 20대 후반의 청년 시기에 이미 그는 장기적인 안목에서 한국 근대 민족운동의 목표와 진로에 대한 이론적 틀을 확고히 정립했던 것입니다. 그리고 그 배경에는 미국의 과거 독립 역사와 당시의 발전상이 짙게 투영되어 있었다고 볼 수 있습니다.

이는 다음과 같이 도산의 평생에 걸친 활동을 개관해 보면 쉽게 확인됩니다. 널리 알려져 있듯이 도산 선생은 한말에는 국내에서 신민회운동의 일환으로 청년학우회를 설립했으며 다시 미국에 망명해서는 다시 흥사단을 세웠는데, 이는 민족운동에 헌신할 지도적 인물, 곧 민족운동 간부의 양성을 위한 것으로 그의 총체적 구상에 비춰보면 가장 기초 단계에 해당하는 일이었습니다.

다음으로 그가 점진학교·대성학교·평양자기제조회사·태극서관·북미실업주식회사·모범촌건설 등의 각종 부문 사업을 직접 추진하고, 독립협회·공립협회·신민회·대한인국민회·임시정부·대독립당 등의 조직체에 참여하거나 혹은 스스로 설립했던 것은 장차 반드시 다가올 본격적인 운동단계, 즉 독립전쟁과 국가건설을 전망하면서 그에 대비하여 필수적으로 요청되는 각 부문의 인재와 재정의 확보 및 그것을 위한 조직사업에 헌신함이었으니 모두 준비 단계의 활동이었다고 하겠습니다.

마지막으로 그는 1931년 중국에서 일본이 만주를 침략한다는 소식을 듣고는 드디어 오래 기다리던 독립전쟁의 기회가 현실로 다가오고 있다고 판단하면서 상해에서 대일전선통일동맹을 결성하는 등 본격적인 항일

투쟁을 준비하다가 윤봉길 의거의 여파로 일제 경찰에 체포당하였던 것입니다

지금까지 말한 도산의 민족운동론을 다시 집약해서 말하면, 기초 단계로서 독립과 건국의 민족운동 요원 양성을 위한 흥사단운동론과, 준비 단계의 독립운동 방략으로서 교육과 실업 등 각종 실력배양론을 포괄하면서 이를 장차 반드시 치러야 할 대일 독립전쟁에 집약하는 독립전쟁준비론과, 독립 이후 건설할 민족국가의 청사진으로서 자유 평등의 문명 부강한 민주국가건설론이라는 세 가지를 그 핵심 내용으로 이루어져 있었던 것입니다.

4. 맺음말

초창기 미주 교민사회에서의 지도 경력을 기반으로 하고 식민지화 직전 국내에서 전개한 3년간의 신민회 활동을 통해 한국 근대 민족운동의 중심 인물로 부상한 도산 선생께서는 다시 국내를 탈출한 다음 중국과 연해주를 거쳐 미국으로 되돌아 오셨습니다. 이후 1910년대에는 국외의 최대 교민 조직인 대한인국민회를 발전시켜 이끄는 동시에 1913년에 흥사단을 창립하여 지도하셨습니다. 3·1운동 후에는 중국으로 건너가 임시정부와 국민대표회에 종사하고 대독립당운동을 전개하셨지요. 물론 그밖에도 그는 최고지도자의 한 사람으로 다양한 사업과 조직운동을 전개하다가 1932년 일제 경찰에 체포되었고 국내에 압송된 후 수년간의 옥고 끝

에 타계하셨습니다.

선생의 60년 생애를 되돌아보면 글자 그대로 오로지 〈민족의 독립과 번영을 위한 끊임 없는 모색과 실천〉 바로 그것이었습니다. 선생께서 활동하던 시기의 객관적 여건이 너무도 불리하고 제약이 많았기에 그의 실천 활동들이 당장 큰 효과를 내거나 성공을 거두지는 못하였습니다. 오히려 헌신적인 노력에 비해 실패와 좌절이 더 많았지요. 그러나 이는 그만이 아니라 한국 근대 민족운동 전체가 처했던 현실이었고 한계이기도 하였습니다.

따라서 우리는 도산 선생께서 당대에 거둔 가시적 성과가 무엇이었는지를 헤아리기보다는 그가 지향했던 이상과 가치가 무엇이었고, 그 실현을 위한 과정에서 한결같이 견지하셨던 지도자로서의 태도가 어떠했는지에 더 주목해야 할 것입니다. 그것들은 비단 지난 세기 제국주의에 고통받던 한 약소 민족의 민족적 차원에서만 유효했던 것이 아니고 좁게는 개개 인간들의 일상의 삶 속에서, 그리고 더 넓게는 평화로운 세상을 향해 나아가야 할 인류 전체가 보고 배워야 할 보편성까지도 갖고 있기 때문입니다.

특히 그가 험난한 민족운동의 당면 투쟁 과제들에 한 치의 양보도 없이 용감하게 대응하면서도 일생에 걸쳐 일관되게 강조하였던 무실역행의 건전한 인격을 가진 인재양성론의 〈흥사단 사상〉, 공동체에의 자발적 헌신과 봉사를 강조한 〈대공주의〉, 사랑과 봉사를 통해 전 인류의 완전한 행복을 지향하였던 〈애기애타론〉 등은 여전히 강력한 생명력을 갖고 있는 귀중한 사상적 유산들입니다.

그래서 도산 선생의 활동과 이론의 주된 시공간적 배경은 20세기 전반 미주 교민사회를 포함한 한민족이었으나, 21세기에 접어든 지금 그의 삶과 사상은 오히려 한민족의 범위를 넘어 세계인 모두에게 영감을 불러일으킬 수 있는 전 인류 공통의 미래 자산이 되고 있습니다. 이 점에서 글로벌 시대 한민족 가운데서도 제 1선에 위치한 미국의 한인사회, 그리고 특히 그의 유지를 소중히 여기는 흥사단은 안창호를 새롭게 보고 새롭게 만나야 하는 큰 사명을 안고 있다고 봅니다. 우리 미주위원부 단우님들의 역할이 크고 무겁습니다. 감사합니다.

(흥사단 미주위원부 단대회 특강, 2005.)

V. 글로벌코리언의 표상
도산 안창호

올해 3월 10일은 도산 안창호 선생(1878~1938)께서 서거한지 82주년이 되는 날이다. 선생은 60평생을 밥을 먹어도 대한의 독립을 위해, 잠을 자도 대한의 독립을 위해 살다간 진정한 애국지사요 당대 최고의 민족지도자였다.

우리는 일제 강점기는 물론 해방 후부터 오늘에 이르는 동안 숱한 역경을 헤쳐 나오면서 수많은 선열들이 겨레와 나라를 위해 헌신하고 희생하신 일을 기억하고 추모해야 마땅하다. 그러나 안창호 선생은 단지 과거의 인물에 그치지 않고 현재와 미래의 인물이기도 하기에 각별한 느낌으로 다가온다.

21세기 글로벌 시대의 한민족은 현재 남쪽에 5,100만, 북쪽에 2,500만, 그 밖의 세계 각지에 800만이 나뉘어 살고 있다. 대략 8,400만을 헤아리는 한민족은 물론 77억 세계시민의 일원으로서 각자 글로벌시티즌십을 키워가야 한다. 전 인류와 함께 세계 평화와 번영에 관심을 갖고 그를 향한 노력에 적극 동참해야 한다.

그러면서도 우리 한민족으로서의 민족적 정체성을 유지하고 강화시킬 필요가 더욱 절실하다. 우리 인간은 개인적 차원만이 아니고 민족적 차원에서도 자기 정체성을 분명히 자각할 때 아울러 자존감과 긍지가 높아지기 때문이다. 도산 선생은 애기애타愛己愛他를 강조하였는데 개인적으로도 그렇거니와 민족적으로도 자기 민족을 사랑할 때 진정으로 다른 민족도 사랑할 수 있는 법이다.

민족적 정체성은 대개 언어와 역사, 문화, 종교 등이 그 구심점이 된다. 또 하나 강력한 구심력으로 작용할 수 있는 요인은 공통으로 존경할 수 있는 인물이라 할 수 있다. 그런 자격이 있는 인물은 어떤 조건을 갖춰야 할까. 우선적으로는 훌륭한 인격과 탁월한 업적이 중요하다. 거기에 더하여 오늘의 상황에서 우리에게는 남과 북은 물론 재외동포들까지 아울러 함께 존경할 수 있는 인물이 필요하다.

도산 안창호 선생이야 말로 그런 여망에 완벽하게 부응할 수 있는 인물이라고 생각된다. 인격 면에서 선생은 그야말로 한 가지도 흠잡을 수 없는 고결한 삶을 살았다고 그를 접했던 사람들은 한결같이 증언한다. 정직과 진실 그리고 헌신봉사의 생애는 도덕적으로 그 누구도 따르기 어려운 지도자의 모범이었다. 우리 민족사에 끼친 공헌도 비단 독립운동에 그치지 않는다. 그는 만년에 스스로 대공주의大公主義로 이름 지은 위대한 사상적 유산을 남겨 주었다. 정의와 평화를 지향하는 사람이라면 우리 한민족은 물론 세계 시민들 모두가 점차 그의 이상에 공감할 것이라 믿는다.

또 하나 그에게서 주목되는 점은 나라를 찾기 위해 국내는 물론 미국, 중국, 만주, 시베리아, 일본, 유럽, 멕시코, 쿠바, 필리핀, 호주 등 세계 각지를 다니며 흩어져 살고 있는 재외 동포들을 일깨우고 결집하여 독립운동에 기여하게 한 사실이다. 오늘날 세계 각지에 나가 삶의 터전을 확대하고 있는 재외 동포들에게 그는 이미 한 세기 전 동포들을 품고 지도한 인물이기도 했음이 확실하게 각인되어 있다.

도산 안창호 선생은 단지 우리가 지나간 민족지도자의 한 분으로 추앙하고 그칠 인물이 아니다. 21세기 글로벌 시대 남북은 물론 재외 동포까지 다 아우를 수 있는 글로벌코리언의 선각적 지도자로 내세우고 힘써 교육할 자랑스런 인물임을 특히 자라나는 청소년 세대에게 잘 가르칠 필요가 있다.

(재외동포재단 회보. 2020.3.)

VI.　　장리욱이 본 도산 안창호
『도산의 인격과 생애』를 중심으로

1. 장리욱과 도산

　장리욱(1895~1983)의 88년 생애에서 그가 도산 안창호(1878~1938)를 알게 되고 두 차례 4년 여에 걸쳐 직접 접촉하며 교분을 갖게 된 것은 매우 중요한 사실 가운데 하나였다. 그는 75세 되던 1970년에 쓴 『도산의 인격과 생애』라는 소책자의 머리말에서 다음과 같이 말한 바 있다.

　"나는 도산의 일생 행로 몇몇 대목에 걸쳐서 그를 가장 가깝게 모시고 지낼 수 있는 귀한 인연을 가졌다. 특히 그가 마지막으로 미국에 체류하는 기간(1925~1926)과 그 후 대전 감옥에서 출감해서 1938년 봄 별세하기까지의 사이는 그렇게 할 수 있는 보다 더 좋은 기회이기도 했다. 나는 당시에 도산이 민족과 사회, 또 접촉하는 모든 인간에 대하여

갖는 그 성실한 자세, 또 인간 문제에 관련된 대소 모든 사물을 다루는
데서 나타내 보인 그 예지와 수법에 대하여 깊은 감명을 받았다. 그 인
격의 위대성과 그의 생애가 언제나 늘 보다 높은 차원에서 움직이고 있
다는 것을 체험했다."[1]

위에서 그가 말한 도산이 마지막으로 미국에 체류하던 1925년~26년
의 1년 여에 걸친 교류는 특히 갓 30대 초의 그에게는 상당히 감동적인
체험이었던 것으로 보인다. 막 듀북대학을 졸업하고 콜롬비아대학의 사
범대학원 진학을 모색하던 그는 도산의 간곡한 권유에 따라 학업 계획을
변경하기까지에 이른다.

이에 앞서 장리욱이 도산을 처음 만난 것은 유학을 위해 미국에 도착한
직후인 1916년 12월 말로 그의 나이 만 21세 때였다.

"로스앤젤레스에서 며칠 간 머무르는 동안 먼저 도산 안창호 선생을 찾
아뵈었다. 그분의 말씀도 듣고 저녁 식사에도 초대되었는데, 이 〈만남〉은
내 평생을 통하여 줄곧 깊은 영향을 끼쳐 주었다."[2]

그 후 도산이 3·1운동으로 중국에 가서 활동하다가 세 번째로 미국에
오자 7년 만에 시카고에서 그를 다시 만나 대학원 진학 계획을 일단 보류

---

1   장리욱, 『도산의 인격과 생애』, p.9, 1970년 초판 발행. 여기서는 흥사단출판부에서 펴낸
    2010년 판을 사용하여 쪽수를 밝힌다.
2   장리욱, 『나의 회고록』, 샘터, 1975, p.57.

할 수밖에 없게 된 것이다. 도산이 장리욱에게 함께 캘리포니아로 가서 다시 흥사단 일을 도와달라고 요청했기 때문이었다. 장리욱은 이미 듀북 대학 재학 중에도 흥사단 이사장 송종익의 요청으로 2년간 휴학하고 1년 반 가량 흥사단 일을 맡아 한 바 있었으니 이번에 도산에게서 두 번째로 또 일해 달라는 요청을 받은 셈이었다.

장리욱은 저간의 사정을 다음과 같이 회고하였다.

"이제 다시 학업을 중단하고 흥사단 일을 보게 된다면 나의 해외 생활과 수학 연한이 그만큼 늦어질 것이다. 더구나 나는 그 가을에 콜롬비아로 가서 계속 공부하기로 계획하고 있던 처지가 아니었던가. 물론 도산은 이런 나의 사정을 모르지 않았다. 그러면서도 그는 '장군이 한 번 더 수고를 해야 돼' 하면서 나의 결의를 재촉하는 것이었다. 나는 그때 별달리 생각하고 느낀 바가 있어서 마침내 도산을 따라 나설 것을 작정했다.

나는 그때 적은 힘이나마 흥사단에 도움이 되어야겠다는 생각도 있었지만 한편으로는 도산을 모시고 가까이 지낼 수 있다는 사실에 보다 더 큰 의의를 느낀 것이다. 대학은 대학으로서 나에게 학문적으로 무엇을 주겠지만 도산은 남달리 타고난 그 예지와 파란만장한 경험의 진수를 생활을 통해 가르쳐 줄 것이라고 나는 믿었던 것이다."[3]

---

3 『나의 회고록』, pp.90-91.

어렵게 듀북대학에서의 학업을 마치고 이제 다시 본격적으로 콜롬비아대학원에서 존듀이의 교육학을 배우려는 열망에 차 있던 30세의 엘리트 청년 장리욱이 '별달리 생각하고 느낀 바가 있어' 도산의 권유를 받아들인 이유는 이처럼 정규 학업보다 도산과의 직접 접촉을 통해 더 귀한 교훈을 배울 수 있으리라는 기대 때문이었다.

그로부터 1년 여 후 도산이 다시 중국으로 떠날 때까지 그를 직접 모신 장리욱은 다음과 같이 당시를 돌아보았다.

"마침내 나는 로스앤젤레스를 떠나 뉴욕으로 가야할 때가 왔다. 로스앤젤레스에 온 지 14개월 만이었다. 그 기간은 결코 짧다고 말할 수는 없을 것이다. 그러나 나는 그동안 홍사단 일을 도우며 다른 한편으로는 도산을 가까이 모시면서 그의 생활철학을 배울 수 있었다. 그것은 결코 무엇과도 바꿀 수 없는 값진 것이었다."[4]

또 다시 10여 년이 흐른 뒤, 그의 40대 전반에는 도산이 1932년 윤봉길 의거의 여파로 일제에 납치되어 국내로 끌려와 수감되었다가 대전 감옥에서 가출옥해 나온 1935년부터 동우회사건 조작으로 다시 검거된 후 옥고로 1938년 사망하기까지의 3년 여 동안 직접 접촉하였다. 군국주의 일제의 침략이 절정에 이른 엄혹한 상황에서 도산이 저들에 어떤 생각과 자세로 의연하게 대처했는가를 가까이서 지켜볼 수 있었던 것이다.

---

4   『나의 회고록』, p.100.

그러면 과연 장리욱은 도산에게서 무엇을 보고 배웠을까?

2. 장리욱이 본 도산—지성인, 초지성인

1) 지성인 도산

앞서 말했듯이 그는 1970년에 『도산의 인격과 생애』라는 작은 책을 써서 그가 직접 본 도산에 관해 상세히 증언했다. 여기서 그는 도산의 특징을 다음 세 가지 요소로 집약하였다.

"내가 믿는 한 도산의 전 생애는 남달리 두드러지게 타고 난 세 가지 성격이 아름다운 균형을 이루면서 작용하는데서 나타난 것이다. 그것은 다름 아닌 그의 진실성, 이지성, 또 애인성이다."[5]

즉 그는 도산에게서 진실성眞實性과 이지성理智性과 애인성愛人性의 세 가지를 특징적으로 보고 느꼈던 것이다.

그런데 도산이 진실과 사랑을 중요시하고 강조하며 몸소 실천했다는 사실은 이미 널리 알려진 사실이었다. 해방 직후인 1947년 국내에서 최초의 도산 전기인 『도산 안창호』를 쓴 춘원 이광수가 집중적으로 그려낸

5　『도산의 인격과 생애』, p.189.

도산상이었기 때문이다. 춘원의 도산관은 그 뒤 1963년에 『안도산전서』
를 쓴 주요한에게도 기본적으로 계승되며 장리욱을 거쳐 안병욱의 『민족
의 스승 도산 안창호』 등에 의해서도 그대로 이어진다. 이는 도산의 실제
면모가 그러했기 때문에 아주 당연한 일이었다. 그 점에서 장리욱이 도산
의 특성으로 진실성과 애인성을 강조한 것은 이들과 다른 특별한 관점을
제시했다고 말하기는 어렵다. 오히려 여기서 주목되는 것은 장리욱이 도
산의 가장 두드러진 요소로 이지성을 각별히 강조하고 있다는 점이다.

"오늘 도산을 사모하고 존경하는 많은 국민들은 그가 뛰어난 독립운동
지도자요, 교육가라는 것을 잘 알고 있다. 또 그의 진실성과 지조와 희
생과 지도력을 높이 찬양한다. 그러나 그의 인격에서 다른 어느 면과
마찬가지로 중대한 일면인 그의 이지성에 대해서 깊이 또 널리 이해되
지 않고 있는 듯이 살펴진다. 이것은 그가 어느 대학을 졸업했거나 또
어떤 학위를 갖고 있지 못한데 기인된 사실인지 모른다.

그러나 가령 도산이 다른 독립운동 지도자에 비겨 어떤 다른 점이 있
다고 하면, 이는 그가 독립운동을 위한 근본적 프로그램을 마련했다는
데 있는 것이라고 말할 수 있다. 그런데 이 프로그램은 철두철미 하게
논리적인 것이다. 그는 귀납적으로 또 연역적으로 모든 사물을 추리해
보는 것이었다.

우리나라는 독립국인데 어째서 외국 군대가 제멋대로 이 땅에 횡행
하는가. 아직 10대 청년인 그의 머릿속에 이런 문제가 떠올랐다. 이것
은 힘이 부족하기 때문이라고 추리했다. 그러면 진정한 독립을 유지하

기 위해서는 힘을 길러야 한다고 결론했다. 그리고 그는 다시 무엇이 한 나라의 힘이 될 것이냐고 이것을 분석했고 또 거기에 처해서 그 운동방법을 마련한 것이다."[6]

같은 맥락에서 장리욱은 다시 도산의 지성적 측면을 다음과 같이 강조한다.

"내가 믿는 한, 근대 한국사에 있어서 우리 민족문제와 사회문제를 현대의 과학적 방법으로 다루어 보기는 도산이 그 처음이 아닌가 한다."[7]

"…그러나 도산에게는 우리 국민이 이 이상 좀 더 깊이 알고, 또 이해하여야 할 면이 있다. 이것은 다름 아닌 그의 논리 정연한 계획성-기본적 민족 역량을 배양, 또 축적하는 것을 골자로 삼은 계획성-을 보이는 면이다."[8]

이처럼 장리욱은 도산의 가장 큰 특징을 합리성과 논리성에 입각한 이지적 지성인이라는 데서 찾았고 그래서 그가 주로 비분강개의 격정과 투쟁 일변도의 다른 지도자들과 달리 〈독립운동을 위한 근본적 프로그램〉을 갖게 되었다고 보았다.

---

6 『도산의 인격과 생애』, p.190.
7 『도산의 인격과 생애』, p.16.
8 『도산의 인격과 생애』, p.17.

그러면서 또 장리욱은 도산은 고도의 지성인이면서 동시에 지성을 뛰어넘은 초지성인이기도 했다고 말한다. 이 점은 얼핏 모순적이면서도 한국근대 지성인들이 처했던 시대적 딜레마를 상징적으로 말해주는 표현으로 이해된다. 합리적 근대성과 민족적 자주성을 동시에 추구해야 했던 우리 근현대사에서 합리적 근대 지성은 분명히 중요한 가치였지만 경험적으로 그것은 또 강력한 외세 앞에 너무도 취약한 모습을 보여준 것이 사실이었다. 이른바 신지식인들 가운데 수많은 사람들이 제국주의의 압도적인 힘에 좌절하여 반민족의 길로 함몰되어 갔기 때문이다. 나름대로 높은 학력과 지식을 가진 대부분의 근대 지식인들이 외세와 민족 간 힘의 격차라는 현상에 절망해 친일로 빠져 들었던 것이다. 장리욱 자신을 포함해 도산을 따랐던 동우회 인물들조차도 대부분 그러했다.

도산은 이들과 어떻게 달랐기에 끝까지 민족적 대의와 지조를 지킬 수 있었는가. 이에 대한 답을 찾는 것은 장리욱 자신에게도 절실하게 아픈 반성이자 내면적 참회의 과정에서 반드시 필요한 통과 절차였다고 볼 수 있다.

"도산은 일본의 국력이 거대해진 사실을 부인하지 않았다. 또 일본이 조선 민족을 영구히 통치하려는 야심이 정책의 일단으로 되어 있다는 것을 모른다고 하지도 않았다. 도산은 이 현존한 사실을 일일이 인정하고 시인했다. 그러나 '한 민족의 운명은 그렇게 간단하게 결정되고 마는 것이라고 나는 믿지 않소'. 우리 민족문제에 대해서 나는 비관을 갖지 않소"[9]

일제와 친일파들의 협박과 회유에 대한 위와 같은 도산의 응답은 얼른 보아 매우 비현실적이고 비합리적이라고도 말할 수 있을 것이다. 그러면 가장 이지적이고 합리적인 지성인 도산에게 이는 또 어떻게 해석될 수 있을까.

장리욱은 이를 다음과 같이 설명하였다.

"나는 이 점에 대해서, 이때 도산의 가슴 속에서는 보통 지성을 초월한 보다 높은 차원의 지성이 작용되고 있었다는 것을 믿고자 한다. 이것은 누구의 가슴 속에서라도 지극한 정성과 성의와 사랑이 가득 차 있을 경우 어느 정도 자연스럽게 떠오르는 혜지慧智라고 생각한다. 칸트가 말한 선험인식이라는 것이 곧 그것일는지도 모른다. 조선 민족에 대한 지극한 사랑이 그로 하여금 이런 혜지를 갖게 한 것이라고 믿는다.

도산이 만일 지성의 도산이 아니었다면 그저 비분강개한 애국자로서 그 일생을 마쳤을지도 모른다. 또 되건 아니 되건 그저 명분과 의리에 몰린 독립운동으로 한평생을 보냈을지도 모른다. 물론 감상적 애국자도 좋고 또 의분에 사무친 독립운동도 귀하다. 그러나 도산의 지성은 민족을 위한 사업이 여기서 끝나는 것을 용납하지 않았다. 원대한 독립운동의 방략을 세워야 했고 또 민성 개혁을 위한 흥사단운동을 일으켜야 했던 것이다.

---

9 『도산의 인격과 생애』, p.23.

도산이 만일 초지성적 도산이 아니었다면 옥사를 면했을는지도 모른다. 도산이 만일 많은 다른 사람과 마찬가지로 숫자와 현실에 아주 사로 잡혀 버렸더라면 그도 또 누구나 마찬가지로 영리할 수 있었다. 즉 요령 있게 일신의 안일을 가질 수 있었던 것이다."[10]

요컨대 장리욱은 도산이 고도로 이지적이고 합리적인 사고를 하는 근대 지성이었지만 동시에 특수한 시대상황에서 끝까지 그 한계에 사로잡히지 않은 초지성적 인물이기도 했다고 말하고 있는 것이다. 실제로 제국주의 시기 우리 역사에서 많은 근대 지식인들이 그 합리성의 한계를 극복하지 못한 채 압도적 힘의 차이에 좌절하여 반민족 친일의 길로 함몰해 버린 사례가 너무도 많았다.

장리욱 자신도 도산이 최후까지 민족적 지조를 지키다 순국한 직후 그 자신의 본의 여부와는 별개로 동우회원들의 일제에의 집단 전향에 참여한 아픔을 가진 인물이었다. 아마도 이 부분에서 장리욱은 도산이 끝끝내 애국지사로서 지조를 견지할 수 있었던 원동력이 진실로 궁금했을 것이다. 그 결과 그는 합리성으로 표상되는 근대 지성의 한계성을 뼈저리게 느끼면서 도산이 마지막까지 보여준 장엄한 모습을 초지성이라는 말로 표현한 것이라 할 수 있다.

---

10 『도산의 인격과 생애』, pp. 23-24.

3. 장리욱의 도산관 평가

장리욱은 봉건적폐와 제국주의 외세침탈이 동시에 중첩되고 있던 19세기 말에 태어났다. 당시로는 매우 드물게 미국에 유학까지 하여 듀북대학과 콜롬비아대학에서 교육학을 공부한 당대 최고의 지식인 가운데 한사람으로 성장하였다. 31세 되는 1928년 초 일제 강점하의 조국에 귀국하여서는 미국 북장로교단이 설립한 평북 안주의 신성학교 교장을 지냈고, 해방 후에는 서울대 사범대학장 및 총장을 역임했다. 비록 단기간에 끝나고 말았지만 주미대사로 임명되기도 했다. 또 당시 유력한 민간단체였던 흥사단에서도 중요 임원으로 활동했으므로 학력과 사회 경력으로 보아 명실공히 당대 최고의 지식인이자 사회유지의 한사람이었던 것이다. 그런 장리욱이 오히려 최고의 지성인으로 추앙한 도산은 그럼 과연 어떤 인물인가.

도산에 대해서는 보는 이에 따라 크게 대별하면 다음 세 가지 다른 관점이 있다.

먼저, 도산을 우리 근대사의 여러 지도자 가운데 특히 도덕과 윤리적인 측면에서 높은 인격을 지녔던 인물로 평가하는 사람들이 있다. 그 연장선에서 근대적 민중 계몽과 교육 부문에서의 공로가 특별히 부각된다.

또 한편에서는, 독립운동의 실천적 측면에서 그가 보여준 조직 역량과 이론 및 사상 면의 탁월한 업적을 중시하는 사람들도 많다.

이와는 대조적으로, 도산은 일제에 대한 적대의식과 저항투쟁보다 자기반성과 실력양성주의에 치중함으로써 결과적으로 자치운동론자 내지는 민족개량주의자들의 정신적 원조가 되었다는 매우 부정적인 평가까지 혼재한다.

장리욱 역시 그동안 한국사회에서 도산을 바라보는 여러 시각 가운데 중요한 한 부분을 제공한 인물들 가운데 한사람이다. 앞에서 본 것처럼 장리욱의 생애에서는 두 차례에 걸쳐 모두 4년가량 도산 안창호와 가장 가까이 접촉했던 경험이 중요하게 자리 잡고 있었다.

장리욱보다 17년 연상이었던 도산은 독립운동의 최고지도자였으며 한 국민족의 근대적 교화에도 큰 공로를 세운 인물이었다. 그런데 정작 그의 학력은 공식적으로는 특별히 내세울 것이 없었다. 그런 그를 최고 학력을 가진 장리욱은 한국의 최고 지성으로 추앙하였다. 가장 이지적인 인물로 서 사회문제와 민족문제에 관해 가장 합리적이고 근본적인 계획을 가진 인물로 보고 높이 평가했던 것이다. 장리욱은『도산의 인격과 생애』를 통 해 이를 매우 잘 증언해 주었다.

이점에서 그는 기본적으로 이광수, 주요한, 장리욱, 안병욱으로 이어 지는 첫 번째 맥락의 도산관을 가졌다 할 수 있다. 도산의 이지적, 지성적 측면을 강조하고 그에 따라 독립운동의 근본적이면서도 합리적인 계획이 있는 지도자였음을 강조한 것이다.

그러나 장리욱은 동시에 도산의 초지성적 측면을 발견해 강조함으로 써 제국주의가 맹위를 떨치던 엄혹한 시절에 민족지도자로서 끝까지 지 조를 지켜낸 도산의 면모를 설득력 있게 설명해 준 점이 특히 주목된다. 일부 도산을 부정적으로 말하는 사람들이 주로 춘원의 도산관을 기초로 도산을 자치운동론자 내지 민족개량주의자로 폄하하는데 그 논거를 극복할 수 있는 〈지성인 겸 초지성인〉의 관점을 제시했다는 점은 높이 평가할 만하다.

그러면서도 단지 그가 말한 도산의 독립운동을 위한 근본적 프로그램이 정작 무엇이었는지에 대해서 좀 더 구체적인 언급이 있었더라면 하는 아쉬움이 남는다. 도산이 한국민족의 힘의 부족을 자각했고 따라서 그 힘의 배양을 위해 무실역행 충의용감의 정신과 지식, 조직, 금전의 축적을 강조했으며 그래서 흥사단을 만들고 활동하게 했다는 프레임은 독립운동의 최고지도자 도산의 전모를 말해 주기에는 많이 부족하다. 이점에서는 역시 춘원과 주요한 안병욱 등에게서 느끼는 아쉬움과 크게 다르지 않다.

이는 아마도 장리욱의 개인적 특성을 감안해 보아야 하는 게 아닌가 하는 생각이 든다. 그는 기본적으로 교육학자였으며 교육행정가였다. 도산에게 그런 장리욱은 아마도 독립운동 과정에서의 투쟁의 동지라기보다는 독립 후 국가운영에 필요한 미래의 인재로 보지 않았을까 생각된다. 특히 장차 교육 분야에서 활약할 중심인물로 생각했음직하다. 대부분의 독립운동 지도자들이 독립운동 과정의 투쟁에 치중하여 매몰되고 있을 때도 도산은 늘 독립 이후까지를 내다보며 독립국가의 운영에 필요한 인재의 필요성을 강조하였던 것이다.

그래서 장리욱에게 독립운동 과정의 구체적인 계획이나 방략에 대해 상의하거나 애써 설명해주지는 않았으리라 추측해 볼 수 있다. 예컨대 신민회운동 당시의 청년시절부터 도산이 일관되게 가졌던 단계별 독립운동방략에 대해서도 장리욱은 구체적으로 언급하지 못하고 있다. 이점은 이광수나 주요한이 그러했듯이 장리욱의 도산관이 갖는 큰 한계라 할 수 있다.

그럼에도 불구하고 그의 도산관이 춘원이나 주요한의 그것과 구분되는 것은 도산을 지성인이자 동시에 초지성인으로 보는 점에 있었다고 생각된다. 생각해 보면 합리적 근대지성이면서 동시에 그 합리성을 넘어서는 초지성이야말로 엄혹했던 한국근대사에서 민족지도자가 아울러 갖추어야할 필수적인 요소였다고 보이기 때문이다. 춘원이 해방 전과 후 그의 정치적 입장과 처지를 무의식적으로라도 합리화하기 위해 도산을 상당 부분 축소하고 왜곡한데 비해 장리욱은 그런 사사로운 의도 없이 순수하게 자신의 안목과 시각에서 도산을 이해하고 표현했기 때문에 가능했다고 본다.

(『100년 전의 꿈 : 다시 읽는 장리욱』, 2022년 발간 예정.)

4부

민족개조론과 흥사단운동

I. 도산 안창호의 개혁사상과
   민족개조론

1. 머리말

도산 안창호(1878-1936)는 한말·일제 시기에 한국의 근대 민족운동을 사상과 실천의 양면에서 이끌었던 지도자였다. 그는 자신이 살던 시대의 각 개인과 그 집합으로서의 민족은 물론이고 사회와 국가 그리고 나아가서는 세계까지도 변화되어야 한다고 보았다. 그는 당대의 모든 것이 변화되고 혁신되어야 한다고 생각했던 개혁사상가였을 뿐 아니라 스스로 이 세상의 모든 것을 변혁하려고 헌신적으로 노력했던 개혁운동가였다.

그는 산이나 강과 같은 자연 환경에서부터, 사람들의 생각과 행동과 습관과 능력, 그리고 사회와 국가의 체제와 내용, 더 나아가서는 침략적이고 불평등한 제국주의적 세계 질서까지도 변혁되어야 한다고 생각했다. 그야말로 모든 것을 총체적으로 변화시키려고 했던 것이다. 이점에서 그는 철저한 이상주의적 개혁론자였다.

그러나 그는 이런 변화들이 결코 쉽사리 또는 일거에 이루어질 수 있다고 생각하지는 않았다. 오히려 근본적이고 총체적인 변화를 추구하는 만큼 장기간의 끊임없는 노력을 통해 점진적으로 이루어질 수밖에 없다고 믿었으며 대부분의 실천운동 과정에서도 그 같은 자세를 견지하였다. 이 점에서 그는 동시에 냉철한 현실주의적 개조론자였다.

이런 양면적 성격을 아울러 고려하면서 그가 가졌던 변화와 혁신을 추구했던 사고의 체계를 표현할 때, 이상적 도달 목표를 중시하는 입장에서는 그것을 개혁사상이라고 말하고 현실적 접근 과정을 중시하는 입장에서는 개조론이라고 말하는 것이 보다 적절하다고 생각한다. 따라서 여기서는 필요에 따라 개혁사상과 개조론을 혼용해 쓰겠지만 주로는 개조론이라는 말을 사용하려고 한다. 그가 부단히 이론적 모색을 계속했던 선각적 사상가였던 것은 분명한 사실이지만 역시 그의 본령은 그것을 현실 속에 실현하려고 직접 노력했던 실천운동에 있었으며 그 과정에서의 지도자적 역할에서 그 진면목이 더 잘 드러났다고 보기 때문이다.

일생을 독립운동에 헌신한 도산의 생애에 대해서는 대개 애국지사의 삶으로 보는데 이견이 없다. 그러나 그의 사상에 대해서는 상이한 평가가 있는데 이는 주로 그의 민족개조론을 어떻게 보는가에 따라 달라진다. 특히 역사학계 일부에서는 그의 민족개조론과 국내 흥사단 조직인 수양동우회 때문에 도산을 식민지 시기 민족개량주의의 배후 인물로 보는 견해가 있다.[1] 이 같은 견해는 지나치게 일제 정보문서에 의존한 탓도 있지만 특히 도산과 춘원의 민족개조론과 그 활동을 동일시한 데서 연유한다. 따

라서 체계적으로 문장화된 춘원의 『민족개조론』과 평생 언행을 통해 조
감되는 도산의 민족개조론을 잘 구분해 보는 안목이 필요하다.[2]

이제 여기서는 먼저 그의 개혁사상 혹은 개조론의 전반에 대해 개략적으
로 살펴본 다음, 주로 그의 민족개조론에 초점을 맞추어 서술하려고 한다.

2. 도산의 4대 개혁사상

도산은 그의 생각을 체계적으로 서술한 학자형 인물은 아니었다. 그러
므로 그의 사상은 문헌자료만으로는 제대로 파악되거나 평가될 수 없다.
따라서 여기저기 흩어져 있는 그의 단편적인 언설들과 함께 평생 동안의
실천 궤적을 종합적으로 고려해야만 개혁운동가로서의 그의 사상은 전
모가 드러난다. 그의 전 생애에 걸친 언행을 조감해 볼 때 그의 개혁사상
혹은 개조론은 그가 변화시키려고 했던 대상의 층위에 따라 크게 네 가
지 범주로 나뉘어 진다. 민족과 사회와 국가와 세계가 각각 그 대상이었
으니, 즉 민족개조론과 사회개조론과 국가개조론과 세계개조론이 그것
이다. 먼저 도산이 가졌던 위의 네 가지 차원에서의 개조론을 개략적으로
살펴보기로 하자.

---

1 강동진, 『일제의 한국침략정책사』, 한길사, 1980.
서중석, 『한국근현대의 민족문제연구』, 지식산업사, 1992.

2 김용달, 「춘원의 『민족개조론』의 비판적 고찰」, 『도산사상연구』 4(도산사상연구회, 1997)
에서는 이런 문제의식이 잘 드러나 있다. 그러나 도산의 민족개조론에 대한 구체적인 내용
전개가 없는 아쉬움이 있다.

1) 민족개조론

도산은 일찍부터 한국 민족 구성원 각 개인의 혁신 그리고 그 집합으로서 민족 전체의 혁신에 관한 다양한 개념과 표어들을 만들어 사용한 바 있다. 신민新民, 자신自新, 자아혁신, 인격혁명, 건전인격, 국민적 자각, 독립 국민의 자격, 민족개조 등의 말들이 그것이었다.[3]

그러면 도산은 당대의 한국 민족이 어떤 문제점을 지녔기에 개인과 민족 전체의 혁신과 혁명 그리고 개조를 외쳤는가. 무엇보다 그것은 자본주의 세계 질서에 편입당한 전혀 새로운 시대 상황에 직면하여 한민족이 자주 독립을 유지할 수 있는 생존과 경쟁의 능력을 결여하고 있다는 점이 문제의 핵심이었다. 따라서 19세기 말 제국주의가 치성하던 시기에 열강들에게 문호를 개방할 수밖에 없었던 한국 민족이 생존권을 확보하고 나아가 그들과 경쟁하면서 발전해 가기 위해서는 스스로 근본적인 변화와 혁신을 이루지 않으면 안 된다고 보았다. 그는 이점을 당대의 그 누구보다 철저히 자각하였던 것이다.

그렇다면 그가 말하는 새 사람이란 과연 어떤 사람이며 옛 사람과는 무엇이 다른가. 그가 말하는 신민新民이란 예전의 군주에 종속된 한갓 백성으로서의 신민臣民이 아니라 새롭게 사회와 국가의 주인임을 자각한

---

3 이런 말들은 그의 강연과 연설 및 그가 작성한 글 속에서 자주 발견된다(주요한, 『안도산전서』 등 참조). 이런 용어들은 단지 관념상의 개념들만이 아니고 그가 한말에 신민회와 청년학우회를 조직하고 일제시기에는 흥사단을 창립하여 민족운동을 전개하는 동안 절실한 필요에서 만들어 사용한 실천적 개념들이었다. 그리고 이는 하나같이 새로운 시대를 맞아 새 사람으로 거듭나야 한다는 뜻을 함축한 말들이었다.

사람들이었다. 곧 신민新民은 신국민新國民을 줄인 말이며 주권 국민國民 바로 그것이었다.

이는 물론 그의 사회개혁사상 국가개혁사상과 밀접히 연결된 생각이었다. 그는 조국이 일제의 보호국으로 전락하였다는 소식을 공립협회를 이끌던 미국에서 접한 뒤 완전 식민지화를 겨냥한 일제의 침략으로부터 나라를 구하는 동시에, 전제군주제의 대한제국大韓帝國을 민주공화제의 대한민국大韓民國으로 일대 변혁하려는 뜻을 품고 동지들을 결집하기 위해 귀국하여 신민회를 결성하였던 것이다.[4]

그러면 그 같이 새로운 국민은 어떻게 만들 수 있을 것인가. 기본적으로 신민이 되는 길은 각 개인이 스스로 자각하는 것이었다. 각 개인이 스스로 자각하여 자기를 혁신하는 것이 가장 확실하며 가장 바람직한 방법이기도 하였다. 그는 이를 자신自新 또는 자아혁신自我革新이라는 말로 표현했다. 그러나 민족 전체가 존망의 기로에 처한 급박한 상황에서 시급히 요청되는 민족의 자각과 혁신을 각 개인들의 자각과 자신에만 맡겨둘 수는 없는 일이었다. 의식적이며 조직적인 노력이 필요하였다.

먼저 각성한 신민들이 단체를 만들어 의식적으로 신민을 창출해 가는 민족개조를 위한 조직체들이 필요하였던 것이다. 그리하여 그가 직접 만든 단체들이 신민회와 청년학우회와 흥사단이었다. 또 대성학교를 비롯한 학교들의 설립도 크게는 같은 뜻이었고 그밖에 각종 계몽 강연이나 언론 활동 역시 결국은 같은 목적에서 나온 것이었다. 즉 도산이 구상했던

---

4   박만규, 「한말 안창호의 신민회 조직과 준비론 주장」, 『용봉논총』 20, 1991.

신민의 창출을 통한 국민 형성의 방안은 기본적으로는 각 개인의 자각과 각성을 촉구하는 대중의 계몽과 교육에 있었다.[5] 그러면서 또 한편으로는 각종 조직과 제도와 시설을 만들고 활용하여 의식적 조직적으로 이를 촉진하는 범사회적 운동 방법을 중요시 했던 것이다.

2) 사회개조론

도산은 일찍부터 한국 사회가 내부적으로 완전히 혁신되어야 한다고 생각하였다. 아마도 그가 20세 전후 독립협회운동에 참여하면서부터 우리 사회의 문제점과 개혁의 방향에 대해 생각하게 되었을 것으로 짐작된다. 그러면 그는 당시의 한국사회가 안고 있는 문제점을 무엇으로 보았는가.

먼저 당시까지 우리나라에는 절대 권력을 가진 국왕 및 관료들의 통치 계급과 그들에 대해 복종의 의무가 있을 뿐인 백성들로 이루어진 지배와 피지배의 일방적 상하 관계만이 존재하고 있었다. 따라서 수평적 관계를 바탕으로 하는 사회라는 말 자체가 엄격히 말하면 성립하기 어려운 상태였다. 그런데 이제 모든 국민이 국가의 주인이 되어야 하는 국민 주권의 새로운 시대를 맞이해야 했다. 모두가 주권자인 국민들로 이루어진 별도의 수평적이고 자율적인 공간 즉 시민사회가 존재하게 되는 것이었다. 도산은 우리 근대 역사에서 이것을 가장 먼저 이해한 사람의 하나였고 그 중요성에 대해서도 철저히 인식하고 있었던 선구적 인물 가운데 한사람

---

5 박만규, 「한말 안창호의 근대국민 형성론과 그 성격」, 『전남사학』 11, 1997.

이었다.[6]

그렇다면 도산이 추구했던 새로운 사회는 구체적으로 어떤 내용과 성격을 가진 사회였는가. 무엇보다 그는 주권을 가진 자유로운 국민들이 시민사회 성립의 기본 조건이라는 사실을 잘 이해하고 있었다. 즉 국민의 자유라는 가치를 충분히 인식하고 있었던 것이다. 따라서 시민사회의 운영에 있어서 가장 중요한 원리가 전 국민의 자유를 바탕으로 하는 민주주의에 있다는 점을 잘 이해하였다.

그밖에도 그는 시민사회의 성립과 운영에서 핵심적인 요소들인 정직과 신용, 여론 및 공론, 법치 원리와 준법정신의 가치 및 그 중요성에 대해서도 누누이 강조한 바 있었다. 시민사회가 성숙한 바탕 위에서 민주적으로 선출된 지도자와 그에게 자발적으로 협력하는 구성원들로 운영되는 사회는 당연히 화기가 넘칠 것이었다. 그가 특별히 유정 有情한 사회라는 말을 만들어 선망하면서 그것을 우리의 미래 지향점으로 제시한 것은 이같은 배경 위에서였다.

그러나 유의할 점은 처음 이처럼 국민의 자유를 강조하던 그가 후일 1920년대 이후 대혁명당운동에 앞장서면서 대공주의를 주창할 무렵에는 사회경제적 평등의 중요성을 아울러 강조하면서 자유와 평등이 적절히 조화된 사회를 지향하는 새로운 비전을 피력하게 되었다는 사실이다.[7]

---

6   장규식, 「도산 안창호의 민족주의와 시민사회론」, 『도산사상연구』 6, 2000.

7   박만규, 「안창호 민족주의에서의 자유주의」, 『한국사학』 17, 1999, p.146.

3) 국가개조론

도산은 일제의 침략 앞에 무기력하게 무너져 갔던 조선왕조와 대한제
국에 대해 매우 비판적 인식을 가졌다. 물론 그가 주로 비판했던 것은 백
성을 중히 여기고 민생을 위한다는 유교정치의 본래 이념이 쇠퇴한 말기
적 정치 사회 상황과 특히 그 지배층들에 대해서였다.

그러나 이때 무엇보다 먼저 필요한 것은 민족 전체의 운명을 파탄으로
몰고 간 조선왕조의 멸망 원인을 바로 진단하는 일이었다. 그것은 근원적
으로 국가의 대다수 구성원들로 하여금 나라를 자기의 것으로 여길 수 없
도록 만든 국가의 기본 틀 자체에서 찾아질 수밖에 없었다. 즉 조선 왕조
가 쇠퇴하고 패망해 간 원인은 절대 권력을 가진 군주와 관리 등 소수의 지
배층이 백성들을 단지 지배와 수탈의 대상으로만 여겼기 때문이었다. 따라
서 절대 다수의 백성들은 국가를 자신의 나라로 생각할 수가 없었으며 대신
국가를 단지 왕실의 소유물에 불과한 것으로 여기게 되었다.[8] 따라서 구
성원의 대부분을 소외시키는 전제군주제 국가는 발전의 동력을 상실할
수밖에 없었으므로 마땅히 혁파되고 변혁되어야만 했다.

그러면 도산은 어떤 새로운 국가를 지향하였는가. 당연히 그것은 모든
국민이 국가의 주인이 되는 국민국가였으며 그 중에서도 가장 선진적인
민주공화제 국가였다. 그래서 그는 한말 신민회운동의 목표를 대한제국
의 수호나 입헌군주제로의 개량이 아닌 민주공화제의 국민국가 수립으로

---

8 박만규, 「한말 안창호의 근대국민형성론과 그 성격」, 『전남사학』 11, 1997, p.436.

설정하였던 것이다.

그러나 물론 당시 한반도의 객관적 상황은 국체 변혁을 위한 내부 정치 혁명이 일차적인 과제가 되기는 어려웠다. 러시아와의 전쟁을 빌미로 대거 상륙한 일본군의 강점 아래 놓여 있는 상태에서 이른바 을사늑약으로 이미 반식민지 보호국체제가 수립되어 있었으며 완전한 식민지화의 길을 밟아가고 있는 중이었기 때문이었다. 따라서 한말 도산의 민주공화국 수립을 위한 혁명운동 구상은 일제로부터의 국권수호운동 혹은 민족독립운동과 병행되어야만 했다. 완전한 국민국가로서의 공화국 건설은 민족의 자주독립을 전제로 해서만 가능하기 때문이었다. 어쨌든 후일 도산이 대한민국임시정부의 내무총장에 취임하면서 피력한, "한반도 위에 문명 부강한 모범적 공화국을 세워 항구적 세계평화에 기여하는 것"[9]이야 말로 그의 국가개조론의 궁극적 이상이었다.

4) 세계개조론

도산은 19세기말에서 20세기 전반에 걸쳐 자신이 살던 시대를 약육강식의 제국주의 시대로 인식하였다.[10] 그것은 자기의 이익을 위하여 타인의 이익을 침해하는 이기주의의 시대이며 힘으로 이를 관철하려는 폭력과 야만의 시대이기도 하였다. 이는 애기애타愛己愛他의 정신을 강조하

9　주요한, 『증보판 안도산 전서』, p.627.

10　이 시기 그의 연설문 곳곳에서 우리는 힘의 유무와 강약에 따른 우승열패의 비정하고 급박한 국제 정세를 경고하면서 실력배양과 독립전쟁준비를 극력 강조하고 있음을 볼 수 있다.

고 문명과 평화의 세계를 지향하였던 그의 가치관과는 전적으로 배치되는 상황이었다. 무엇보다도 그가 사랑하는 삼천리 대한 강산과 이천만 대한 민족을 유린하고 있는 냉혹한 현실의 배경이기도 하였다. 따라서 그에게 당시의 제국주의적 세계 질서는 혁파와 변혁의 대상이 아닐 수 없었다.

일찍이 한말 신민회운동 당시 이등박문과의 회견에서 도산은 한국, 중국, 일본의 동양3국 제휴론을 피력한 바 있었다.[11] 그러나 그의 제안은 당시 일본이 유포하던 일본을 맹주로 하는 침략적 동양주의와는 근본적으로 성격을 달리 하였다. 그의 동양삼국제휴론은 한국과 중국과 일본이 각기 상호 주권을 존중하는 가운데 진정한 친선의 바탕 위에서 자발적인 협력을 통해 공존공영함으로써 서구 열강의 침략을 막아내자는 것이었다. 이는 물론 그 실현 가능성을 믿어서가 아니라 이토를 상대로 일제의 한반도 지배 야욕을 명확히 간파하고 이른바 도산내각설을 미끼로 자신을 침략의 앞잡이로 이용하려는 데 대해 이를 거부하기 위한 명분이었다.

어쨌든 그는 세계 전체가 항구적 평화를 누리기 위해서는 동아시아의 평화가 전제되어야 하고 동아시아의 평화를 위해서는 한국의 자주독립이 선행되어야 한다는 분명한 논리를 갖고 있었다. 역시 그가 임시정부의 내무총장에 취임하면서, "우리가 신공화국을 건설하는 날이 동양 평화가 견고하여 지는 날이요, 동양 평화가 있어야 세계 평화가 있겠소."[12] 라고 한 말은 그 단적인 표현이었다.

---

11   주요한, 위의 책, pp.90-92.
12   주요한, 위의 책, p.628.

또 후일 그가 좌우합작의 대독립당운동을 추진하면서 대공주의를 정립하고 이를 중국 내 최초의 한인 민족주의 정당인 한국독립당의 강령에 반영하면서, "정치, 경제, 교육의 균등을 기초로 한 신민주국을 건설하여, 안으로는 국민 각자의 균등 생활을 확보하며, 밖으로는 민족과 민족 국가와 국가 간의 평등을 실현하고, 나아가 세계일가世界一家의 진로로 향한다."라고 한다던가, "국제평등과 세계공영의 도모"라는 표현들은 모두 그의 궁극적 이상을 나타내는 말이었다.[13] 그러나 물론 제국주의가 횡행하던 시대에 성립된 이러한 항구적 세계평화의 이상은 자기 나라의 주권마저 상실당한 한 약소민족의 지도자의 힘만으로는 아직 본격적인 실행에 옮겨지기 어려웠다.

3. 민족개조론과 그 실천운동

위에서 살펴본 것처럼 도산은 자기 시대의 민족과 사회와 국가 그리고 나아가서는 세계까지도 근본적이고 총체적으로 변화시켜야 한다고 생각하였다. 그래서 그는 그의 전 생애를 통해 혁명과 혁신 그리고 개혁과 개조를 부르짖었던 것이다.

그런데 도산은 한갓 몽상적 이상주의자가 아니라 매우 현실적인 실천운동가였다. 그는 그의 변혁사상을 단지 사상과 이론으로서만 피력했던

---

13 박만규, 「도산 안창호의 대공주의에 대한 일고찰」, 『한국사론』 26, pp.224-225.

것이 아니고 구체적 실천운동으로 승화시키고 있었다. 따라서 그것은 상황과 여건에 따라 필연적으로 선택과 집중이 요청되었고 단계적으로 추진될 수밖에 없었다. 그래서 그의 4대 개혁사상 가운데서도 가장 기초가 되고 근본이 되는 한국 민족의 개혁과 혁신이라는 과제 그것에 큰 비중이 실리게 되었다.

그런데 민족 전체의 혁신이라는 과제는 도달하고자 하는 목표와 내용 그 자체는 참으로 원대하고 혁명적인 의미를 담고 있는 것이었지만 구체적 실천 과정에 들어가면 그것은 어디까지나 장기간에 걸쳐 점진적으로 추진될 수밖에 없는 일이었다. 따라서 한국 민족의 혁신이라는 대과제는 단기간의 혁명이나 개혁이라는 말보다는 장기간의 점진적 개조로 말해질 수밖에 없는 성격의 것이었다.

어쨌든 우리가 도산의 민족개조론에 대해 논의하려 할 때는 그것이 단지 하나의 사상이나 주장에 그치지 않고 그의 일생에 걸친 실천 활동과 긴밀히 연관되어 있다는 점을 무엇보다 주목해야 한다. 따라서 그의 말이나 글에 담겨있는 생각을 파악하는 것은 기본이지만 구체적 실천 활동까지를 살펴서 그 진의를 총체적으로 조감할 필요가 있는 것이다.

1) 한말의 민족개조운동

크게 보면 도산의 민족개조 사업의 원류는 1899년 그가 고향에 점진학교를 설립하고 운영한 데서부터 찾을 수 있다고 본다. 약 2년간에 걸쳐 독립협회운동에 열성적으로 참여했던 그가 독립협회의 개혁운동이 실패로 돌아간 뒤 낙향하여 곧바로 교육운동에 착수한 것이었다. 격렬한 정치개혁운동이자 사회개혁운동이었던 독립협회운동이 좌절된 후 당시로서는 불가피한 상황이기도 했지만 그가 이제 교육을 통해 그의 포부를 펼치려 했던 것으로 볼 수 있다.

이때 무엇보다 주목되는 사실은 만 21세의 청년에 불과했던 그가 점진 漸進이라는 용어를 써서 교명으로까지 채택했다는 점이다.[14] 이는 이미 그가 사람의 변화와 발전을 이끌어내는 일인 교육은 일거에 급속히 달성되는 성질의 일이 아니고 점진적으로 이루어지는 것임을 잘 알고 있었음을 말한다고 하겠다.

점진이라는 말의 의미는 흔히 급진의 반대로서 단지 천천히 나아간다는 것으로만 이해하기 쉽다. 그러나 이때 도산이 의도했던 점진의 진정한 의미는 "서두르지 않고 조금씩 나아가되 쉬지 않고 꾸준히 나아 간다." 는 것이었다. 어쨌든 그가 인간의 변화와 발전 그것도 총체적이고 근본적인 변화와 발전은 장기간에 걸쳐 점진적으로 이루어진다는 사실을 이미 알고 있었음을 짐작하게 하는 것이다. 왜냐하면 현대의 인간 발달에 관한 대부분의 이론들이 말하고 있듯이 인간의 변화는 몇 개의 단계를 거쳐서 이루어지기 때문이다.

즉 인간의 변화란 구체적으로 성격의 변화를 통해 나타나는데 성격의 변화는 또한 습관의 변화를 통해 이루어지며 습관의 변화는 행동의 변화

---

14 그는 점진이라는 교명을 짓고, "점진 점진 점진 기쁜 마음과, 점진 점진 점진 기쁜 노래로, 학과를 전무하되 낙심말고 하겠다 하세 우리 직무를 다." 라는 가사의 교가를 지었다. 주요한, 위의 책, p.57.

가 거듭되면서 오게 되며 행동의 변화는 생각의 변화를 거쳐서 나타나는 것이었다. 말하자면 그는, 생각의 변화→행동의 변화→습관의 변화→성격의 변화라는 인간 변화의 메커니즘을 이해하고 있었던 것이다.[15]

물론 이때 인간의 변화와 발전에 대한 도산의 이해는 정황으로 볼 때 아마도 어떤 이론적 학습을 통해서가 아니라 그 스스로가 선험적으로 이해했던 것이라 생각된다. 따라서 그는 격변기에 처한 한국민족 전체의 일대 혁신이라는 혁명적 과제를 추진하면서도 어디까지나 그것은 점진적 개조의 방법으로 접근해야 한다는 것을 잘 알고 있었던 것이다. 그래서 도산에게 있어서 민족개조의 구체적 방안은 우선 민족 구성원 각 개인들로 하여금 자각에 의한 생각의 변화를 촉구하는 것이었고 행동의 변화를 초래하는 것이었고 습관의 변화를 유도하는 것이었고 최종적으로는 성격의 변화를 이루어 내도록 하는 것이었다.

고향에서 3년간 점진학교 운영과 하천 매립 등에 매진하던 그는 1902년 24세의 나이에 갓 결혼한 부인 안혜련을 대동하고 도미 유학의 길을 떠났다. 그는 특히 교육학을 공부할 계획이었다. 그러나 미국 도착 직후 현지에서 본 교민들의 참상 때문에 학업을 미루고 그들에 대한 지도에 뛰어들지 않을 수 없었다.

헌신적 자세와 솔선수범의 지도력을 밑바탕으로 한인친목회와 공립협회를 창립해 초창기의 미국 교민사회에서 최고지도자로 성장한 도산은

---

15 이런 인식이 바탕이 되어 그가 후에 민족개조를 말하면서 특히 습관의 개조를 강조하게 되었던 것이라 볼 수 있다.

그곳에서 을사조약 강제 체결의 소식을 듣게 되었다. 측근 동지들에게 신민회 결성의 구국운동 방략을 설명하여 동의를 얻은 그는 공립협회의 국내 파견원 자격으로 귀국하게 되었다. 일본을 거쳐 1907년 2월 국내로 돌아와 신민회 결성을 추진하게 된 도산은 미리 준비해 온 취지서에 다음과 같은 내용을 담았다.

"우리가 이전에 스스로 혁신 自新하지 못하여 오늘 이런 곤경에 처하였으나 지금부터라도 스스로 혁신할 수만 있다면 장래에는 반드시 좋은 결과를 볼 수 있을 것이다. 따라서 오늘 당장 우리가 애국하는 길은 오로지 우리 스스로를 혁신하는 일일 뿐이다."[16]

이는 전 국민의 자신 自新, 즉 스스로의 자각에 의한 혁신을 촉구한 것이었다.

그러나 동시에 도산은 이 같은 국민 각자의 자기 혁신을 촉진하기 위한 의식적이요 조직적인 노력의 필요성 또한 절실히 느끼고 있었다. 신민회를 만든 가장 일차적인 목적도 그것이었다. 그래서 신민회는 먼저 자각한 신민들이 우선 결집한 단체였다. 신민회에 먼저 모인 선각한 신민들이 널리 대중들을 계몽하고 각성시켜 새로운 신민들을 창출하고 다시 또 그들과 연합하여 근대 시민사회를 형성하고 마침내 새로운 민주공화국을 수립하는 것이 그 설립의 최종 목적이었다.

---

16 국사편찬위원회, 『한국독립운동사』 1, 1968, p.1024.

『신민회통용장정』의 목적 조항은 다음과 같았다.

"본 회의 목적은 우리 한국의 부패한 사상과 습관을 혁신하여 국민을
유신케 하며, 쇠퇴한 교육과 산업을 개량하여 사업을 유신케 하며, 유
신한 국민이 통일 연합하여 유신한 자유문명국을 성립케 함."[17]

신민회는 선각한 신민들이 결집한 단체로서 먼저 대중들에게 계몽과
교육을 통해 그리고 각 방면에서 솔선수범의 모범을 보임으로써 널리 더
많은 신민들을 창출하려고 했다. 다음으로는 그렇게 하여 새로이 창출된
신민들까지 광범하게 조직화하여 사회와 국가를 혁신함으로써 신민의 창
출이 자율적, 지속적으로 이루어질 수 있는 사회적, 국가적 체제까지 구
축하는 것이 목적이었다. 즉 도산은 신민회의 결성을 통해, (1) 선각한 신
민의 결집, (2) 새로운 신민의 대대적 창출과 조직화, (3) 신사회 신국가
의 수립이라는 원대한 구상을 펼치려고 했던 것이다.

그런데 도산은 한말에 신민회와는 별도의 단체로 다시 청년학우회를
조직하였다. 신민회는 물론 일차적으로는 신국민 창출이라는 그의 민족
개조의 구상을 실현하기 위한 조직의 역할도 수행했지만 사회개혁 국가
개혁의 과제까지를 담당한 정치조직의 성격이 더 강한 비밀결사였다. 따
라서 인격 형성과 체력 단련 그리고 지식 획득의 관점에서 매우 중요한
시기를 맞고 있는 청소년층을 대상으로 하여 주로 민족개조의 과제만을

17 국사편찬위원회, 위의 책, p. 1028.

전담하면서 공개적으로 활동할 수 있는 별도의 조직이 필요했기 때문이었다.

청년학우회의 총무로 일했던 육당 최남선에 의하면, 일찍이 한말에 신민회운동을 전개하던 도산이 청년학우회의 취지서를 작성해 보라고 권하면서 다음과 같은 요지의 설명을 해주었다고 한다.

"우리 국가와 민족이 이렇게 쇠망한 근본적 이유는 진실한 국민적 자각, 민족적 자각, 역사적 자각, 사회적 자각을 못 가진 데 있다. 배일운동이 있기는 하지만 그 중에는 그냥 비분강개에 그치는 수가 많고 믿을 만한 책임심이 결여되어 있다. 그러므로 우리가 하는 청년운동(국민운동)은 어디까지나 진실을 숭상하여야 한다. 언론보다도 실행을, 형용보다도 내용을 존중해야 한다. 그것이 무실 역행이다. 이상과 목적을 책임있게 실행할 능력도 기르고 정신도 기르자."[18]

위의 증언 역시 도산이 국민 각자의 자각과 각성에 기초하여 이를 행동에 옮김으로써 진실성과 책임감과 능력을 갖춘 근대 민족으로의 변화를 의도하고 있었음을 말해 주고 있다. 이때 도산이 말한 국민적 자각, 민족적 자각, 역사적 자각, 사회적 자각의 결여란 바로 지배층과 피지배층을 막론하고 시대의 변화에 따른 국가와 민족의 위기 상황을 올바로 인식하지 못하고 따라서 그에 대처할 수 있는 전 민족적 역량을 기르는 데 실패

[18] 주요한, 『수정판 안도산전서』, p.127.

하였음을 지적한 것이었다. 따라서 지금이라도 선각자들이 앞장서 국민 각자의 깊은 각성과 그에 바탕을 둔 실천적 대응 노력을 촉구할 필요가 있음을 말한 것이었다.

한말 민족개조론의 실천 과정에서 보면 도산이 직접 평양에 설립한 대성학교 역시 또 하나의 중요한 사례였다.[19] 학교라는 제도와 시설을 가장 적극적으로 활용하여 청소년들로 하여금 건전한 인격과 강인한 체력과 각 분야의 근대적 지식을 획득하게 하는 모범을 보여 주었기 때문이다. 그는 자신이 직접 설립하고 운영한 대성학교가 동지들과 뜻있는 유지 인사들에게 모범 사례가 되어 학교 교육을 통한 민족개조운동이 전국적으로 확산되기를 바랐던 것이다.

그밖에도 그가 신민회 동지들과 함께 전개한 모든 활동들 역시 다 민족개조운동과도 연관된 것이었다. 각종 언론 출판 활동, 강연과 연설, 학회 및 단체 활동이 모두 신민의 창출을 위한 것이었고 시민과 국민을 형성하기 위한 목적과 결부되어 있었던 것이다. 이들은 물론 또 그 상위의 신사회 신국가 수립운동과 연결되는 것이기도 하였다.

2) 일제 시기의 민족개조운동

하지만 한말 도산의 총체적 개혁구상과 구국운동은 미처 그 결실을 맺기 전에 나라 전체가 식민지화의 비운에 빠짐으로써 중단되지 않을 수 없

---

19 박만규, 「한말 안창호의 근대국민 형성론과 그 성격」, 『전남사학』 11, pp.449-452.

었고 그 자신은 국외를 전전해야 하는 망명객의 처지가 되었다. 국외 탈출 전 신민회 동지들과의 약속에 따라 만주와 연해주 일대의 원동에 근거지를 건설하여 장기적인 독립운동의 기반을 세우고자 했던 그는 정작 현지에서 일부 동지들이 처음 약속과 달리 이견을 내세움에 따라 가족과 측근 동지들이 있는 미국으로 돌아갈 수밖에 없었다.

미국에서 도산은 당시 국외에 살고 있던 교민들을 총 결집하기 위해 교민 자치단체인 대한인국민회를 지도하고 발전시키는 일에 헌신하는 한편, 언제나 그가 민족운동의 가장 기초적인 일로 여겼던 민족개조 사업을 다시 실행하기 위해 1913년 흥사단을 창설하였다. 흥사단은 한말에 국내에서 시도하였던 청년학우회의 취지를 계승한 단체로서 그가 직접 작성한 약법의 목적은 다음과 같았다.

"본 단의 목적은 무실역행으로 생명을 삼는 충의남녀를 단합하여, 정의를 돈수하며 덕체지 삼육을 동맹 수련하여, 건전한 인격을 지으며 신성한 단체를 이루어 민족전도대업의 기초를 준비함."[20]

흥사단운동은 상대적으로 교민 수가 희소한 미국에서, 그것도 미처 생활 기반을 제대로 갖추지 못한 열악한 형편의 동포들을 대상으로 할 수밖에 없었으므로 한말 국내에서의 신민회나 청년학우회운동과 같은 양적 발전을 기대할 수는 없었다. 그러나 주로 도산의 헌신적인 노력과 지도력

---

20 도산기념사업회, 『도산안창호전집』 7, p.24.

에 힘입어 나름대로 하나의 뚜렷한 세력을 형성하였고 1920년대에는 중국과 국내에까지도 조직을 확장하게 되었다.

도산은 1919년 상해에서 동포들에게 〈개조〉라는 제목으로 강연을 행한 바 있었다. 그 요지는 현재 능력 없는 우리 민족을 능력 있는 민족으로 개조하자는 것이었으며 그 구체적인 방법은 먼저 한국 민족구성원 각 개인이 각자의 행동과 습관을 스스로 개조하자는 것이었다. 이 강연에서는 도산의 민족개조에 관한 생각이 개략적이나마 잘 피력되고 있으므로 그 중요 내용들을 직접 들어볼 필요가 있다.

"여러분! 우리 한국은 개조하여야 하겠소. 이 행복이 없는 한국! 이 문명되지 못한 한국! 반드시 개조하여야 하겠소 …… 그런즉, 우리 민족을 개조하여야 하겠소. 이 능력 없는 우리 민족을 개조하여 능력 있는 민족을 만들어야 하겠소.

어떻게 하여야 우리 민족을 개조할 수 있겠소? 한국 민족이 개조되었다 하는 말은, 즉 다시 말하면 한국 민족의 모든 분자 각 개인이 개조되었다 하는 말이오. 그런고로 한국 민족이라는 한 전체를 개조하려면 먼저 그 부분인 각 개인을 개조하여야 하겠소. 이 각 개인을 누가 개조할까요. 누구 다른 사람이 개조하여 줄 것이 아니라 각각 자기가 자기를 개조하여야 하겠소 …… 그런 고로 우리는 각각 자기 자신을 개조합시다. 너는 너를 개조하고 나는 나를 개조합시다 …… 내가 나를 개조하는 것이 즉 우리 민족을 개조하는 첫걸음이 아니오. 이에서 비로소 우리 전체를 개조할 희망이 생길 것이오.

그러면 나 자신에서는 무엇을 개조할까. 나는 대답하기를 습관을 개조하라 하오. 문명한 사람이라는 것은 그 사람의 습관이 문명스럽기 때문이오. 야만이라 하는 것은 그 사람의 습관이 야만스럽기 때문이외다. 그러므로 여러분의 모든 악한 습관을 각각 개조하여 선한 습관을 만듭시다. 거짓말 잘하는 습관을 가진 그 입을 개조하여 참된 말만 하도록 합시다. 글 보기 싫어하는 그 눈을 개조하여 책 보기를 즐겨하도록 합시다. 게으른 습관을 가진 그 사지를 개조하여 활발하고 부지런한 사지를 만듭시다. 이 밖에 모든 문명스럽지 못한 습관을 개조하여 문명스러운 습관을 가집시다. 한번 눈을 뜨고 한번 귀를 기울이며 한번 입을 열고 한 번 몸을 움직이는 지극히 작은 일까지 이렇게 하여야 하오 ⋯⋯"[21]

이는 결국 도산의 민족개조론의 구체적 내용이 그가 청년학우회와 홍사단을 통해 일관되게 강조했던 무실 역행의 정신을 행동화하고 습관화하는 것에 다름이 아님을 말하고 있는 것이다.

그러나 일제시기 홍사단을 통한 도산의 민족개조운동은 본래의 원대한 뜻에 비해 결실은 그에 미칠 수 없었다. 그 이유는 무엇보다 국권을 잃은 상황적 제약이 너무 컸다는 점을 지적하지 않을 수 없다. 생존을 위해 국외로 나온 미주와 중국의 일반 동포들은 대부분 아직 안정된 생활을 갖지 못한 상태였다. 반면 나름대로 의식 있는 정치적 망명 인사들은 이미 나름대로의 위상과 성향을 갖고 있었기 때문에 직접 참여까지는 쉽게 설

---

21 주요한, 앞의 책, pp.641-647.

득되지 않았다.[22]

그들에게 덕체지의 동맹수련이나 인격훈련 등은 어색할 수밖에 없었던 것이다. 단지 청년 유학생들이 주로 참여의 대상이 될 수 있었지만 이들은 수적으로 많지 않았다. 그래서 당시 미국에 유학하고 있던 조병옥의 예에서 보듯 도산은 단 한 명의 단우라도 더 확보하기 위해 왕래와 면담에 며칠씩을 아끼지 않는 열성을 기울여야만 했다.[23] 이는 범국민적 범사회적운동을 전제로 해야 하는 민족개조 사업의 토양으로서는 너무나 척박한 조건이 아닐 수 없었다.

이런 제약 때문에 민족개조운동으로서의 흥사단운동은 도산의 본래 구상에 비추어 볼 때 우선 그 참여 숫자가 해방 때까지 미국, 중국, 국내를 모두 합쳐 430명 정도로서 양적으로 극히 미흡하였다.[24]

뿐만 아니라 질적인 면에서도 큰 한계를 갖게 되었다. 실제로 흥사단에 참여하였던 인물들의 성격이 매우 편향되고 말았다는 점이다. 특히 국내 흥사단운동의 경우 지역적으로 서북인 출신이 다수를 차지하고 있었다는 점은 당시 조건에서 불가피한 상황으로 이해한다 하더라도, 대다수가 경제적으로는 유산자층이었고 사회적으로는 지식인층으로서 말하자면 부르주아계층에 속하였다.[25]

---

22 백범 김구의 경우 도산의 뜻과 흥사단의 취지에는 전적으로 공감하면서도 정식 통상단우가 아닌 특별단우로 참여하는데 그쳤다(흥사단, 『흥사단100년사』, p.171).

23 조병옥, 『나의 회고록』, 해동, 1986, pp.82-86.

24 흥사단, 『흥사단 100년사』, pp.1135-1139.

25 김상태, 「1920~30년대 동우회, 흥업구락부 연구」, 『한국사론』 28, 1992, pp.225-230.

이들은 각 개인의 인품이나 능력과는 별개로 식민지 체제 내에서 그들의 계급적 위치와 성격 때문에 반일민족운동의 주축 세력이 되기는 어려웠다. 한편으로는 독립을 지향하면서도 또 상황에 따라서는 언제든 일제 통치 당국과 적당한 선에서 타협할 수 있는 가능성을 안고 있기도 했다. 게다가 특히 수양동우회 명의의 국내 흥사단운동은 그 출범 과정에서부터 이미 독립운동전선을 이탈해 친일의 혐의를 받고 있던 춘원 이광수가 주도하게 되면서 자치운동 세력의 일원으로 지목당했으며 반식민지 민족운동의 적극적이고 주류적인 흐름에서 벗어나고 말았다.[26]

이는 물론 도산이 본래 의도하던 바와는 전혀 다른 것이었지만 크게 보면 식민지 치하라는 당시의 정치사회적 제약 조건들 때문에 초래된 상황이었다. 다만 춘원이 『민족개조론』을 써서 널리 유포하고 수양동맹회를 조직하고 계속하여 국내 흥사단운동의 지도급 인물로 활동하는 것을 허용한 것은 어쨌든 도산의 큰 실책이었다. 흥사단은 물론 도산 자신을 위해서도 결정적 타격이 되었기 때문이다.

일제시기 도산의 민족개조론의 구체적 표현이었던 흥사단운동은 1932년 그가 중국에서 일제 경찰에 의해 국내로 압송되고, 이어 1938년 엄혹한 고문으로 인한 옥고의 후유증으로 타계하면서 큰 시련을 맞게 되었다. 창설자이면서 정신적 실질적 지도자이기도 했던 도산을 잃은 흥사단은 지역에 따라 구체적 내용에는 차이가 있었지만 점차 쇠락의 길을 밟게 되었던 것이다. 미국의 흥사단은 조직은 그대로 유지되었지만 이전과 같

---

26 박찬승, 『한국근대정치사상사연구』, 역사비평사, 1992, pp.339–341.

은 활력을 지속하지는 못하였다. 중국의 홍사단은 도산의 피체 후 민족주의 세력 안에서 기호파 중심의 임정계와 더불어 서북파 혹은 홍사단계로 병칭되던 위상을 잃고 점차 김구 중심의 후기 임정계로 흡수되고 말았다. 또한 국내 홍사단은 중국에서 압송되어온 도산이 가석방되어 나와 있는 동안 일시 활력을 얻기도 했지만 1937년 이른바 동우회사건을 계기로 대탄압을 받고 이듬해 도산이 별세하자 자진 해산을 강요당하고 말았다.[27] 이와 함께 그의 민족개조론도 더 이상 조직적으로 진행되기는 어려웠다.

4. 맺음말

도산은 우리나라가 봉건사회의 해체기에서 근대사회로의 이행기에 해당하는 한말, 일제 시기에 태어나고 활동한 선각적 지도자였다. 그의 시대는 객관적으로 우리가 안으로는 하루속히 최소한의 근대적 역량을 형성하고 결집한 다음 이를 가장 신속히 그리고 널리 확산시킴으로써, 밖에서 밀려오는 제국주의 열강의 침략 특히 동북아 강점을 국가 목표로 삼은 일제의 침략에 대항할 수 있는 주권 수호의 역량을 갖추어야 했다.

이때 도산은 작게는 민족구성원 각자의 혁신에서부터 사회와 국가 나아가서는 세계질서까지를 전면적으로 혁신 개조해야 한다고 생각하였다. 더욱이 그는 단지 이런 구상들을 생각하는 데에서 그치지 않고 정밀한 실

---

27 홍사단, 『홍사단100년사』, p.235.

행 방법까지를 모색하였으며 그것을 일관되게 주장하고 나아가 조직적인 실천 모델들을 만들어 직접 실행에 옮겼다.

이때 도산의 민족개조론은 그의 다른 층위의 개혁사상들, 즉 사회개혁과 국가개혁 그리고 나아가 세계개혁이라는 과제들과 일련의 고리를 이루면서 밀접히 연관되어 있었으며 그 가장 기초적인 과제로 설정되어 있었다. 그리하여 한말·일제 시기 그가 활동하던 중에는 그의 직접적인 참여와 지도 아래 다양한 방식과 조직으로 그 실천운동이 끊임없이 전개된 바 있었다.

비록 국권을 침탈당한 반식민지 식민지라는 상황적 제약 때문에 그의 당대에는 그것이 본래 의도했던 소기의 성과를 거두지 못하였다. 그에 더하여 특히 친일 지식인으로 전락한 측근 인물 춘원의 『민족개조론』 저술과 수양동우회 활동으로 그의 진의 자체가 왜곡 전달되어 민족개량주의 논리로 비난받기도 하였다.

그러나 오늘날 큰 눈으로 보면 민족개조론을 비롯한 도산의 개혁 구상들은 그 후 점차 현실 속에서 구체화되고 있음을 볼 수 있다. 한국 민족은 이미 첨단 과학의 현대 사회에 잘 적응하여 각 방면에서 두각을 나타내고 있다. 또 사회적으로는 남한의 경우 민주적 시민사회가 성장하여 인권, 환경, 평화 등 각 부문에서 역량을 발휘해 가고 있다. 또 대한민국은 산업화와 민주화의 과제를 훌륭하게 수행하여 세계 유수의 근대국가로 발전하였으며 이미 선진국 진입의 문턱에 서 있다.

남북통일과 세계 평화의 실현이라는 큰 과제들이 아직 눈앞에 있지만 우리는 분명히 평화 세계의 일원에 속해 있다. 불과 한 세기 전 도산의 개혁사상은 당시 지체된 우리의 상황들에 비추어 너무 멀리 앞서 있었지만 역사적 혜안과 정당성을 가진 선각적 사상이었음을 오늘의 우리 현실이 스스로 잘 말해 주고 있는 것이다.

(호남사학회, 「도산 안창호의 개혁사상과 민족개조론」, 『역사학연구』 61, 2016. 2.)

II. 안창호의 민족운동 구상과 독립운동기의 흥사단

1. 도산의 5단계 민족운동 구상

우리 근현대 역사 속에서 100년이 넘는 오랜 연륜을 자랑하는 단체 가운데 하나인 흥사단은 본래 무슨 목적에서 조직되었으며 오늘에 이르기까지 실제로 어떠한 역할을 수행해 왔는가? 흥사단의 이념과 역사를 묻는 이같은 물음에 답하기 위해서는 역시 그 설립자였던 도산 안창호(1878-1938)의 생각으로 돌아가 논의를 시작할 수밖에 없다.

도산의 사상은 여러 각도에서 말해 질 수 있지만 여기서는 우선 그의 민족운동론에 주목하여 이를 〈한국 민족의 독립과 발전을 위한 총체적 구상〉으로 규정하고 그 속에서 흥사단의 설립 목적을 이해해 보려고 한다.

독립기념관에 소장되어 있는 도산의 유품들 가운데는 그가 자신의 민족운동 구상을 도표 형식으로 요약해 놓은 두 장의 친필 메모가 있다.[1] 각기 초안본과 정서본으로 작성된 두 장의 내용은 거의 같은데 이를 토대로 그의 민족운동론을 이해하면 그 속에서 흥사단의 위상은 매우 선명히 드러난다. 그 내용을 옮기면 다음과 같다.

즉 한말 일제하의 식민지 상황에서 민족운동을 전개하였던 도산은 (1) 기초, (2) 진행준비, (3) 완전준비, (4)진행결과, (5) 완전결과라는 다섯 단계를 설정해 놓고 있었음을 알 수 있다. 이제 위의 각 단계별 내용을 그가 남긴 각종 언설과 실천 활동들을 참작하면서 그의 메모에 따라 부연해 설명하면 다음과 같다.

(1) 기초는 신애信愛, 충의忠義, 용감, 인내 등의 정신적 덕목을 가진 이들을 모아 건전한 인격의 인물들로 훈련하고 아울러 이들을 주의의 동일主義同一, 직무의 분담職務分擔, 행동의 일치行動一致라는 세 가지 원칙아래 공고히 단결하도록 훈련하여 민족운동의 근간이 될 지도적 인물들로 양성하는 단계이다.

(2) 진행준비는 위의 기초 단계를 통해 배출된 지도적 인물들이 곳곳에서 학업단學業團과 실업단實業團을 만들어 인재와 재정을 준비해 가는 단계이다. 학업단은 통신 혹은 서적을 통한 공동수학共同修學이나 학교 교육을 통한 전문수학專門修學 등으로 덕육德育, 지육智育, 체육體育의 각종 학업을 수행하는 조직체를 결성하여 활동하는 것을 말하며, 실업단은 농업, 상업, 공업을 위한 회사를 조직하고 금융기관과 교통기관을 만들며 각 개인들의 경제력을 제고하는 여러 활동들을 뜻했다.

1   도산안창호선생기념사업회, 『도산안창호전집』 1, pp.162-163.

(3) 완전준비는 위의 학업단과 실업단들의 활동에 의해 각 부문의 인재
들이 속속 양성되고 장차 소요될 재정이 확보되는 단계이다. 즉 장차 적
절한 기회에 결행할 독립전쟁에 대비하여 독립군 지휘관을 비롯해 정치
가, 기술자, 의사, 실업가, 학자 등 각 분야 전문 인재의 확보가 이루어지
고, 아울러 군사비, 건설비, 외교비가 비축되는 단계를 말한다.

(4) 진행결과는 드디어 일제와 독립전쟁을 결행하고, 그와 동시에 전
민족적 대표성을 갖는 민주공화제의 근대적 정권新政體을 수립하는 단
계이다.

(5) 완전결과는 독립전쟁을 통해 마침내 일제를 구축하여 국권을 완전
히 회복한 다음, 문명 부강한 국가를 건설해 가는 단계이다.

이를 통해서 보면 안창호는 일제에 의해 날로 국권이 상실되어 가던 유
례없는 악조건 속에서도 민족의 자주 독립과 번영 발전이라는 원대한 이
상을 세워 놓고 그에 도달하기 위한 민족운동의 전체 도정을 매우 정밀하
게 모색하고 있었음을 알 수 있다.

이 같은 도산의 민족운동의 이론 체계가 구체적으로 언제 완전히 정립
되었는지는 분명히 적시해 말하기는 어렵다. 그러나 그의 생애와 활동을
주의 깊게 살펴보면 위의 메모에 나타난 민족운동 구상은 상당히 이른 시
기, 적어도 신민회를 조직하기 위해 귀국하기 전에는 완성되어 있었던 것
으로 보인다.[2] 즉 그의 총체적 민족운동 구상이 미주의 공립협회 활동 시

2　따라서 위의 도산 친필 메모 역시 그가 신민회운동을 위해 국내로 귀국하기 전에 작성한
　　『대한신민회취지서』 및 『대한신민회통용장정』 등과 비슷한 시기에 이루어졌던 것으로 생각
　　된다.

기에 이미 확고히 정립되어 있었음은 아래에서처럼 그의 평생에 걸친 활동을 개관해 보면 쉽게 확인되는 일이라 하겠다.

널리 알려져 있듯이 도산은 한말에는 국내에서 신민회와 청년학우회를 설립했으며 미국에 망명해서는 흥사단을 세웠는데, 이는 민족운동에 헌신할 지도적 인물 곧 민족운동 간부의 발굴과 양성을 위한 것으로 그의 총체적 구상에 비춰보면 가장 기초 단계에 해당하는 일이었다.

다음으로 그가 점진학교, 대성학교, 평양자기제조주식회사, 태극서관, 이상촌건설 등의 각종 부문 사업을 직접 추진했고, 독립협회, 공립협회, 대한신민회, 대한인국민회, 대한민국 임시정부, 대독립당 등의 조직체에 참여하거나 혹은 스스로 설립했던 것은 장차 다가올 본격적인 운동단계(독립전쟁과 국가건설)를 전망하면서 그에 대비하여 필수적으로 요청되는 인재와 재정의 확보 및 그것을 위한 조직 사업에 헌신함이었으니 모두 준비 단계의 활동이었다고 하겠다.

마지막으로 안창호는 1931년 중국에서 일제의 만주 침략 소식에 접해 드디어 오래 기다리던 독립전쟁의 기회가 현실로 다가오고 있다고 판단하면서 상해에서 한국대일전선통일동맹을 결성하는 등 본격적인 반일 투쟁을 준비하던 중 윤봉길의거의 여파로 일제 경찰에 체포당하고 말았던 것이다.

지금까지 살펴본 것처럼 도산의 총체적 민족운동 구상 속에서 흥사단의 설립은 흥사단 약법의 목적 조항에 명기된 그대로 '민족 전도 대업(민족의 독립과 국가 건설을 통한 번영 발전)의 기초를 준비'하기 위해서였으니 보다 구체적으로는 민족운동에 헌신할 지도적 인물 집단의 형성 곧 민족운동 간부의 양성을 위해서였던 것이다.

2. '기초' 단계로서의 흥사단 설립

도산이 일제의 지배를 물리치고 민주공화제의 새로운 국가 대한민국을 세운 다음 이를 발전시켜 문명 부강한 나라를 만들자는 장대하고도 치밀한 구상을 갖고 그 가장 기초적인 사업으로 현실화시킨 정신적 단결의 실체가 곧 한말의 신민회와 청년학우회였으며 일제시기의 흥사단은 특히 공개 단체인 청년학우회의 계승 부활이었다.

이는 뒷날 1920년 12월 29일 제7회 흥사단 원동대회 중에 도산 자신이 '본단 역사'라는 제목으로 흥사단의 역사를 설명하면서 다음과 같이 명확히 밝힌 바 있다.

"흥사단이 조직되기는 1913년에 미주 샌프란시스코 페리스트리트에서 되었소. 그러나 원 근본을 들어 말하면 13년 전에 되었다 함이 마땅하오. 13년 전에 되었던 것이 7년 전에 다시 되었다 함이 가ㅍ하오. 지금으로부터 13년 전에 국내에서 이승훈, 안태국, 양기탁, 이갑제 씨가 일본을 대항하려면 첫째 인재, 둘째 금전, 셋째 단결력 이 세 가지를 길러야 하겠다는 의견으로 신민회(비밀결사)를 발기하였소. 진정한 애국자이면 동에 있거나 서에 있거나 모두 신민회에 들게 하자. 그리고 각처에 서포와 약국과 학교를 설비하자. 실업가와 연락하여 금전을 모으자.

중학교를 세우되 군대훈련을 하여 평시에는 각각 직업을 가졌다가도 일시에 군인이 되도록 하자. 이리하여 금전과 인재가 이만하면 되겠다 하는 때가 이르면 동動하자. 이것이 신민회의 내용이었소.

그러나 이 모든 사업을 하려면 공개를 요하는 점이 많고, 또 널리 인재를 기르기 위하여 청년학우회가 발기되었소. 대성학교에서 중학생이 시작하였소. 최남선 씨에게 청년학우회의 말을 한 즉 최 씨는 말하기를, 나에게 여러 군데서 입회하기를 청하는 회가 많았으나 응낙하지 아니 하였다. 그러나 내 이 청년학우회에는 희생적으로 일하겠노라 하고 자기가 하던 소년少年 잡지를 받치었소. 윤치호 씨에게 말함에 윤 씨는 울면서 몸을 받치겠노라 하고 학생 하나를 평양에 파견하여 청년학우회의 해가는 일을 견습케 하였소. 그리하여 윤 씨는 발기위원장이 되고 남방으로 최남선, 북방으로 최광옥 제씨를 경經하여 삼백 이상의 청년이 들어왔소. 청년학우회 회원은 결단코 돈 내는데 기약 어기지 아니하고 모이는데 시간 어기지 아니 하였소."**3**

위의 도산 자신의 강론 내용에 의하면 홍사단은 이름은 비록 바뀌었으나 한말 청년학우회의 부활이었으며 그 정신적 뿌리는 신민회에 있었다. 즉 애국자의 단결, 인재의 양성, 금전의 준비를 당면의 3대 과제로 했던 비밀결사 신민회의 공개적인 인재 양성의 한 방안으로서 청년학우회가 만들어졌던 바 홍사단은 단지 이름만 바꾸어 청년학우회를 그대로 계승

---

3 「본단 역사」, 『도산안창호전집』 8, pp. 53-54.

했던 것이다.

다시 도산의 말을 들어 보자.

"(신민회는-필자) 인재는 어떻게 양성하려 하였는고? 곧 단결한 동지가
각 구역을 분담하여 일반 국민에게 교육의 정신을 고취하여 학교의 설
립을 장려케 하며, 특별히 각 요지에 중학교를 설립하고 보통의 학과를
교수하는 이외에 군인의 정신으로 훈련하여 유시지시에는 곧 전선에
나아가 민군을 지휘할 만한 자격자를 양성하려 하였나니 곧 중학교로
서 정신상 군영을 지으려 하였소.

그 외에 뜻 있는 청년을 망라하여 무실역행의 정신으로 수양을 동맹
하여 건전한 인격을 작성케 하려고 국내의 유지한 인사들과 합동하여
기관을 설립하고 나아 왔었소."[4]

위의 말들을 토대로 이해해 보면 민주공화국가(대한민국)의 건설이라는
궁극의 목표 아래 대일 독립전쟁의 준비를 당면 과제로 했던 한말 비밀결
사 신민회의 공개적인 인재양성 사업의 한 줄기가 청년학우회였으니 흥
사단은 바로 그것의 계승이요 부활이었던 것이다.

미주의 공립협회 활동 과정에서 정립한 치밀한 민족운동 구상을 갖고
1907년 2월에 국내로 돌아온 도산은 귀국 즉시 결성한 신민회를 중심으
로 다양한 활동을 벌였다. 애국적 동지들의 공고한 결속과 역할 분담에

---

4 「동오 안태국을 추도함」, 『증보판 안도산전서』, p.689.

따라 독립전쟁의 준비를 위한 교육 산업, 언론, 출판, 계몽 조직 등 다양한 과업들이 동시다발적으로 진행되었다.[5] 그러나 만 3년간 걸친 신민회의 구국운동은 결과적으로 실패로 돌아갔다. 한반도는 끝내 일제의 완전 식민지로 전락해 가고 있었으며 도산 자신을 비롯한 많은 동지들은 비밀리에 고국을 탈출해야만 하는 처지가 되고 말았다. 그 망명길에서 도산은 뜨거운 눈물을 흘렸다고 술회하였다.

"내가 시베리아를 지날 적에 내 마음이 이상히 비참하여져서 많은 눈물을 흘렸소. 박영효, 김옥균으로부터 지금까지 우리나라에 한데 뭉친 단결이라고는 20명이 없었다. 이러고야 망하지 않을 수가 있느냐. 우리 민족은 너무도 단결 상 신의가 박약한 민족이라. 내가 죽는 날까지 다만 한두 사람과 일을 하더라도 낫겠다는 주의대로 철저히 나갈 뿐이라. 네가 내게 복종하고 내가 네가 복종하여 한 주의에 모이는 단체를 만들어야 하겠다. 죽는 날까지 다만 한두 사람을 만나고 말지라도. 이러한 간절한 마음으로 흥사단이 발기되었소."[6]

가속화되는 일제의 국권 침탈을 목도하면서 생명과 재산을 담보로 맹약했던 동지들 간에도 초심을 견지하지 못한 채 청도회담의 결과에서 보듯 끝내 구국운동 노선에 이견이 노출됨으로써 미래를 기약하기 힘들게

---

5   신민회의 결성과 다양한 활동에 대해서는 신용하, 「신민회의 창건과 그 국권회복운동」, 『한국민족 독립운동사』, 1985, 을유문화사 참조.
6   「본단 역사」, 『도산안창호전집』 8, pp. 53-54.

되었던 것이다.[7]

1911년 9월 미국에 귀환한 도산은 백절불굴의 정신으로 다시 활동을 개시하였다. 가장 먼저 해외 교민들의 최고 조직인 대한인국민회를 정비하고 활성화시키는 일이 급선무였다.[8] 그러나 거의 동시에 북미실업주식회사를 세우는 일[9]과 함께, 그는 청년학우회를 재건하는 일 곧 흥사단 설립에 착수하였다.

"그 후 나는 학우회(청년학우회)가 있을 적에 본국을 떠났고, 나 떠난 후 얼마 아니하여 합방이 되고 학우회도 없어졌소. 내가 만주로 그리고 시베리아를 지날 때에는 아무도 청년학우회원을 찾지 못하고 미주로 갔소. 미주에 있는 우리 한인은 거의 다 노동자라 수양을 힘쓰는 이가 없었소. 내가 강영소 외 몇몇 분에게 말을 많이 하였소. 마음을 동한 이가 송종익 군이오, 회를 조직하려면 회의 목적을 잘 깨닫게 하여야 하겠다 하여 책을 하나 만들자 하였소. 그러나 미주 안에는 책 저술할 적재가 없음으로 본국에 있는 장도빈 군을 청하려 하였으나 사고로 되지 못하

---

7 망명 동지들의 이른바 청도회담 시말에 대해서는 주5)의 pp.106-108 참조. 열정을 불살랐던 국내에서의 신민회운동이 불가능해지고 동지들 간의 합의에 따라 그 후속 대책으로 추진하기로 했던 국외독립근거지 개척 사업마저 난관에 봉착하면서, 부득이 만주와 연해주 그리고 시베리아와 유럽을 거쳐 다시 미주로 귀환하게 되었던 도산은 모든 것을 처음부터 다시 시작해야 한다는 참담한 심정이었을 것으로 짐작된다.

8 최기영, 「도산 안창호와 대한인국민회」, 『도산사상연구』 8, 2002.

9 북미실업주식회사는 흥사단 창립에 앞서 1912년 1월 로스엔젤레스에서 설립되었다. 농업 투자주로 벼농사를 목적으로 주당 150달러 300주를 예정으로 출범하였는데 안창호, 송종익, 임준기, 정원도 등이 발기인이었다.

였소. 나는 점점 동지와 약속한 것을 네가 지키느냐 하는 양심의 책망
이 더해져서 마침내 청년학우회를 (다시)시작하였소.

그러나 이름을 흥사단이라 하게 된 것은 첫째 청년학우회라 하면 본국
에 있는 전 학우원들이 더 곤란을 받지 아니할까 하는 염려가 있고, 둘째
전 청년학우회원 중에 이미 그 정신을 잃은 자가 있는데 그 처분을 어찌
할까 하는 이유로 이름은 다르게 하였으나 정신은 더욱 간절하였소."[10]

그 같은 간절한 필요성에 따라 도산이 직접 기초한 흥사단 약법의 제2
조 목적 조항의 내용은 다음과 같았다.

"본 단의 목적은 무실역행務實力行으로 생명을 삼는 충의忠義 남녀를
단합하여 정의情誼를 돈수敦修하며 덕체지 삼육德體智 三育을 동맹
수련同盟修練하며 건전한 인격을 지으며 신성한 단체를 이루어 우리
민족 전도 대업民族前途大業의 기초를 준비함."[11]

흥사단은 한국 민족의 독립과 번영이라는 민족적 대업을 이루기 위한
가장 기초가 되는 인재양성 사업이었던 것이다.

그런데 도산이 흥사단을 설립하면서 특히 유념한 일 중의 하나가 지방
색을 띠지 않도록 하겠다는 것이었다.

---

10 「본단 역사」, 『도산안창호전집』 8, pp. 53-54.
11 흥사단, 『흥사단운동70년사』, p. 76.

"지방적이라는 말을 내지 못하게 하기 위하여 각도에서 한사람씩 위원을 뽑았소. 죽는 날까지 다만 한 두 사람을 만나고 말지라도."[12]

국내와 만주 연해주에서의 신민회 활동을 통해 지연에 따른 파당 대립의 폐해를 너무도 절실히 느꼈던 도산은 비록 소수일지라도 진실로 뜻을 함께하는 동지가 소중하다고 여겼던 것이다.[13]

그리하여 1년 반가량의 준비 기간을 거쳐 마침내 1913년 5월 13일 샌프란시스코에서 홍언(경기도), 조병옥(충청도), 송종익(경상도), 정원도(전라도), 염만석(강원도), 강영소(평안도), 김종림(함경도), 김항주(황해도) 등 8도의 대표위원들과 함께 25명의 단원을 창단 멤버로 하여 흥사단이 창립되었다.

3. 독립운동기의 흥사단

100년 전 도산의 구상과 지도 아래 설립된 흥사단은 그러면 이후 어떠한 역정을 걸어 왔는가? 특히 일제 식민지 시기의 흥사단에 대해서는 상반된 평가가 병존해 있다. 여기서는 독립운동 시기에 한정하여 흥사단의 활동에 대해 살펴보기로 한다.

---

12 「본단 역사」, 『도산안창호전집』 8, pp.53-54.
13 도산이 8도 대표의 한 사람으로 맞아들인 조병옥을 멀리 찾아가 며칠간 숙식을 함께하며 정성을 다해 설득한 사실은 유명한 일화로 남아 있다(조병옥, 『나의 회고록』, 해동, 1986).

　도산의 단계적 민족운동 구상 속에서 〈민족 전도 대업의 기초를 수립〉한다는 나름대로의 명확한 목적을 갖고 조직된 흥사단은 무엇보다도 당시 도산이라는 비중 있는 지도자와 세 개의 지역 조직을 가진 잠재력이 매우 큰 단체였다. 미국과 중국 그리고 국내에 각기 조직을 갖고 있었던 것이다.

　미국의 흥사단 본부는 미주 교민사회에서 유력한 단체의 하나로 확고한 위상을 차지하고 있었으며 단우들은 덕체지의 수련이라는 일상적인 활동과 함께 지속적으로 도산과 임정에 대한 재정 지원의 기여를 하였다. 미주 교민사회의 중심 기관이던 대한인국민회와 더불어 도산의 확고한 인적 재정적 지지기반이 되어 주었다.

　1920년 중국에서 조직된 원동임시위원부는 도산의 영향력에 힘입어 흔히 서북파 혹은 흥사단계라는 이름으로 민족주의 독립운동계의 강력한 한 축을 형성하고 있었다. 이유필, 송병조, 차리석, 김붕준, 양명진, 김홍서, 최석순 등 1920~30년대에 걸쳐 임정의 국무위원급 인물들이 다수 포함되어 있었기 때문에 불가피한 현실이었다. 그러나 〈민족전도대업의 기초 준비〉라는 흥사단의 설립 목적에서 강조되었듯이 흥사단 원동임시위원부는 그 자체로서 직접 행동에 나서는 독립운동 단체를 지향하는 것은 아니었다. 뜻 있는 인물들을 모아 훈련하여 독립운동에 기여할 인물을 배출하겠다는 인재양성을 위한 훈련조직이었으며 단우 및 교민들의 생활 안정과 재정확보 등 독립운동의 기반을 확충하기 위한 사업을 전개하려는 조직이었다. 그리하여 각종 강론회, 토론회 등을 통한 회원들의 학습 교양 활동, 동명학원과 같은 교육기관 설치 운영, 소비조합운동으로서 공

평사公平社 설립, 이상촌 설립 추진, 국내에서의 잡지발간 지원 등의 사업을 전개하거나 시도하였다.[14]

그러나 이런 사업들이 물론 애초 기대만큼 큰 성과를 내기는 어려웠다. 망명지라는 척박한 현실 조건이 너무도 큰 제약 요인이 되었기 때문이었다. 홍사단 원동임시위원부 단우들은 1932년 4월 윤봉길의거로 인한 도산 피체 후에는 점차 구심력이 약화되어 각 정당 혹은 단체에 분산되어 활동하였으며 대체로 김구가 주도하게 된 임정 세력의 일원으로 편입되었다.[15]

이들 미국과 중국에서의 국외 홍사단 조직의 활동은 우리가 그 여건과 성과를 놓고 아쉬움과 안타까움을 가질 수는 있을지언정 특별히 비판의 대상으로 여길 일은 없다. 나름대로 어려운 조건 속에서 민족의 독립과 발전에 기여하기 위해 노력하였기 때문이다.[16]

다만 국내의 홍사단 조직과 그 구성원 일부의 언행에 대해서는 좀 더 엄격한 평가가 필요하다. 잘 알려져 있듯이 홍사단의 국내 조직은 처음 두 갈래로 형성되었다. 이광수를 중심으로 한 서울에서의 수양동맹회(1922)와 김동원을 중심으로 한 평양에서의 동우구락부(1923)가 그것이었다. 이들은 1926년에 수양동우회로 통합되고 1929년에는 동우회로 개칭되었다가 1937년 이른바 동우회사건으로 해체되었다.[17]

---

14 이명화, 『도산 안창호의 독립운동과 통일노선』, 경인문화사, 2002.

15 이 시기 중국에서의 한국 민족주의 독립운동계의 세력 분포와 그 추이에 대해서는 박만규, 「도산 안창호의 대공주의에 대한 일고찰」, 『한국사론』 26, 서울대국사학과 참조.

16 홍사단우로서 독립유공자로 포상을 받은 수는 현재 180여 명이 확인되어 있다. 그들 중의 대다수가 미주 와 중국에서 활동했던 단우들이었다.

국내의 흥사단 조직이 갖고 있었던 문제점들을 살펴보면 다음과 같다.

첫째, 설립 목적과 과정 자체의 불투명성이 지적되고 있다. 국내 조직 설립의 직접 계기가 된 춘원의 귀국부터가 일제에의 투항 혹은 귀순으로 드러나고 있으며[18] 일제와의 투쟁이 가장 우선적인 가치로 대두되어 있던 민족해방운동의 시기에 그의 〈민족개조론〉 등에 보이는 지나칠 정도의 자기비하적 반성과 인격수양 만을 일면적으로 내세운 저의와, 그 조직 과정에서 식민지 통치 당국과의 사전 교섭과 양해가 있었던 점은 당시 이른바 문화정치를 표방한 일제의 지배정책과 밀접한 관련이 있었음을 말한다. 이러한 일련의 과정에서는 반드시 도산의 승인 내지는 소극적인 묵인이 있었을 것인데 이는 분명히 판단의 착오였다.

둘째, 그 지도층 및 구성 인물들의 계급적 성격과 이로부터 예견되었던 노골적인 친일 행적의 문제이다. 기본적으로 도산과 흥사단이 국내에서 기반으로 삼았던 세력은 자산층 부르주아 계급 및 이들과 성향을 같이하는 부르주아적 지식인이었던 바 이는 국내에서의 도산과 흥사단의 근원적 한계로서, 평양의 대자산가였던 김동원과 당대의 문장가였던 이광수는 그 전형적 인물들이라 할 수 있다. 그 밖의 국내 단우들도 대체로 거의 같은 범주에 속하는데 이들은 당시의 취약한 부르주아 계급의 역량 때문에 강력한 힘으로 서로 대치하고 있던 식민통치 당국과 대다수 민중, 민족세력(농민, 노동자, 소상공인, 진보적 지식인) 사이에서 뚜렷한 자기 입장을

---

17 김상태, 「1920~30년대 동우회, 흥업구락부 연구」, 『한국사론』 28, 1992.

18 강동진, 『일제의 한국침략정책사』, 한길사, 1980.

견지하지 못하고 동요할 수밖에 없었다. 식민지 직접 지배하라는 국내의 조건 속에서는 일제와 일정하게 타협할 수밖에 없는 한계를 늘 안고 있었는데 실제로 상당수의 지도적 단우들이 이후 친일 예속의 길로 함몰해 들어갔었다. 특히 춘원은 그의 개인적 명성 때문에도 사회적으로 매우 주목받는 인물이었는데 도산과의 각별한 관계 및 국내 흥사단 내에서의 지도적인 위치 때문에 일제 시기 그의 친일 논리와 행적은 우리나라 독립운동사 속에서 도산과 흥사단에 대한 부정적 이미지를 각인시키는 결정적인 요인이 되었다.[19]

셋째, 3·1운동이 실패한 이후 1920년 대에는 부르주아 세력의 일부에서 자치론을 제기하고 자치운동을 시도하였는데 국내 흥사단은 그 일각을 이루고 있었다. 춘원이 1924년 초 호남재벌의 동아일보 지상을 통해 피력한 〈민족적 경륜〉은 자치운동의 본격적 전개를 알리는 공식 선언이었다. 그러나 이에 대한 사회 여론이 극도로 악화되어 이때의 자치운동은 일단 무산될 수밖에 없었다. 자치운동은 그 후에도 두 차례 더 추진되었는데 동아일보계와 천도교의 신파 그리고 이른바 흥사단계가 그 추축이었으며 자치운동의 최고 배후 인물 혹은 그것이 성공하는 경우의 최고지도자로는 항상 도산이 지목되고 있는 실정이었다.[20]

국내 흥사단 조직을 시작하고 진행하던 시기의 도산과 춘원의 관계에

---

19 특히 춘원이 국내로 귀국한 뒤 〈민족개조론〉을 쓰면서 그 첫머리에 그것이 마치 도산의 생각을 그의 뜻에 따라 저술해 펴낸 것처럼 쓴 것은 당시는 물론 그 뒤 오랜 시기까지도 많은 사람들에게 도산을 편향적으로 보게 하는 큰 빌미가 되었다.

20 박찬승, 『한국근대정치사상사연구』, 역사비평사, 1991.

대해서는 좀 더 정밀한 점검이 필요하지만 그 진상 여하를 떠나 도산과 흥사단은 국내에서 매우 부정적인 이미지를 안게 되었다 결과적으로 도산이 국내에 흥사단을 조직하고 활동하게 한 것은 득보다는 실이 훨씬 더 컸다고 할 수 있다.

어쨌든 국내 흥사단의 상당수 회원들은 이시기 대다수 민중의 처지나 민족적 여망과는 유리된 채 민족개량주의의 노선에 서서 일제에 타협적인 자세를 보이다가 동우회 해체와 그들의 정신적 지주였던 도산의 서거를 고비로 각기 개인으로 분해된 채 노골적인 친일의 길에 빠져 들었던 것이다.[21]

1945년 일본이 패망함으로써 한국 민족은 일단 식민지 상태를 벗어나게 되었다. 그러나 주지하듯이 일본의 패망이 곧 한국 민족의 온전한 해방으로 이어지지는 못하였다. 일제의 퇴거에 따른 해방 공간에는 남과 북에 각각 자본주의 미국과 사회주의 소련이라는 새로운 외세가 밀고 들어와 군정을 수립하였고 민족 내에서도 여러 갈래의 세력이 일어나 장차 세워질 독립국가의 주도권을 잡기 위해 이합집산을 거듭하였다. 기본적으로 주어진 해방이라는 제약 아래 조성된 새로운 정세 속에서 한국 민족은 자주적 통일국가의 건설에 실패하고 또다시 분단과 예속이라는 불행한 현실을 맞게 되었다. 그러면 해방이 분단으로 귀결되어 가던 이른바 해방 공간 속에서 흥사단은 어떤 면모를 보여 주었는가?

---

21 흥사단우로서 친일인명사전에 등재된 인물은 현재 22명으로 파악되고 있다. 그들 대부분이 국내의 동우회 회원이었던 것은 두말할 필요가 없다.

해방 무렵 흥사단은 이미 영향력 있는 하나의 독자적인 사회세력으로 존재해 있지 못하였다. 그 가장 큰 이유는 도산에 뒤이어 권위와 영향력을 가진 구심점이 될 만한 지도자를 갖지 못한 때문이었다. 그러나 단우 개인들의 차원에서는 미군정기에 매우 활발한 정치 사회활동을 보이고 있었다.[22] 관점에 따라서는 흥사단으로서 가장 각광받은 시절이었다고 말할 수도 있다. 하지만 미군정에 의해 등용되어 기여한 그들 단우 각 개인의 인품이나 능력과는 별개의 문제로서 이들의 활동의 의의는 이 시기 미군정의 민족사적 의미에 따라 그 평가가 달라질 수밖에 없을 것이다. 즉 미군정이 해방 공간에서 결국은 남북 분단 구조를 만들어낸 중심축이었다는 점에서 주로 규정된다면 결과적으로 거기에 참여하여 봉사한 국내 흥사단우들의 역할 역시 일제 식민지 시대의 행적에 이어 또다시 비판의 대상이 될 수밖에 없다. 반대로 미군정의 존재가 당시의 대다수 한국인들의 민의와는 괴리되어 있었지만 결과적으로는 한반도의 남쪽에서만이라도 공산화를 방지해 오늘날 선진국가 대한민국의 밑바탕이 되었다고 한다면 그들의 활동 역시 일정 부분 긍정적으로 평가할 수 있을 것이다.

---

22 이 시기 미군정에 참여하여 각 부서의 책임자 급으로 활동한 흥사단우는 이묘묵, 조병옥 등 대략 10여 명 이상으로 헤아려 지고 있다.

〈참고 문헌〉

1) 홍사단, 『홍사단운동70년사』, 홍사단출판부, 1986
2) 주요한, 『증보판 안도산전서』, 홍사단출판부, 1999
3) 도산안창호선생기념사업회, 『도산안창호전집』1-14, 경인문화사, 2000
4) 이명화, 『도산 안창호의 독립운동과 통일노선』, 경인문화사, 2002
5) 한미동포재단, 『미주한인사회와 독립운동』1, 미주한인이민100주년기념사업회, 2003

(「홍사단의 이념과 활동」, 『도산학연구』9, 2003을 부분적으로 고쳤음.)

III. 도산사상의 재인식과
21세기 흥사단운동의 새로운 방향
대공주의와 애기애타를 중심으로

 LA지부 및 미주위원부 단우님들, 이렇게 화면으로로라도 뵙게 되어 반갑습니다.

 오늘은 우리 흥사단을 창립하신 도산 안창호 선생께서 서거하신지 84주년을 추모하는 날입니다. 우리 단은 지난 20세기 초 도산 선생의 사상과 구국 방략에 바탕을 두고 창립되었고 오늘에까지 이어져 왔습니다. 그런데 100년의 세월이 흐르는 사이 우선 우리의 사회 환경과 여건이 크게 바뀌었습니다. 뿐만 아니라 그동안 도산 선생의 사상체계 자체를 우리가 좀 더 동태적으로 인식하고 그 바탕 위에서 총체적으로 계승해야 하는 것 아닌가 하는 문제의식이 커져 왔기도 합니다.

 도산 선생의 관심사는 늘 사람과 사회 두 방면으로 향해 있었습니다. 당연히 우리 단의 관심사도 사람과 사회의 두 방향을 함께 담고 있습니다. 해방 직후 발간된 『도산 안창호』 초간본 서언에서는 이를 두고 도산 선생의 인생론과 경세론이라고 표현하기도 했습니다.

20세기 초 봉건사회에서 근대사회로의 대전환기에 활동하셨던 도산 선생 당시에는 우리의 현실 여건이 너무도 열악했습니다. 오랜 군주제와 신분제 아래 살아오면서 안게 된 봉건 적폐와 제국주의 외세 침탈이 동시에 중첩된 가운데 이에 맞서 근대적 발전과 자주독립을 담당할 민족 주체 세력은 너무도 소수였고 취약했습니다.

따라서 도덕적이고 능력 있는 근대 시민을 한 사람이라도 더 배출하는 일이 무엇보다 시급했고, 동시에 국민주권의 민주공화국가를 건설하는 것이 당면한 사회적 급무였습니다. 그래서 20대 후반의 청년 도산은 미국에서 정교한 〈민족혁명운동 방략〉을 짜면서 무실, 역행, 충의, 용감의 4대 정신, 인격훈련과 단결훈련을 통해 '민족전도 대업(자주독립의 근대국가 완성)의 기초 준비'를 담당할 청년인재 양성을 그야말로 가장 기초적인 과업으로 설정하셨고 그 기조에 따라 귀국하여 신민회와 청년학우회를 설립하고 다시 미국에 망명하셔서 흥사단을 창립하였습니다.

그러나 이제 여전히 이런 계몽적이고 준비론적인 프레임에 갇혀 있어서는 21세기 흥사단의 이념 지향으로는 너무 낡고 불충분하게 됐습니다. 이미 우리가 몸 담고 있는 사회 시스템 속에서는 해마다 고등교육을 받은 수십만의 유능한 인재들이 쏟아져 나와 각 분야에서 활발히 활동하며 나아가 세계를 주름잡고 있고, 대한민국은 민주화와 산업화를 모두 성공시켜 세계 10위권의 선진국 대열에 당당히 진입해 있습니다.

군이 도산 선생의 시대분류로 보자면 일제강점기 민족의 독립이 당면 과제였던 준비의 시대와 국권광복國權光復의 시대를 지나 선진 일류 국가 건설을 추구하는 조국증진祖國增進의 시대에 깊숙이 들어와 있는 것입니다. 이처럼 20세기 홍사단과 21세기 홍사단은 사회적 바탕 자체가 판이하게 달라졌고 따라서 시대적 과제 역시 차원을 달리하고 있음을 분명히 인식해야 합니다. 마치 성인이 되어 이미 활발히 사회활동을 하고있는 청장년에게 여전히 청소년기에나 적합한 옷을 입으라 하면서 계몽적 훈육을 지속하려는 것과 같은 이치입니다.

그러면 우리 홍사단의 역사적 사명은 이제 다한 것인가요? 전혀 그렇지 않습니다. 우리 단의 정신적 원류이고 기둥인 도산 선생은 우리에게 대공주의大公主義와 애기애타愛己愛他라는 참으로 보석 같은 미래의 사상적 유산을 함께 물려주셨습니다. 하지만 그동안 우리 한국 사회는 물론이고 도산 선생의 사상적 적자라 할 우리 홍사단우들조차 오랫동안 대공주의와 애기애타의 진가를 알지 못한 채 지내왔습니다. 물론 단내에서는 애기애타와 대공주의라는 용어 자체는 전해져 왔지만 그 참뜻을 온전히 이해하지를 못했습니다. 비교적 최근에 이르러서야 대공주의와 애기애타의 본의와 가치가 제대로 이해되기 시작하고 있습니다.

그러면 도산 선생께서 말씀하신 대공주의는 무엇이고 또 애기애타는 무엇입니까? 당신 스스로 직접 자세히 설명한 내용이 없어 몇 갈래 해석이 있기도 합니다만, 제 나름으로 이해하고 있는 바를 가장 간략히 요약하면 다음과 같습니다.

먼저, 대공주의는 지난 식민지 시기 한국 최고의 독립사상이면서 나아가 지난 세기 제국주의 시대에 나온 세계 최고의 평화사상입니다. 도산 선생은 대공주의에 크게 다음 세 가지 내용을 담았습니다.

첫째는, 지난 20세기 전반 국권을 잃은 우리 한국 민족이 애국애족의 정신으로 일치단결하여 일제의 식민지 동화정책은 물론 공산주의의 국제주의와 계급주의에도 함몰되지 말고 어디까지나 민족자주국가 건설을 목표로 독립투쟁을 힘 있게 지속하자는 뜻을 담았습니다.

둘째는, 국권을 광복하여 독립국가를 세운 다음에는 자본주의의 자유 가치와 사회주의의 평등 가치를 잘 조화시켜 수정자본주의의 고도복지 사회 또는 사회민주주의 사회를 수립하자는 한민족 독립국가의 미래상을 담았습니다.

셋째는, 우리 한민족의 국권광복과 선진 일류국가 건설에 그치지 않고 더 나아가 당시의 침략적 자본제국주의와 러시아공산당 일당독재의 소비에트연방론을 넘어서서, 민족단위 국가단위의 자주독립적 대공주의공화국들을 수립한 다음 그들이 연합하여 세계대공世界大公을 이룸으로써 평화세계를 달성하자는 원대한 이상을 담았습니다.

이를 위해 좀 더 구체적으로는 민족평등(국제평등), 정치평등, 경제평등, 교육평등의 4평등을 주창하셨습니다.

다음, 애기애타는 20세기 본래의 흥사단 사상의 집약이면서 나아가 전

인류 행복사상입니다. 도산 선생의 애기애타에도 크게 세 가지 의미가 담겨 있습니다.

첫째는, 애기라는 말 속에 홍사단 사상의 가장 핵심이라 할 수련의 가치를 담아 강조하셨습니다. 스스로 힘써 노력하여 자신을 확장하고 심화하고 향상시키는 수련이야말로 자신을 사랑하는 가장 확실한 방법임을 가르쳐주신 것입니다.

둘째는, 애타를 통해 홍사단 사상의 또 하나의 핵심인 봉사의 가치를 담았습니다. 우리는 이웃과 사회와 국가 민족에 대해 마음과 시간과 금전으로 선의를 표현하고 함께 나눌 수 있습니다. 애기에 바탕을 둔 애타의 봉사야말로 행복에 이르는 또 하나의 강력한 원동력입니다.

셋째는, 이처럼 일상생활 속에서 스스로를 사랑하고 이웃을 사랑하는 애기애타의 사람은 행복한 사람입니다. 전인류가 모두 완전한 행복을 누리는 것이야말로 도산 선생의 궁극의 바람이었습니다.

그럼 우리 홍사단은 이 시점에서 대공주의와 애기애타를 어떻게 받아들여 우리의 의식과 실천과 사업들을 혁신할까요? 21세기 홍사단운동이 가야 할 방향은 무엇입니까?

첫째, 우리 홍사단은 대공주의 시민운동을 활발히 전개합시다. 대공주의 시민운동은 무엇을 어떻게 하자는 것입니까?

우리는 오늘의 대한민국을 소중하게 받들면서 도산 선생이 꿈꾼 대공주의공화국의 면모에 조금씩 더 접근하도록 각 방면에서 점진적인 노력을 전개하십시다. 기왕의 통일운동, 투명운동, 교육운동은 물론이고 진정한 자유평등공화국의 이상에 비추어 필요한 경우 각 분야의 노력들도 새롭게 펼쳐 나갑시다. 우리 한반도에 모범적 대공주의공화국을 수립할 뿐 아니라 나아가 세계 평화시민들과 손잡고 세계 대공주의공화국 연합을 이루어 나감으로써 마침내 세계일가世界一家와 최종 목표로 나아갑시다. 21세기 흥사단은 대한민국을 모범적 대공주의공화국으로 발전시키는 데서 그치지 않고 세계 시민들과 함께하는 글로벌 평화시민단체로 발전해 가야 하겠습니다.

둘째, 우리 흥사단은 애기애타행복운동을 전개하십시다. 행복운동은 구체적으로는 매일매일의 행복증진운동일 것입니다. 행복증진운동은 어떻게 하자는 것입니까? 행복증진운동은 두 갈래로 전개되어야 할 것입니다.

먼저, 사회 여건을 개선하는 일입니다. 행복은 각 개인들의 심리적 요인도 중요하지만 사회 환경 또한 우리의 행과 불행을 좌우하는 중요한 요인이기 때문입니다. 불합리한 요소들을 하나씩 제거하고 보다 나은 환경을 만드는 사회개혁운동이 중요합니다. 이는 앞서 말한 대공주의 시민운동과 거의 중첩될 것입니다.

다음은, 일상적 생활운동으로서 애기애타행복증진운동이 실행되어야 하겠습니다. 도산 선생께서는 일찍이 사랑이야말로 인류 행복의 최고 원소라고 갈파하셨습니다. 우리 흥사단우는 다양한 차원에서 행복증진운동에 앞장서야 하겠습니다. 단우들은 개인수련과 동맹수련은 물론 각자의 가정과 직장 단위에서도 덕체지 삼육을 힘써 실행함으로서 스스로 건강한 성취감과 자긍심을 북돋아 행복을 가꾸어야 하겠습니다. 애기의 실천입니다.

동시에 이웃을 향한 관심과 노력과 기부로써 함께 행복을 나누는 일에도 앞장 서십시다. 애타의 실천입니다.

우리 흥사단은 애기애타행복운동을 통해 자신과 한국 민족의 행복을 높일 뿐만 아니고 전인류의 행복을 증진하는 데 그 모범이자 선봉부대가 되십시다.

LA지부와 미주위원부의 단우님들!

우리 흥사단은 이제 무실역행과 충의용감의 정신수련과 인격훈련의 준비 단체에 멈춰서는 안 되겠습니다. 인격훈련을 바탕으로 청년인재를 양성하는 일은 우리 단의 기본적인 사명입니다. 하지만 거기에 머물러서는 안되고 애기애타와 대공주의를 중심으로 도산 사상을 새롭게 인식함으로써 실천과 운동의 21세기 흥사단으로 크게 변화되어야 하겠습니다. 우리 단의 혁신은 물론 이런 사상적 변화만으로 이루어질 수 없습니다. 큰 방향에서의 전환과 함께 단의 조직, 재정, 구체적 사업과 프로그램도 함께 변화되어야 할 것입니다. 이에 대해서는 다시 말씀 나눌 기회를 가질 수 있기를 바랍니다.

(도산 서거 84주년 LA지부 기념 특강, 2022.3.10.)

5부

도산 안창호의 꿈과 미래 비전

I. 21세기 도산사상의 새로운 키워드

'행복'과 '사랑'

1. 도산사상에서의 특수성과 보편성

한국 근대 민족운동의 최고 지도자 가운데 한 사람으로 추앙되는 도산 안창호는 개항 직후에 태어나 일제의 식민지 지배가 극한을 향해 치닫고 있던 때 타계하였다. 한말·일제 강점기에 걸쳐 민족운동의 중심에 위치했던 그의 파란만장한 60년 생애는 스스로 집약해 말했듯이, "밥을 먹어도 대한의 독립을 위해, 잠을 자도 대한의 독립을 위해" 바쳐졌다. 민족의 독립이야말로 그가 평생에 걸쳐 추구한 당면 최대의 가치였던 셈이다. 그래서 독립운동의 지도자로서 그는 일찍부터 총체적 민족혁명의 관점에서 한국민족개조론과 대한민국건설론을 정립하고 스스로 그 실천에 앞장섰다.

그러나 자세히 살펴보면 도산의 생애와 사상은 20세기 전반 일제의 침략과 지배라는 상황과 한국 민족의 저항과 독립이라는 과제에만 한정되지 않는 내용들을 함께 담고 있었음을 알게 된다. 그의 사상은 여러 각도에서 파악되고 분석될 수 있지만 여기서는 우선 이를 크게 특수성과 보편성이라는 기준으로 나누어 생각해 보려고 한다.

이때 도산의 사상에서 특수성이란 그 스스로 활동했던 20세기 전반 한국 민족이 일제의 식민지 치하에 놓여 있었던 특정한 상황에서 추구했던 독립이라는 특정한 과제에 대응하는 사상체계를 말한다. 반면 보편성이란 그가 가졌던 생각들 가운데서 위에서와 같은 시간적·공간적 한계를 넘어 독립 이후의 한국, 더 나아가 모든 인류가 함께 보편적으로 공유할 수 있는 가치들을 말한다. 예를 들면 '진실', '정의', '자유', '문명', '행복', '사랑' 등과 같이 시간과 공간을 초월해 언제 어디서나 온 인류가 함께 공통적으로 지향하고 추구하는 가치들에 대해서도 그는 진지한 관심을 기울이고 있었던 것이다.

이 점에서 안창호는 20세기 전반에 활동했던 한국 독립운동의 뛰어난 지도자였다는 한 사람의 역사적 인물로만 국한되지 않는다. 특히 사상적 측면에서 그는 일제의 식민지 상태를 깨뜨리고 민족의 독립을 달성하려고 했던 한국 독립운동이라는 민족적 특수 과제를 뛰어넘는 보편성을 아울러 갖고 있었기 때문이다. 그래서 현재에는 물론 상당한 미래에까지도 그는 의연히 생명력을 발할 수 있는 잠재적 요소들을 풍부히 보여준 인물인 것이다. 우리 민족이 독립을 이룬 지 이미 60년이 지났고 세기를 넘어 21세기에 접어든 현 시점에서도 여전히 그가 탐구의 대상이 되고 있는 이유이다.

여기서는 특히 우리 한국 사회가 현재 도달해 있는 상황과 나아가 예상되는 미래의 관심사에 비추어 '행복'과 '사랑'을 그 핵심 키워드로 삼아 도산사상의 앞으로의 계승 방향에 대해 그 실마리를 찾아보려고 한다.

2. 한말·일제 시기 도산의 신민신국론新民新國論

잘 알려져 있듯이 도산은 한국 근대 민족운동의 최고 지도자 가운데 한 사람이었다. 그는 우리나라가 봉건사회의 해체기에서 근대사회로 이행하는 과정에서 그리고 동시에 제국주의 열강 특히 일본 제국주의의 침략과 지배를 받았던 한말·일제 시기에 활동한 인물이었다. 따라서 그의 사상은 일차적으로 민족의 근대적 혁신과 국가의 자주독립이라는 과제에 초점을 맞추고 있었다.

이때 그는 이 두 개의 과제를 하나의 통합적인 과제로 인식하였다. 그래서 그는 근대화운동과 독립운동을 민족혁명이라는 대명제 아래 통합하여 〈새 국민으로 새 국가 건설〉이라는 명확한 목표를 설정하고 〈새 국민 형성〉에 대한 방안과 〈새 국가 건설〉에 대한 비전의 제시에 전력을 쏟았다.

그는 먼저 근대 국민국가를 건설하고 운영할 새로운 국민을 창출하기 위해 한국 민족의 혁신과 개조를 부르짖었으며 나아가 그 구체적 실행 조직으로 신민회와 청년학우회 그리고 흥사단을 창립하였다. 아울러 그는 일제를 구축하고 한반도 위에 새로운 근대국가인 대한민국을 세우려는 과제를 이룩하기 위해 공립협회와 신민회와 대한인국민회와 대한민국 임시정부 그리고 대독립당 등을 만들거나 이끌었다.

그러므로 여기서는 한말·일제 시기 그의 민족혁명의 사상체계를 크게 신민新民론과 신국新國론의 두 개의 축으로 집약하여 간략히 살펴보기로 한다.

1) 신민론 — 한국 민족의 개조

도산은 일찍부터 한국 민족 구성원 각 개인의 혁신 그리고 그 집합으로서 민족 전체의 혁신에 관한 다양한 개념과 표어들을 만들고 사용하였다. 신민新民, 자신自新, 자아혁신, 인격혁명, 건전인격, 국민적 자각, 독립, 국민의 사격, 민족개조 등의 말을 만들어 사용했던 것이다. 주목할 사실은 이런 용어들이 단지 관념상의 개념들만이 아니고 그가 한말에 신민회와 청년학우회를 만들고 일제 시기에 흥사단을 만들어 민족운동을 전개하는 동안 절실한 필요에 따라 만들어 사용한 실천적 개념들이었다는 점이다. 그리고 이는 하나같이 한국 민족이 새로운 시대를 맞아 새 사람으로 거듭나야 한다는 뜻을 함축한 말들이었다.

그러면 도산 당시의 한국 민족은 어떤 문제점을 지녔기에 그는 그처럼 민족의 혁신과 혁명 그리고 개조를 외쳤는가. 무엇보다 그것은 자본주의 세계질서에 편입당한 새로운 시대 상황을 맞이하여 민족이 자주독립을 유지할 수 있는 생존과 경쟁의 능력을 결여하고 있다는 점이 그 핵심이었다. 따라서 19세기 말 제국주의가 치성하던 시기에 열강들에게 문호를 개방할 수밖에 없었던 한국 민족이 자주독립의 생존권을 확보하고 나아가 그들과 경쟁하면서 발전해 가기 위해서는 스스로 근본적인 변화와 혁신을 이루지 않으면 안 된다는 것이었다. 도산은 이 점을 당대의 그 누구보다 철저히 자각하였던 것이다.

그렇다면 그가 말하는 새 사람이란 과연 어떤 사람이며 옛 사람과는 무엇이 다른가. 그가 말하는 신민新民이란 예전의 군주에 종속된 한갓 백성으로서의 신민臣民이 아니라 새롭게 국가와 사회의 주인임을 자각한 사람들이었다. 곧 신민新民은 신국민新國民을 줄인 말이며 국민國民 바로 그것이었다.

이는 물론 그의 사회개혁사상 및 국가개혁사상과 밀접히 연결된 생각이었다. 그는 전제군주제의 대한제국大韓帝國이 일제의 보호국으로 전락하였다는 소식을 공립협회를 이끌던 미국에서 접한 뒤 완전 식민지화를 겨냥한 일제의 침략으로부터 나라를 구하는 동시에, 이를 민주공화제의 대한민국大韓民國으로 일대 변혁하려는 뜻을 품고 동지들을 결집하기 위해 귀국하여 신민회를 결성하였던 것이다.

그러면 그 같이 새로운 국민은 어떻게 만들 수 있을 것인가. 기본적으로 신민이 되는 길은 각 개인이 스스로 자각하는 것이었다. 각 개인이 스스로 각성하여 자기를 혁신하는 것이 가장 확실하며 아울러 가장 바람직한 방법이기도 하였다. 그러나 민족 전체가 존망의 기로에 처한 급박한 상황에서 시급히 요청되는 민족의 혁신을 각 개인들의 자각에만 맡겨둘 수는 없는 일이었다. 의식적이며 조직적인 노력이 필요하였다.

먼저 각성한 신민들이 단체를 만들어 의식적으로 신민을 창출해 가는 민족개조를 위한 조직체들이 필요하였던 것이다. 그리하여 도산이 직접 만든 단체들이 신민회요, 청년학우회요, 흥사단이었다. 또 대성학교를 비롯한 학교들의 설립도 크게는 같은 뜻이었고 그 밖에 각종 계몽 강연이나 언론 활동 역시 결국은 같은 목적에서 나온 것이었다. 즉 도산이 구상했던 신민의 창출을 통한 국민 형성의 방안은 기본적으로는 각 개인의 자각과 각성을 촉구하는 대중의 계몽과 교육에 있었다. 그러면서 또 한편으로는 각종 조직과 제도와 시설을 만들고 활용하여 의식적·조직적으로 이를 촉진하는 범사회적 운동 방법이 필요했던 것이다.

2) 신국론—대한민국의 건설

도산은 일제의 침략 앞에 무기력하게 무너져 내리는 조선왕조와 대한제국에 대해 매우 비판적 인식을 가졌다. 물론 그가 주로 비판했던 것은 무엇보다 앞서 민생을 중히 여긴다는 유교정치의 본래 이념이 쇠퇴한 말기적 정치와 사회의 상황과 특히 그 지배층에 대해서였다. 이때 무엇보다 먼저 필요한 것은 민족 전체의 운명을 파탄으로 몰고 간 조선왕조의 멸망 원인을 바로 진단하는 일이었다.

그것은 근원적으로 국가의 대다수 구성원들로 하여금 나라를 자기의 것으로 여길 수 없도록 만드는 국가의 기본 틀 자체에서 찾아질 수밖에 없었다. 즉 조선왕조가 쇠퇴하고 패망해 간 원인은 절대 권력을 가진 군주와 관리 등 소수의 지배층이 백성들을 단지 통치와 수탈의 대상으로만 여겼기 때문이었다. 따라서 대다수의 백성들은 국가를 자신의 나라로 생각할 수 없었으며 대신 나라를 단지 왕실의 소유물에 불과한 것으로 여기게 되었다. 따라서 구성원의 절대다수를 소외시키는 전제군주제 국가는 발전의 동력을 상실할 수밖에 없었으며 마땅히 혁파되고 변혁되어야만 했다.

그러면 도산은 어떤 새로운 국가를 지향하였는가. 마땅히 그것은 모든 국민이 국가의 주인이 되는 근대 국민국가였으며 그 중에서도 군주제를 완전히 혁파한 민주공화제 국가였다. 그래서 그는 한말 신민회운동의 목표를 대한제국의 수호나 개량이 아닌 민주공화제의 대한민국 수립으로 명확히 규정하였던 것이다.

물론 당시 한반도의 객관적 상황은 이를 위한 내부 정치혁명이 일차적인 과제가 되기는 어려웠다. 대한제국은 러시아와의 전쟁을 빌미로 대거 상륙한 일본군의 강점 아래 놓여 있는 상태에서 이른바 을사보호조약으로 이미 반식민지 보호국 체제에 편입되어 있었으며 완전한 식민지화의 길을 밟아가고 있는 중이었기 때문이다. 따라서 한말 도산의 대한민국 수립을 위한 혁명운동 구상은 일제로부터의 국권수호운동 혹은 민족독립운동과 병행되어야만 했다. 완전한 국민국가로서의 대한민국 건설은 민족의 자주독립을 전제로 해서만 가능하기 때문이었다. 어쨌든 후일 도산이 임시정부의 내무총장에 취임하면서 피력한, '한반도 위에 문명부강한 모범적 공화국을 세워 항구적 세계 평화에 기여하는 것'이야 말로 그의 신국론의 집약적 표현이었다.

3. 도산의 행복사상과 박애주의 재인식

도산은 불가피하게 자기 당대에 절박하게 직면했던 민족개조와 독립 달성이라는 민족혁명의 과업에 우선 매진하지 않을 수 없었다. 그러면서도 동시에 그의 관심과 모색은 민족의 당면 과제를 넘어 인류 공통의 통시대적 가치라 할 수 있는 한 단계 높고 넓은 차원에 미치고 있었다. 여기서는 특히 그의 보편사상으로서의 행복론과 사랑론에 대해 살펴보기로 하자.

1) 행복론—'전 인류의 완전한 행복'

그는 1919년 상해 동포들에게 〈개조〉라는 제목의 연설을 하였다. 여기서 그는 〈전 인류의 완전한 행복〉이야말로 모든 인류의 간절한 바람이고 최종의 목적이라고 다음과 같이 말하였다.

"우리 전 인류가 다 같이 절망切望하고 또 최종의 목적으로 하는 바가 무엇이오? 나는 이것을 〈전 인류의 완전한 행복〉이라 하오. 이것은 고금동서 남녀노소를 물론하고 다 동일한 대답이 될 것이오."

우리는 무엇보다 당시 국권을 상실한 약소민족의 한갓 망명 지도자에 불과했던 그가 전 인류의 궁극적 지향점에 대해서까지 나름대로의 명확한 견해를 표명하고 있는 사실에 주목하게 된다.

이어서 그는 어떻게 하면 행복에 이를 수 있는지에 대해 설명한다.

"그러면 이 '완전한 행복'은 어디서 얻을 것이오? 나는 이 행복의 어머니를 '문명'이라 하오.

그 문명은 어디서 얻을 것이오? 문명의 어머니는 '노력'이오. 무슨 일에나 노력함으로써 문명을 얻을 수 있소. 곧 개조하는 일에 노력함으로써 문명을 얻을 수 있소. 그러므로 내가 말하기를 '우리 사람이 일생에 힘써 할 일은 개조하는 일'이라 하였소."

그에 의하면 행복은 인간이 의식적인 노력을 통해 얻게 되는 문명으로부터 나온다고 하였다.

다시 그의 말을 들어보자.

"여러분 우리 한국은 개조하여야 하겠소. 이 행복이 없는 한국! 이 문명되지 못한 한국! 반드시 개조하여야 하겠소. …… 문명이란 무엇이오? 문이란 것은 아름다운 것이오, 명이란 것은 밝은 것이니 즉 화려하고 광명한 것입니다. 문명한 것은 다 밝고 아름답되 문명치 못한 것은 다 어둡고 더럽습니다. 행복이란 것은 본래부터 귀하고 좋은 물건이기 때문에 밝고 아름다운 곳에는 있으되, 어둡고 더러운 곳에는 있지 않습니다. 그런고로 문명한 나라에는 행복이 있으되 문명치 못한 나라에는 행복이 없습니다.

보시오. 저 문명한 나라 백성들은 그 행복을 보존하여 증진시키기 위

347

하여 그 문명을 보존하여 증진시킵니다. 문명하지 못한 나라에는 행복이 있지도 않거니와, 만일 조금이라도 남아 있다면 그 상존한 문명이 파멸함을 좇아서 그 남은 행복이 차차로 없어질 것입니다. 이것은 우리가 익히 다 아는 사실이 아니오? 그런고로 '행복의 어머니는 문명'이라 하였소."

도산에 따르면 문명은 밝고 아름다운 것으로 행복의 어머니가 된다고 하였다. 문명을 행복의 외적 조건 및 물질적 필요조건으로 본 것이다.

그러면 거족적 3·1운동의 감격과 여진이 아직 가시지 않고 있는 시점에서 도산이 이처럼 현실과는 다소 동떨어져 보이는 행복이라는 가치를 강조하게 된 배경은 무엇일까? 물론 연설의 전후 맥락은 상해 재류 동포 나아가 이천만 한국 민족 성원 모두의 변화와 혁신을 위한 끊임없는 노력을 뜻하는 개조를 강조하는 것이었다. 더 구체적으로는 각 개인이 하나하나의 작은 습관부터 고쳐나가 마침내 독립을 달성하고 문명부강한 나라를 가꿔갈 능력 있는 민족으로 거듭나자는 것이었다. 그 도입부의 서설 격으로 도산은 행복론과 문명론을 피력하고 있는 것이다.

3·1운동 이후 독립에 대한 희망과 열정에 넘치는 애국지사들과 청년들이 집결해 있던 당시 상해의 분위기를 감안해 보면 교민들의 큰 여망을 받고 있던 도산의 연설은 보다 격정적이고 실천적인 행동을 촉구하는 것이라야 아마도 더 현장의 분위기에 부응하는 것이었을 터였다. 그럼에도 불구하고 그가 결국은 한국 민족 각 개인 마다의 작은 습관 개조를 강조

하면서 이를 독립 달성과 문명 한국의 건설 그리고 더 나아가 한국과 전 인류의 행복 실현에까지 연결시키고 있는 배경은 무엇일까? 그것은 그의 행복론이나 문명론 등이 단지 연설의 수식어로서 일회성의 필요로 구사된 것이 아님을 뜻한다. 이것들은 그가 나름대로 깊은 사색 끝에 간직하게 된 절실한 내면적 사상체계의 진정한 발로로 보아야 함을 말한다.

그러면 이처럼 그가 행복을 전 인류의 궁극적 가치로 여기게 된 배경은 또 무엇일까? 무엇보다도 그가 한국 민족을 비롯한 세계 약소민족의 불행한 현실을 눈으로 보고 몸으로 절감하고 있었던 데서 그 이유를 찾아야 할 것이다.

여기서 우리는 먼저 도산의 당시 한국 현실에 대한 인식의 일단을 살펴보기로 하자.

일찍이 1906년 4월 공립협회 창립 1주년을 기념하는 강연에서 그는 반식민지 상태의 한말 상황을 다음과 같이 표현하고 있다.

"우리의 나라가 뒤집히고 傾覆(하고) 우리의 동포가 수화 水火에 빠져서 자유를 잃고 의식도 넉넉지 못하며 받는 것은 천대와 모욕이요, 우리의 부모 동생은 다 원수의 손아래서 통곡하는데……"

일제에 의한 국권 침탈과 정치적 억압 및 굴욕 그리고 빈곤의 현실을 압축적으로 설파하고 있는 것이다.

또 도산은 일제에게 나라를 잃은 지 여덟 번째 되는 국치일을 맞아 재미 동포를 대상으로 하여 기념 강연을 한 바 있었다. 여기서도 그는 당시 재미 한인들의 불행한 처지를 조목조목 열거하면서 분발을 촉구하였다. 그의 지적에 의하면 당시 우리 동포들은 집안을 가꾸는 정원의 희락도 사업의 경영에서 맛보는 사업의 희락도 진리를 깨쳐가는 학문 탐구의 기쁨도 없으며 그 밖에 도덕의 희락이나 가정의 희락 또 사교의 희락을 일체 누리지 못하고 있다고 하였다.

"일언이폐지하고 이 세상 인류의 희락 가운데 우리의 희락은 한 가지도 없으니 우리는 자연 비관에 빠질 것이올시다."

물론 이때 그가 전하고자 했던 연설의 논지는 아무런 기쁨이 없다는 현상의 설명에 있는 것은 아니었다. 다시 독립을 위한 동포들의 분발과 단결을 촉구하는 데 있었음은 두말할 필요도 없다.

"그러면 이상 여러 가지 희락이 있으면 마음이 기쁘겠소? 아니오! 가령 이상 여러 가지의 희락이 있을지라도 이하의 세 가지 희락이 없으면 언제든지 우리는 기쁨이 없을 것이올시다. 만일 그렇지 않으면 그 사람은 인체 조직 중에 무엇이 잘못된 사람이라고 하겠소……"

그렇다면 그가 말하는 세 가지 더 중요하고 본질적인 기쁨은 무엇인가? 무엇보다 먼저 그는 나라를 잃고 망국민의 처지가 된 서러움을 잊어서는 안된다고 말한다.

"나라 없는 설움 어떠하시오.

나는 여러분에게 간단히 묻습니다. 나라 없는 설움이 어떠 하옵더이까? 여러분이 겪어보셨지요. 오늘 우리의 설움이 무엇무엇 해야 나라 없는 데서 더 아픈 일이 없다 하오. 무엇이 그리 아프냐 하면 전신이 다 아픈 우리는 앓는 소리로 8년을 지나 왔으니, 이것은 접어 놓고 오늘은 비례를 뒤집어 나라 있는 사람을 봅시다……"

이어서 그는 국권을 빼앗긴 망국민으로서 당연히 감내해야만 하는 자유 없는 서러움에 대해서도 설파하였다.

"자유 없는 설움 어떠하시오.

대개 나라 없는 자는 따라서 자유가 없소. 자유가 없으면 그 사람은 죽은 사람과 같소. 그런고로 워싱톤이 "자유를 못하겠거든 차라리 죽음을 주시오."라고 기도하였으니 자유가 얼마나 귀중한 것을 알 것이올시다. 무릇 자유가 없는 자는 죽음과 같은 실상을 들어 말하오리다.
……

그러니까 나라가 없어지면 그 나라에 딸린 그 사람은 나라가 없어지는 그때는 깡그리 따라 죽는 것이오. 그 후에 사는 것은 제가 살고 싶어 사는 것이 아니라 육체를 주체 못하여 그 몸이 썩을 때를 기다리고 있는 것이올시다……"

도산은 당시의 한국 민족이 아무런 기쁨이 없이 총체적으로 불행의 늪

351

에 빠져 있음을 통절히 말하고 있는 것이다.

"오늘날 우리 한인은 개인으로 보아도 희락이 없고 공체로 보아도 희락이 없소. 그래서 집에 들어도 희락이 없고 밖에 나와도 희락이 없소. 만일 여러분 가운데 한 사람이라도 기쁨이 있을 것이면 그 기쁨을 빌어 서로 맘을 위로할 수 있을 것이어늘 우리는 김 서방을 보아도 그러하고 이 서방을 보아도 그러하며 어디를 가든지 다 그러하여 희락을 얻을 구석이 없으니 대개 희락이 없는 화는 한 대의 전염병보다 더 고르게 퍼지는 것이오, 더 혹독한 것이올시다. 기쁨이 없으면 그 사람은 슬픈 사람이올시다. 대개 사람이 슬프면 생각이 좁아지고 감정이 편벽되며 기운이 오므라들어서 생리에도 해로운 것이니 이런 이치는 학리로 연구할 것이 아니요 각각 거울을 보고 찾을 것이올시다.

보시오. 오늘 우리 한인은 늙은이도 허리가 구부러지고, 젊은이도 허리가 구부러졌소. 얼굴은 병들어도 누렇고 성하여서도 누렇소. 첫째, 면목이 어엿하지 못하여 남의 앞에 내뛸 힘이 없고 신기가 국축하여 작고 뒤로 물러가기만 하오. 이리하다가는 그 몸까지 견디기 어려울 터이니 나라는 누가 회복하여 주겠소. 생각할수록 모골이 송연한 일이니, 우리는 먼저 천하에 흉독하고 두려운 슬픔을 끊어 버립시다. 우리 민족 가운데 슬퍼하는 사람보다 기뻐하는 사람이 많으면 그때에는 우리 나라를 회복할 기회가 절로 열릴 것이 올시다."

도산은 삶의 기쁨에서 나오는 힘을 나라를 회복할 원동력으로까지 인

식하고 있었다. 내면의 기쁨 유무는 곧 독립 달성의 가능성 여부와도 직
결되는 문제로 여기고 있었던 것이다.

그런데 문제는 기쁨이 없는 현실에서 독립의 원동력이 생길 수 없는 한
편, 또 동시에 독립이 없는 상태에서 기쁨이 있을 수 없다는 딜레마였다.
이 악순환의 고리를 어떻게 풀 수 있을 것인가?

도산은 미래의 희망에서 그 해법을 찾았다. 그는 현실에 좌절하거나 절
망하지 말고 미래의 희망을 발견하고 그것을 확신하면서 의심하지 말고
함께 힘을 모아 가자고 호소하였던 것이다.

"기쁨의 방법은 희망이 하나.

아무 것도 없는 우리가 무엇을 가지고 기뻐하겠느냐고 물을 터인 고
로 나는 오늘 우리 민족의 기뻐할 방법을 말하오. 우리는 희망이 아니
면 다시 기쁨의 방법이 없다 하오. 대개 희망은 장차 얻을 것을 믿고 보
지 못하는 가운데 사실을 만들어 기다리는 것이올시다. 이를 터이면 세
끼를 굶은 자가 내일 풍족히 먹을 것을 생각하며 삼동에 벗은 자가 내
일 떳떳이 입기를 생각하면 우선 마음이 위로됨으로써 차마 생명을 끊
지 못하는 것과 같이 오늘 일인에게 학살을 당하지만 내일 우리가 일인
을 학살할 줄로 믿고 기다리는 것이 곧 우리가 마땅히 가질 희망이니,
대개 이런 희망은 절대한 용맹과 절대한 이상이 아니면 도저히 가질 수
없는 것이올시다. …… 우리도 오늘부터 희망을 가지고 내일의 거울을
보아 봅시다. 우선 얼굴이 좋아질 것이오. 허리도 차차 펴질 것이올시
다. 그리한즉 우리 가슴 속에 쌓여 있던 슬픔이 풀려 나가고 기쁨이 들

어와서 그 자리를 채워 가지고 이 세상 분투하는 마당에 매어 놓을 것이니 오늘 우리 사람의 뇌 속에 가장 먼저 잡아넣을 것이 '희망'이라 하오."

나라를 잃은 현실은 비록 아무런 기쁨도 없이 절망뿐이지만 앞날에 대한 확고한 희망을 발견하고 견지해 감으로써 독립의 길로 나아가자는 그야말로 미래 비전과 희망의 메시지였다. 도산이 본 당대의 우리 현실은 국가적으로는 일제에게 국권을 빼앗긴 채 자유를 억압당하고 있는 식민지임과 동시에, 사회적으로는 근대화에 뒤처져 낙후된 까닭에 문명부강하지 못하였다. 따라서 행복이 없는 상태였다. 그러므로 그의 문제의식은 단순히 민족의 독립 달성에 그치지 않고 독립 이후에까지 미쳐 되찾은 나라를 문명부강한 나라로 가꾸어 한국 민족 전체가 행복을 누리는 데까지 나아가는 것이었다. 그가 '잃어버린 옛나라를 찾아 복스러운 새나라를 건설하자'라고 했다던가, 민족혁명구상도에서 조국증진祖國增進이라는 개념을 썼던 것은 다 문명 한국, 행복 한국의 건설을 뜻하는 것이었다.

그리고 그에게 그것은 또한 한국만의 현실과 과제가 아니라 중국을 포함한 여러 약소민족들 공통의 현실이고 과제이기도 했다. 따라서 행복 실현이라는 과제는 비단 우리 한국 민족에만 해당되는 목표가 아니고 전 인류 공통의 염원이기도 했다. 도산에게 한국 민족의 행복은 동시에 전 인류의 행복 실현이라는 그의 궁극적 지향의 일환이기도 했던 것이다.

2) 사랑론―'사랑은 행복의 최고 원소'

〈전 인류의 완전한 행복 실현〉을 동서고금을 막론하고 인류가 꿈꿔온 최고 이상이라고 생각했던 도산은 사랑이야말로 그 행복의 최고 원소라고 단언하였다.

1919년 도산이 상해의 한국인 교회에서 〈우리는 사랑합시다〉라는 취지로 행한 설교에서였다. 직접 인용해 보기로 하자.

"…… 다음 말할 것은 '하나님께서 사랑을 전파'함이오. 우리가 어찌하여 이것을 중히 여기오? 혹은 군국주의, 사회주의 그 아래 정치, 상업, 그 아래 공부, 그 무엇 무엇을 하는 것을 너 무엇을 위하여 그러느냐 한즉, 행복을 위함이라 답하리다. 사랑이라는 것은 인류 행복의 최고 원소라."

이어 그는 행복의 조건에 대해 설명하였다.

"행복은 생존과 안락이라. 생존과 안락이 인류의 행복이 되나니, 사람이 생존함에 무엇으로 하나요? 의, 식, 주라. 이에 가장 필요한 것이 금력이라. 우리의 만반 경영에 금력이 필요하니 금력은 천연 금력이나 인조 금력이라. 한국이든지 삼림, 광산, 지력을 잘 이용하여야 금력이 많소. 금력을 잘 만드는 것은 지력이 많아야만 잘 하오. 그런즉 지력이 더 필요합니다. 그런고로 세상에서 소학교와 대학교에서 공부하는 것이 다 지력을 위하여 함이오. 지력이 사랑에서 나오나이다. 또 큰 정치가는 정치에 큰 재주가 있소. 이를 생각한즉, 사랑을 가진 사람이오. 혹 사랑이 없이 지력이 있는 자가 있다 하여도 이는 세상을 이롭게 하지 못하고 세상을 해롭게 하오.

안락은 무엇을 말하느냐. 누구든지 사랑이 있어야 안락이 있소. 내가 지금 누구에게든지 사랑을 주고받을 곳이 없으면 안락이 없소. 내가 내지에 있을 때에 한 젊은 여자가 우물에 빠져 죽는 것을 보았소. 이 여자는 재물과 전토도 많지마는 남편의 사랑이 없고 또 시동생이나 부모의 사랑이 없어 항상 눈물을 흘리다가 빠져 죽었소.

사랑을 남에게 베푸는 이가 행복이오. 이제 우리가 산을 사랑하고 물을 사랑하고 달을 사랑하지마는, 그 물건이야 무슨 영향이 있소? 예수의 제자가 사랑으로 참혹한 일을 당하였소. 그러나 부랑한 사람의 사랑은 이와 같음이 없소. 고로 진정한 안락의 본은 사랑이오. 그런고로 하나님이 사랑을 권하였소. 독생자 예수를 내려 보내어 사랑으로써 피를 흘렸소이다."

그는 행복을 이루는 두 가지 요소로 생존生存과 안락安樂을 들었다. 외부적·상황적 조건인 생존과 함께 내면적·심리적 조건인 안락을 인간 행복의 두 요소라고 본 것이다. 앞에서 그가 문명을 행복의 어머니라 한 데서 유추해 보건대 그가 말한 생존은 행복의 외부적·상황적 조건으로서 문명사회를 뜻하는 것으로 짐작된다. 아울러 안락은 사람 사이의 사랑을 뜻한다고 직접 말하고 있는 것이다.

도산에 따르면 특히 내면적·심리적 측면에서 사람 사이에 서로 사랑을 주고받음이 없이는 안락이 없고 따라서 행복이 있을 수 없었다. 그는 특히 남에게 사랑을 베푸는 데 행복이 있음을 강조하고 있다.

그러면 독립운동이라는 치열한 과업의 일선에서도 그 중심에 서 있던 도산은 어찌하여 사랑이라는 가치를 절실히 내면화하게 되었을까? 이는 역시 그가 몸소 보고 느낀 당시 현실에서 비롯되었다고 생각된다. 그가 보는 당시 한국 현실은 차갑고 무정한 사회였다. 그는 〈유정한 사회와 무정한 사회〉라는 글에서 다음과 같이 말했다.

"우리 대한 사회는 무정한 사회외다. 다른 나라에도 무정한 사회가 많겠지마는, 우리 대한 사회는 가장 불쌍한 사회외다. 그 사회의 무정이 나라를 망케 하였습니다. 여러 백 년 동안을 대한 사회에 사는 사람은 죽지 못하여 살아왔습니다. 우리는 유정한 사회의 맛을 모르고 살아 왔으므로 사회의 무정함을 견디는 힘이 있거니와 다른 유정한 사회에 살던 사람이 일조에 우리 사회 같은 무정한 사회에 들어오면 그는 죽고 말리라고 생각합니다. 민족의 사활 문제를 앞에 두고도 냉정한 우리 민족이외다. 우리가 하는 운동에도 동지 간에 정의情誼가 있었던들 효력이 더욱 많았겠습니다. 정의가 있어야 단결도 되고 민족도 흥하는 법이외다……

정의 없는 대한 민족의 고통은 실로 지옥 이상이외다. 대한인의 사회는 가시밭이외다. 아무 낙이 없습니다. (흥사단) 단우들이여, 우리는 단우다운 정의를 지켜 화기 가운데 삽시다. 화기 중에 일에 흥미가 나고 흥미 있는 일이라야 성공합니다."

또 1924년 말 미국에 도착하여 그곳 교민들에게 행한 〈따스한 공기〉라는 제목의 강연에서도 다음과 같이 말하고 있다.

"여러분! 내가 말하고자 하는 사건이 많습니다. 그러나 오늘 저녁에는 시간이 없으므로 이 다음 기회를 기다릴 수밖에 없습니다. 그러나 내가 최종적으로 여러분께 드리려 하는 것은 이것입니다. 우리 한인 사회의 좋은 공기는 따스한 공기라는 것입니다. 내가 원동에서 떠날 때에 추운 공기가 가득하므로 초목이 다 말랐더니 따스한 공기가 가득한 하와이에 와서 본즉 풀이 푸르고 산이 푸르러서 정말 별유천지와 같습니다.

그러면 따스한 공기란 무엇인가? 이는 사랑의 공기입니다. 우리 사회는 이것이 박약합니다. 내가 원동에 있을 때에 무슨 일을 하여 보려고 산과 들을 홀로 다닐 적에 마음이 처참할 때가 많았습니다. 왜 그렇습니까. 우리 가운데 따뜻한 사랑의 공기가 없음이외다. 어디를 가든지 우리 한인에게는 추운 공기가 보입니다……

내지에서는 해외에 있는 동포가 싸움을 한다 하지마는 실상 내지에도 그러한 공기가 있습니다. 이것이 과연 우리의 큰 결점입니다……

우리 전체 민족이 서로서로 사랑하며 서로서로 용서하고 따뜻한 공기를 빚어내야만 우리의 일이 성취될 수 있습니다."

앞에서도 그는 우리 민족 각 성원의 마음에 기쁨이 있어야 독립의 원동력이 생긴다고 말한 바 있다. 그런 것처럼 그는 우리 민족 사이에 따스한 공기 곧 화기和氣가 흐르는 유정한 사회가 되어야 독립 달성이라는 일이 성취될 수 있다고 말하고 있는 것이다. 이렇듯 그가 간절히 지향하는 사회는 따스한 정이 흐르는 유정한 사회였다. 〈훈훈한 마음으로 빙그레 웃는 얼굴〉들이 모여 사는 유정한 사회는 밝고 아름다운 문명사회로서 행복이 실현된 곳이기에 그 자체로서 고귀할 뿐 아니라 도산에게 그것은 독립 달성이라는 당시의 당면 과제와도 곧바로 연결되는 절실한 바람이기도 했다.

그는 만년에 愛己愛他라는 휘호를 남길 만큼 사랑을 강조한 바 있었다. 그 사랑은 구체적으로 스스로에 대해서 그리고 이웃을 향해서 표현된다는 뜻일 것이다. 그러면 그의 애기애타론은 이처럼 단순히 언어적 풀이에 그치고 마는 추상적인 구호에 불과한가. 그렇지 않다고 본다. 애기애타론은 그의 전체 사상체계 속에서 보다 구체적으로 재구성될 수 있다고 여겨지기 때문이다.

먼저, 그는 민족개조론의 구체적 표현인 흥사단사상을 통해서 수련을 매우 강조했다. 덕, 체, 지 세 방면의 수련을 통해 자기를 확대하고 심화시키고 향상시키는 일이야말로 자신을 진정으로 사랑하는 일이 아니겠는가.

또한, 이웃을 사랑하는 일은 흔히 봉사로 표현되기도 한다. 이때 이웃이란 가족이나 가까운 친지만을 뜻하는 것이 아니고 확대해 나가면 민족과 국가 그리고 인류 전체에까지 확대되는데 역시 도산이 흥사단 약법을 통해 환난상구患亂相救의 정신, 호애협동互愛協同의 정신, 대공복무大公服務의 정신을 강조한 것은 애타 곧 이웃에 대한 봉사의 구체적 표현이라고 여겨진다.

4. 21세기 도산사상의 키워드 — '행복'과 '사랑'

우리는 도산 안창호를 한말·일제 시기 한국 근대 민족운동의 뛰어난 지도자로 추앙한다. 그는 민족이 일제의 침략과 지배 아래 가장 절망적인 상황에 놓여 있을 때 총체적 민족혁명의 관점에서 신민신국론을 정립하고 다양한 실천 활동을 전개하였다. 아쉽게도 그는 독립의 기쁨을 맛보지 못하고 일찍이 타계하였다. 그러나 그는 단지 한 사람의 애국선열로서 추모의 대상이 되는데 그치지 않고 오늘날에도 여전히 관심과 탐구의 대상이 되고 있다. 그 이유는 특히 그가 보여준 사상 속에 과거 독립운동 시기에만 국한되지 않는 보편성이 풍부히 담겨있기 때문이다.

한국 민족의 독립 달성이라는 과제에 대한 내용을 근대 한국의 민족문제에 대응하는 도산사상의 특수성이라고 한다면 그것을 넘어 독립국가 한국이 추구할 바람직한 가치 나아가 온 인류가 공통으로 염원하는 가치까지를 포함한 내용을 도산사상의 보편성이라고 부를 수 있을 것이다. 즉 그가 민족운동의 방략도에서 표현한 용어를 빌려 써서 국권광복國權光復을 이루고 조국증진祖國增進의 과정을 거치면서 궁극적으로 〈전 인류의 행복〉이라는 3단계를 설정한다면 첫째의 독립운동 단계는 순전히 한국적 특수성을 반영하고 둘째, 셋째 단계는 민족적 과제이면서 동시에 세계 전체가 공유할 수 있는 공통의 가치로서 전인류적 보편성을 갖고 있다고 할 수 있다.

우리는 그동안 주로 도산의 독립운동을 이해하기 위해 도산사상의 특수성에 주목하여 왔다. 이때에도 물론 무실, 역행, 충의, 용감 등의 정신적 덕목이라든가 점진주의 그리고 민주적이고 통합적인 리더십 등 보편성을 띤 가치들이 많이 포함되어 있지만 둘째, 셋째 단계에서 주로 부각될 수 있는 그의 행복사상이라던가 애기애타의 박애주의 등 좀 더 본격적인 보편성의 측면에는 비중을 두지 못하였다.

이제 21세기 글로벌 시대를 사는 우리는 도산사상의 보편성에 보다 주목하여 미래지향적으로 계승 발전시킬 필요가 있다고 본다. 그 경우 그 정점에 전 인류의 완전한 행복을 지향하는 행복사상이 자리 잡고 있으며 행복 실현의 가장 중요한 내면적 최고 요소로서 애기애타의 박애주의가 위치한다.

우리 한국 민족은 아직도 남북의 분단이라든가 사회적 갈등 상황 등 몇 가지 풀어야 할 큰 과제들을 안고 있는 것이 사실이다. 그러나 짧은 시간 동안에 세계 200여 개 나라들 속에서도 이미 당당한 위치를 차지하고 있으며 선진국가의 문턱에 도달해 있다. 매우 역동적인 발전을 계속해 오고 있는 것이다. 이제 우리는 도산이 멀리 내다봤던 조국증진의 시기에 서서 '행복'과 '사랑'의 가치에 공감하면서 그의 사상을 재발견하고 재인식하는데 좀 더 노력을 기울일 필요가 있다.

돌이켜 보면 도산은 민족이 가장 절망적인 상황에 떨어져 있을 때 수많은 실패를 겪으면서도 결코 좌절하지 않았다. 오히려 미래의 희망을 발견하고 가꾸어 나가면서 전 인류의 행복이라는 위대한 비전을 정립하고 있었다. 또 그는 사랑이라는 가치를 행복의 최고 원소로 규정하고 애기애타론으로 구체화시켜 수련과 봉사의 밑바탕으로 삼았던 것이다. 도산의 행복사상과 애기애타의 박애주의는 21세기 한국 민족 나아가 전 인류의 고

귀한 가치이자 비전의 하나로 계승되어야 하리라 본다.

(도산학회, 『도산학연구』 11·12 합집, 2006.)

II. 도산이 꿈꾼 미래 세상
대공주의공화국과 세계대공

1. 한국 근대 민족운동사에서의 도산

도산 안창호 선생은 사상적으로나 실천적으로 한국 독립운동의 최고 지도자였습니다. 그는 60 평생을 온전히 독립운동에 바친 애국애족의 표상이었으며 〈밥을 먹어도 대한의 독립을 위해, 잠을 자도 대한의 독립을 위해서〉라는 말로 자신의 소명을 극명하게 표명하였습니다. 돌이켜 보면 목숨까지 바쳐가며 항일투쟁의 독립운동 전선에 투신한 애국지사들은 수없이 많았습니다. 하지만 민족의 먼 미래까지를 내다보면서 독립운동에 헌신한 지도자는 생각보다 드물어 보입니다. 도산 선생은 몸소 실천으로서 독립운동의 가장 중심에 섰을 뿐 아니라, 사상적으로도 중요한 고비마다 우리 독립운동을 새로운 단계로 끌어 올린 선각자 중의 선각자요, 지도자 중의 지도자였습니다.

지난 20세기 우리나라 민족운동사를 조감해 볼 때 도산 선생은 사상적으로 크게 두 차례 선각적 지도자로서 결정적인 역할을 수행하셨습니다.

먼저 첫 번째는, 1907년부터 3년간 비밀결사 대한신민회를 만들어 활동하시면서 주권재민의 국민주권사상을 전파한 사실을 들어야 하겠습니다. 신민회운동은 항일 구국운동이면서 동시에 민주공화국가 수립을 목표로 한 혁명운동이기도 하였습니다. 신민회는 일본 제국주의의 무력에 비해 너무도 힘이 부족했기 때문에 그 당시에는 국권 수호도 공화국가 수립도 다 그 목적을 이루지 못하였으나 역사적으로 보면 너무도 큰 성과를 낸 참으로 빛나는 존재였습니다.

일본 제국주의의 침략에 맞선 항일운동의 측면에서 보면, 도산 선생은 신민회를 통해 독립전쟁론과 독립전쟁준비론을 설파하여 국권 상실 후 본격화되는 독립운동에서의 핵심 투쟁방략을 확립하였습니다.

민주공화국가 수립이라는 혁명운동의 측면에서 보면, 선생은 장차 한반도에 세워질 민족자주국가는 주권재민의 근대 국민국가여야 한다는 사실을 널리 전파하였습니다. 대한제국의 수호가 아닌 대한민국의 건설이라는 혁명 과업은 정신사적 측면에서 보면 대한신민회 이후 대한인국민회를 거쳐 대한민국 임시정부 수립으로 이어지고 이어 해방 후 대한민국으로 현실화되었습니다.

우리 근대 역사에서 도산은 국민주권의 민주공화국사상의 실질적 원조였고, 대한신민회와 대한인국민회의 최고 지도자였고 성립 초기 대한민국 임시정부의 실질적 건립자이자 최고 운영자였습니다. 사상적으로나 실제의 역할로나 민주공화국가 대한민국 성립의 밑침돌이자 대들보 역할을 수행하셨던 것입니다. 명실상부한 대한민국의 국부이셨습니다.

다음 두 번째는, 1926년 여름부터 1932년 봄 일제에 체포될 때까지 중국에서 대혁명당운동을 선창하고 주도하면서 그 이론적 뒷받침으로 대공주의를 정립해 주창한 사실을 들어야 하겠습니다. 그가 좌우합작까지를 포함한 대혁명당운동을 전개하여 침체에 빠져있던 독립운동계에 큰 활력을 불어넣고 그 과정에서 대공주의를 정립하여 주창한 사실은 이제는 적어도 학계에서는 널리 알려져 있습니다.

2. 대공주의란 무엇인가?

그러면 이제 가장 기본적인 질문부터 해 보겠습니다.

대공주의란 도대체 무엇입니까? 한마디로 요약하면, 지난 20세기 한국독립운동계 최고의 독립사상이자 세계적 차원의 평화사상입니다. 조금 더 풀어서 말씀드려 보겠습니다.

먼저 한국 독립사상이라는 관점에서 보면, 대공주의는, 1) 한국민족의 애국심을 고취하고, 2) 독립운동가들의 통일단합을 촉구하고, 3) 절대독립의 비타협적 투쟁 원칙을 확립하고, 4) 자유와 평등이 조화된 진정한 민주국가를 지향하는 복합적인 내용들을 담은 독립사상이었습니다.

다음 보편적 세계평화 사상의 관점에서 보면, 대공주의는, 1) 세계 각 민족, 각 국가가 각기 내부적으로 자유평등의 대공주의공화국을 수립한 다음, 2) 이들이 수평적으로 연대해 세계 평화체제를 이룬다는 구상이었습니다. 이런 주장의 의미는 당시의 세계정세를 배경에 놓고 봐야 잘 드러납니다. 한편에서는 10여 개의 자본제국주의 열강들이 아시아 아프리카 남아메리카에서 광대한 식민지를 차지하여 약소 민족들을 강권력으로 지배하고 있었습니다. 또 한편으로는 1917년에 갓 등장한, 그러니까 불과 10년 미만의 신흥 공산주의 독재국가 러시아가 소비에트연방을 수립하고 인접 지역을 편입해서 확장해 가고 있었습니다. 이처럼 양쪽으로부터의 수직적 관계 속에서 수많은 사람들이 고통받고 있었습니다.

도산 선생의 대공주의 사상은 이와는 완전히 다른 세계를 그렸습니다. 각기 자기 주권을 가진 국가와 민족들이 수평적으로 연합하고 연대하는 평화체제 구상이었던 것입니다. 만약 세계적으로 대공주의가 현실화될 경우 전 인류가 평화와 번영과 행복을 누리는 〈세계대공〉의 최고 이상에 도달하게 되는 그야말로 글로벌한 대사상이었습니다.

먼저 우리의 독립사상이라는 관점에서 돌아보겠습니다.

무엇보다 주목할 사실이 있습니다. 이 무렵 도산이 장차 수립할 대공주의 독립국가를 지칭하면서 신민주국, 또는 진眞민주국이라는 말을 쓰고 있다는 점입니다. 20년 전 한말 신민회운동 때에는 〈독립자유 국가〉 혹은 〈자유문명국〉을 수립하자고 하였는데 이는 물론 당시 미국을 모델로 한 자본주의 공화국이었습니다. 다른 말로 하면 요즘의 자유민주주의 국가였지요. 10년 전 3·1운동 직후 임시정부 초기에 내무총장 겸 국무총리 대리에 취임하면서는 한반도에 〈모범적 공화국〉을 수립하자고 말하였는데 이때의 모범적 공화국이라는 표현 속에는 아마도 사회주의에서 강조하는 평등 요소를 포용하겠다는 뉘앙스가 엿보이기도 합니다. 당시 상해에는 이미 사회주의 세력이 형성되어 있었고 도산은 민족의 독립을 위해서는 이동휘 등 사회주의 세력과도 반드시 제휴해야 하겠다는 구상이 이미 확립되어 있던 상황이었습니다.

그런데 이제 불과 몇 년 후 1920년대 후반에 이르러서는 자본주의에 바탕을 둔 자유민주주의 이념만으로는 더 이상 도저히 독립운동계 전체를 아우를 수 없는 상황에 직면하였습니다. 1917년 러시아에서 공산주의 혁명이 성공함에 따라, 3·1운동 후에는 우리 독립운동계에도 공산주의 사상이 급속히 유입되었기 때문입니다. 그리하여 우파와 좌파가 첨예하게 대립하게 된 독립운동계의 대동단결과 통일을 위해서는 좌우합작이 불가피하였고 이에 사상적으로는 자본주의와 사회주의 사상의 중도적 절충과 융합이 반드시 필요해 졌습니다.

이 같은 당면의 필요와 함께, 독립운동계의 최고 지도자로서 도산은 나아가 차제에 한국독립운동의 진행 과정상에서의 원칙을 확립하고 독립 이후의 국가상도 분명히 제시하기 위해 대공주의를 정립하였던 것입니다. 그래서 대공주의에는 앞에서 말씀드린 것처럼 1) 한국 민족의 애국심과 민족의식을 고취하고, 2) 독립운동가들의 통일단합을 촉구하고, 3) 절대독립의 비타협적 투쟁론을 견지한다는 독립운동 과정상에 반드시 필요한 세 가지 원칙이 담겼고, 동시에 독립 이후의 국가상으로, 4) 자유와 평등이 조화된 사회민주주의 독립국가를 건설한다는 내용이 함께 포함되었던 것입니다.

오늘의 눈으로 보면, 이 가운데 독립운동 과정상의 원칙들은 이미 오래 전에 그 시효가 다했으므로 지난 과거의 역사가 되고 말았습니다. 그래서 이제 우리가 관심을 갖는 것은 도산 선생께서 신민주국 혹은 진민주국이라고 이름 지은 대공주의의, 당시로 보면 앞으로 다가올 장차의 독립국가 구상 부분입니다.

3. 대공주의공화국

그렇다면 도산 선생께서 말한 새로운 민주국가 혹은 진정한 민주국가인 대공주의국가는 과연 어떤 나라일까요?

대공주의공화국의 가장 우선적인 요소는 민족자주독립국가라는 점입니다. 자본제국주의 강대국에 지배당하는 식민지 종속국가는 말할 것도 없고 소비에트사회주의연방, 즉 소련에 편입되는 지역 단위 공산주의소비에트공화국도 아닙니다. 그러므로 한반도에는 어디까지나 한민족의 자주적인 독립국가가 서야 한다는 것이 가장 선결적인 전제였습니다. 세계 다른 민족이나 약소국가들도 마찬가지로 자주독립이 가장 우선적인 가치이고 전제 조건이었습니다.

그러한 자주독립의 대공주의 공화국가들끼리는 수직적 지배나 종속 관계가 아니라 수평적 연대에 의한 평화와 번영의 국제 협력 관계가 형성됩니다.

개별 대공주의 공화국가들은 내부적으로는 정치 경제 교육의 평등에 입각한 평등사회 실현이 가장 중시될 것입니다. 그렇다고 해서 자본제국주의 파시즘국가나 공산주의 독재국가처럼 개인의 자유가 부정되거나 제약당하지 않고 어디까지나 폭넓은 시민적 자유를 바탕으로 평등이 잘 조화되는 사회를 지향하였습니다. 오늘의 북유럽이나 서유럽 국가들에서 보게 되는 그런 사회, 즉 사회민주주의 국가를 지향하는 것입니다.

그런데 여기서 또 유의할 점은 도산의 대공주의는 단순히 유럽의 사회민주주의를 답습하거나 차용한 것이 아니었습니다. 오늘날 현실 사회민주주의 국가들의 합의된 강령인 1951년의 프랑크푸르트선언보다 오히려 20여 년 앞서 나온 선구적인 성과였다는 점을 기억해야 할 것입니다.

4. 대공주의의 현재적 의미

어쨌든 대공주의는 거의 100년 전에 출현했던 사상입니다. 그러면 이제 오늘의 우리는 대공주의를 어떻게 보아야 할까요? 두 가지 경우를 생각해 볼 수 있을 것입니다.

하나는, 지나간 역사적 사실의 하나로 받아들여 정리하는 것입니다. 과거 우리의 독립운동 시기에 이런 생각과 주장도 있었구나 하고 넘어가도 되겠지요.

또 하나는, 그 의미와 가치를 현재와 미래에 비추어 진지하게 재음미해 보는 것입니다. 당시 격렬했던 이념 대립과 분열의 상황에서 민족 지도자 도산이 그걸 극복하기 위해 정립한 통합의 사상이 대공주의라면 오늘의 우리도 이념 대립이 심각한 상황에서 한 세기의 시간적 격차에도 불구하고 상황적 동일성에 비추어 재인식해 보자는 것입니다. 그래서 재활용의 가치가 있다면 되살려볼 필요가 있지 않을까요. 지나간 역사적 유산이 아니라 우리와 가까운 근현대 시기의 사상적 자산으로서 계승 발전시켜 보자는 것입니다. 물론 저는 이런 입장입니다.

더욱이 현재는 우리가 당시처럼 단지 사상적으로만 대립하는데 그치지 않고 이념적 차이가 남북의 분단과 대치, 남남갈등의 심화 등 실제로 현실화된 상황 속에 놓여 있다는 점에서 도산 선생 당시보다 구조적으로 훨씬 더 풀기 어려운 조건 속에 놓여 있다고 할 수 있겠습니다. 때문에 그 당시의 문제의식과 해법을 다시 되돌아볼 가치가 충분하다고 봅니다.

여러분께서는 오늘의 우리 대한민국을 어떻게 보십니까? 보는 이의 관점에 따라 극명하게 갈리고 있습니다. 한편에서는 UN 산하 세계무역기구가 공인한 선진국, 산업화와 민주화에 성공한 나라, 무엇보다 국민소득 35,000불의 경제대국, 1조 달러를 훌쩍 넘는 무역대국, 첨단산업과 과학기술 국가, 문화 강국, 군사 대국… 등 거의 모든 면에서 그야말로 눈부신 성장과 발전을 이루었습니다. 아마도 신민회운동 당시의 30세 전후 청년 도산이 살아 돌아오신다면 불과 100년 만에 문명부강한 자주독립국가의 꿈이 이루어졌다고 환호작약하실 것입니다.

그러나 또 한편으로는 극도로 부정적 관점에서 평가되기도 합니다. 세계 유일의 분단국가, 대미 종속국가, 북한 핵위협, 재벌공화국, 빈부격차, 식민잔재와 부정부패, 청소년자살율과 노인빈곤율 1위 국가, 3포세대, 헬조선… 등등 매우 신랄한 비판도 나옵니다. 아마도 50세 전후 장년의 도산 선생께서 환생하신다면 심각하게 보고 듣고 진지하게 고민하시면서 그 해결책을 궁리하실 것 같습니다.

그는 일찍이 자유민주주의 대한민국을 디자인하고 실제 기초 공사까지 마무리하셨습니다. 하지만 그 뒤 20년 만에 장차 예견되는 자본주의 공화국 대한민국의 심각한 문제점들을 예견하고 크게 방향을 바꾸었습니다. 새롭고도 진정한 민주주의 국가를 지향하며 혁신적으로 재설계한 도산 선생의 뜻에 비추어 우리도 대공주의공화국의 길을 따라가 보면 어떨까요. 국민 모두가 자유평등의 복스러운 삶을 살 수 있는 진정한 민주국가, 세계 온 인류가 평화와 번영을 누리는 세계대공의 이상을 쫓아가 보면 어떻겠습니까.

그런데 우리가 도산의 대공주의의 현재와 미래 가치를 인정한다고 할 때도 그 구체적 수용 방안에는 두 가지 경우를 생각해 볼 수 있을 것입니다. 대공주의의 근본 취지를 계승하되 구체적 정책들로써만 한정해 활용할 것인가, 아니면 더 나아가 대공주의의 전체 개념과 심지어 용어까지도 그대로 수용해서 전면적으로 계승할 것인가 하는 선택이 있을 수 있습니다. 저는 전면적인 수용과 계승 발전을 주장합니다만 그에 따르는 난점이 만만치 않습니다.

우선, 지금은 도산 선생의 대공주의에 대해 그 존재 자체부터 이해하는 분들이 너무 적습니다. 이제 겨우 학계에서 자리 잡게 되었고 도산기념사업회와 흥사단 등 도산 선생을 따르는 분들 사이에서 가끔씩 조명되고 있는 실정입니다. 대공주의가 일반 대중들 속에서 폭넓게 알려지고 수용되어 현실적 힘을 갖기까지에는 상당히 오랜 시간이 필요할 것입니다.

또 하나는 아직 우리 사회에는 이념적으로 반공주의의 강고한 벽이 존재하고 있다는 사실입니다. 해방 후 굴곡이 심했던 우리 역사 속에서 나름대로 불가피하게 형성되어 지속되고 있는 것이지만 우리 사회에서의 반공의식은 감성적으로 특별히 예민해서 약간의 이념적 차이에도 매우 적대적인 반응으로 나타납니다. 현재 우리 사회에 넓게 자리 잡고있는 반공주의자들은 그들이 견지하는 매우 협소한 이른바 자유민주주의에서 조금만 벗어났다 싶어도 곧바로 적의를 드러내고 비난합니다. 매우 경직되고 퇴행적인 역사의식이긴 하지만 당분간은 엄연히 존재하고 있는 단단한 벽입니다.

그럼에도 불구하고 대공주의는 그 자체로 스케일과 내용이 매우 크고 품격있는 사상체계여서 포기하기에는 너무 아깝습니다. 제가 아는 범위에서는 한국 근현대의 자생적 사상체계로는 물론이고 침략과 독재의 제국주의와 공산주의를 극복하기 위해 지난 20세기에 나온 평화와 번영의 보편적 세계사상으로서도 대공주의 만한 이론을 찾아볼 수 없습니다.

도산과 비슷한 시기에 손문은 삼민주의를 내걸고 중국 공화주의 혁명을 이끌었지만 어디까지나 한족 중심의 중화민족주의에 치우쳐 있었습니다. 인도의 간디는 막강한 영국의 식민지 지배를 극복하려고 비폭력 저항이라는 정신적 가치를 앞세웠지만 정치 경제 사회적으로 바람직한 미래 비전을 제시하지는 못하였습니다.

그에 비해 도산은 대공주의를 통해 애국애족의 개인윤리와 협동단합의 공동체 윤리를 제시해 주었고 나아가 자유와 평등이 조화된 이상적 사회상까지를 함께 보여 주었습니다. 더욱이 그것은 우리 한국 민족의 범위를 넘어 전 세계의 평화와 온 인류의 행복을 지향한 넓고 크고 높은 사상이었던 것입니다.

그런 대공주의를 한갓 과거의 유산으로 치부하고 말기에는 너무도 고귀합니다. 오늘 우리가 가진 아주 소중한 사상적 자산이라고 생각합니다. 남북문제의 해결에도 남남갈등의 해소에도 유용할 뿐만 아니라 무엇보다 앞으로 우리 한국 민족은 물론 인류 전체가 모두 평화롭고 행복한 공동체를 이루어가기 위해 꼭 필요한 자산이라고 확신합니다.

그러면 우리가 대공주의를 수용하고 발전시키려고 한다면, 오늘 구체적으로 무엇을 해야 할까요? 먼저 많은 사람이 자본주의 공화국에서 대공주의 공화국으로의 전환에 공감하고 합의해 가야 할 것입니다. 20세기 후반 영국, 독일, 스웨덴, 덴마크 등 유럽 사회민주주의 국가들의 예에서 보면 복지와 평등이 지나치게 강조되다 보면 미국 일본 등의 자유 자본주의 국가들에 비해 경쟁력이 떨어지는 문제가 생기고 했습니다. 그 경우 약간씩 우경화 정책을 펴서 균형을 찾곤 했습니다.

대공주의 공화국으로의 전환에 가장 큰 난점은 우리 국가 전체의 경제력이 뒷받침되고 산업 경쟁력이 유지될 것인가 하는 점에 대한 우려에 있습니다. 그러나 우리나라의 경제력은 이미 서유럽 수준에 도달했습니다. 대공주의 공화국으로의 전환을 위한 물질적 기초가 충분히 다져진 셈입니다. 오히려 반대로 대공주의 공화국으로의 전환을 통해 4차 산업혁명을 맞은 격변기에 우리의 생활 수준과 행복 지수를 더욱 높일 수 있을 것입니다. 만약 도산 선생께서 지금 살아 계신다면 한 세기 전 대공주의를 정립하며 대혁명당운동을 펼치셨듯이 대공주의를 소리 높여 주창하시면서 본격적으로 대공주의공화국운동을 전개하시라 믿습니다.

미국 LA 근처의 리버사이드 시청 앞 광장에 도산 선생의 동상이 서 있다는 사실은 다들 아실 것입니다. 인도의 독립운동 지도자 간디와 미국의 흑인 인권운동가 마틴 루터 킹 목사와 나란히 세워져 있지요. 저는 이분들의 공통점이 무엇일까가 궁금하곤 했습니다. 여러 가지를 들 수 있겠지만 모두 인류 보편의 가치에 부합하는 큰 꿈을 품고 산 분들이 아닌가 생각됩니다.

우리는 누구나 다 크든 작든 나름대로의 꿈과 바람을 갖고 있습니다. 대부분은 소박한 일상의 행복을 바라며 살 것입니다. 거기서 한 걸음 더 나아가 자기 한 몸과 가족의 범위를 넘어, 규모의 차이는 있겠으나 공동체 전체를 생각하며 노력하는 분들이 있는데 그 경우 우리는 저절로 존경의 마음을 바치게 됩니다.

간디와 도산과 킹 목사, 세 분 다 큰 꿈을 갖고 공동체를 위해 헌신하며 평생을 바친 분들입니다. 간디는 인도인들의 자유와 독립을 위해, 도산은 한민족의 독립과 더 나아가서는 온 인류의 평화와 번영을 위해, 킹은 미국 내 흑백 인종 간 차별 철폐와 화합을 위해 고난의 길을 걷다가 끝내 희생당하고 말았습니다. 비록 자신들 당대에 그 꿈은 온전히 실현되지 못하였지만 미래를 비추는 소중한 등불을 내걸었다는 점에서 마땅히 존경받아야 할 분들입니다.

그 가운데 도산 선생께서 품으셨던 꿈에 대해 좀 더 구체적으로 생각해 보실까요. 선생의 생각과 사상은 항상 두 갈래로 펼쳐졌습니다. 하나는 바람직한 인간상에 대한 모색이었고, 또 하나는 바람직한 세계상에 관해서였습니다. 어떤 분은 이를 두고 도산의 인생론과 경세론이라는 말로 표현하기도 했습니다. 도산이 제시한 인생론에 대해서는 자아혁신과 인격혁명, 애국애족의 책임감과 주인정신, 민족과 인류에 대한 헌신, 애기애타 등의 핵심 개념들을 구조화함으로써 그 범위와 내용을 정리할 수 있을 것입니다.

그러나 오늘 여기서는 특히 도산이 꿈꾼 세상이 어떤 것이었는지를 대공주의공화국과 세계대공이라는 두 가지 개념으로 말씀드렸습니다. 알면 알수록 도산 선생은 참으로 큰 인물이었다고 생각됩니다. 그는 인간개조와 민족개조를 이야기했을 뿐 아니라 사회개조와 국가개조 나아가 세계개조까지를 꿈꾸었습니다.

공립협회를 조직해 초창기 미주 교민사회에서 지도자로 활동하던 도산이 본격적으로 한민족 전체의 지도자로 떠오른 것은 1907년 신민신국론을 갖고 귀국해 비밀결사 신민회를 조직하면서 부터였습니다.

그의 신민론의 핵심은 한민족 개개인이 먼저 정신적으로 오랫동안 군주제와 신분제 아래에서 살아온 낡은 백성의식의 굴레를 벗어나 스스로가 자신의 운명과 사회와 나라의 주인임을 자각하자는 자아혁신 인격혁명을 주창하였습니다. 수천 년 이어온 구래의 백성이 아닌 사회의 주인인 시민이 되고 나라의 주인인 국민으로 완전히 혁명적으로 거듭나자는 것이었습니다.

신국론의 핵심은 임금 한 사람의 나라인 군주제 국가가 아닌 모든 국민이 주인인 민주공화국으로 바꾸어야 한다는 것이었습니다. 도산은 지난 20세기 초 우리나라에서 최초로 민주공화국 혁명사상을 전파한 선각자요 민주공화국 혁명운동을 시작한 선구자였습니다. 이때의 민주국가는 물론 자본주의에 바탕을 둔 자유민주주의 국가였습니다. 신흥 강국 미국이 그 모델이었습니다.

그런데 제국주의가 횡행하고 공산주의 혁명이 돌풍을 일으키는 격변의 시간 속에서 중대한 인식의 변화가 일어났습니다. 그래서 민족지도자 도산은 먼저 한민족의 독립을 위해, 그리고 한 걸음 더 나아가 전 세계 피압박민족을 해방하고 인류 전체가 평화와 번영 속에서 완전히 행복한 그런 미래를 꿈꾸었습니다. 각 민족 각 국가가 자주 자립적인 대공주의공화국을 수립하고 그 대공주의 공화국가들 간에는 수평적인 연대와 연합을 확대해 마침내 자유평등, 평화번영의 세상인 세계대공을 꿈꾸었던 것입니다.

옛 성인들, 즉 석가는 서방정토와 극락을 그리고 공자는 태평성대의 대동세상을 예수는 영생의 천국을 말씀해 주셨습니다. 그러나 이 분들의 말씀은 미래의 사후세계이거나 혹은 반대로 아주 먼 옛날의 상상 속의 과거에서나 있었다는 저 세상의 꿈 혹은 관념 속의 꿈이었습니다. 그러나 도산 선생의 세계대공 또는 세계일가의 꿈은 이 세상에서 이루자고 하고 또 이룰 수 있는 현실세계의 꿈이었습니다. 물론 그것은 너무도 크고 높은 꿈이어서 그것이 실제로 완전히 실현되는 데는 아주 오랜 시간이 필요할 것입니다. 그러나 우리 한반도에 모범적인 대공주의공화국을 세우는 것은 어쩌면 한 세대 안에 이룰 수도 있는 꿈이 아닐까요?

스페인의 어느 성당은 백 년 넘도록 건축이 계속되고 있습니다. 하물며 세계대공과 같은 크고 귀한 꿈을 실현하기 위해서는 긴 세월 큰 노력을 필요로 할 것입니다. 그러나 우리가 비록 그 완성까지를 직접 보지는 못한다 하더라도, 적어도 귀하고 아름다운 꿈을 간직하고 힘쓰는 동안만은 인간으로서의 품격과 보람을 느끼며 살 수 있지 않겠습니까. 우리 모두가 도산 선생의 큰 꿈과 함께 할 수 있기를 바랍니다.

(도산 안창호 포럼 특강, 2021. 12. 13.)

부록

도산 탄신 및 순국일
흥사단 이사장 기념사

도산 안창호 선생 순국 82주기 추모사

2020년 3월 10일

　도산 선생께서는 언제나 진실된 말씀과 솔선수범의 자세로 나라를 잃고 방황하는 수난의 우리 민족에게 희망의 큰 등불이셨습니다.

　선생께서는 국내뿐만 아니라 세계 각지에 흩어진 재외 동포들을 결집하고 민족을 하나로 모으는 데 든든한 버팀목이 되어주셨습니다. 선생님이 가시는 곳마다 사람들이 모이고 애국단체가 설립되었습니다. 동시에 그 과정에서 독립운동과 민족번영에 이바지할 수많은 인재들이 양성되었습니다.

　1919년 3·1운동 후 선생께서는 헌신과 화합의 리더십으로 여러 지도자를 하나로 모아 대한민국 임시정부를 출범시키셨습니다. 지금으로부터 82년 전 비록 광복의 기쁨을 보지 못하고 서거하셨지만 선생께서 이루신 업적은 모든 방면에 미쳐 오늘의 발전에 밑거름이 되었습니다.

해방 후 우리는 정치·경제·문화·교육 등 사회의 여러 분야에서 성장을 거듭해 왔습니다. 하지만 한편으로는 동시에 전쟁과 분단의 아픔, 양극화와 사회 갈등, 생활 환경과 생태계의 위기 등 전 국민이 힘과 지혜를 모아 해결해야 할 큰 과제들에 직면해 있습니다.

우리는 지금 대한민국의 새로운 100년을 준비하고 시작하는 출발선에 섰습니다. 이때 선생님께서 당부하신 '너도 사랑을 공부하고 나도 사랑을 공부하자. 남자도 여자도, 우리 이천만이 다 같이 사랑하기를 공부하자. 그래서 이천만 한민족은 서로 사랑하는 민족이 되자'라는 말씀이 더욱 깊게 다가옵니다.

최근 세계적으로 급속히 번져가고 있는 신종 바이러스의 확산으로 국내에도 심각한 위기경보가 발령되었습니다. 그 여파로 큰 우려와 불안감이 조성되고 있지만, 동시에 모든 국민이 이를 극복하기 위해 단합하고 있습니다. 선생께서 활동하신 일제 강점 시기부터 오늘에 이르기까지 숱한 어려움을 겪을 때마다 온 국민이 힘을 모아 슬기롭게 대처해 왔습니다.

여전히 우리 앞에는 여러 난제가 가로놓여 있으나, 이럴 때일수록 선생께서 전해주신 애기애타愛己愛他와 대공주의大公主義의 정신을 바탕으로 잘 헤쳐 나갈 것입니다. 선생께서 세우고 키우신 저희 흥사단 단우들은 더욱 합심하여 어려운 이웃들을 챙기고 포용하며, 가장 앞장서 나가겠습니다. 선생님의 숭고한 뜻을 되새기며 정의로운 사회, 복지국가, 통일한국을 이루어 가는데 함께 노력하겠습니다.

존경하는 도산 안창호 선생님!

선생님께서는 밥을 먹어도 독립을 위해, 잠을 자도 독립을 위해, 그야말로 일생을 민족을 위해 헌신 그리고 희생하셨습니다. 당신의 삶과 가르침은 지금도 저희 곁에 생생히 살아 숨 쉬고 있습니다. 한반도에 모범적인 공화국을 세워 동양 평화와 세계 평화에 기여하자던 선생님의 위대한꿈의 실현은 이제 저희에게 맡겨 주시고 부디 편히 쉬시옵소서.

2020년 3월 10일 흥사단 이사장 박만규

도산 안창호 선생 탄신 142주년 기념사

2020년 11월 9일

142년 전 오늘, 우리 한반도에 큰 별이 내려와 깃들었습니다. 평양 근교 대동강 변의 도롱섬에서였습니다. 도산 선생께서 탄생하신 1878년 무렵 아시아 대륙의 동쪽 끝 이 땅에는 전에 없는 엄청난 격랑이 눈앞에 닥치고 있었습니다. 이제 금수강산 한반도는 동방의 은자가 아니라 세계 제국주의의 대격랑 속으로 휩쓸려 들어가야만 하는 운명이었습니다.

갑신정변과 동학농민운동과 청일전쟁과 갑오개혁과 독립협회운동 등 격동의 시기에 성장한 도산 선생은 먼 미국까지 가서서 5년 동안 그곳 동포사회의 지도자로 우뚝 선 다음 귀국하셨습니다. 신민신국사상의 선각자요, 신민신국운동의 선구자였던 도산 선생은 비밀 조직인 신민회를 만들면서 일약 우리 근대 민족운동의 핵심 인물이자 최고 지도자로 부상하셨습니다.

1907년 29세 청년 도산 안창호가 선창한 신국은 무엇을 말함이었습니까? 만 백성이 황제인 나라 민주공화국이었습니다. 도산 안창호가 선창한 신민은 무엇을 말함이었습니까? 황제 1인의 소유물인 한갓 백성들이 아니라 세상의 주인이자 나라의 주인인 주권 국민이었습니다. 그는 우리 역사에서 최초로 민주공화국가인 새나라, 나라의 주인인 신국민을 일깨워 세우기 위해 비밀조직인 신민회를 만들었던 것입니다.

새 백성, 새 나라의 새 세상을 향한 횃불을 높이 들고 동지들과 손을 잡고 동포들을 일깨웠습니다. 비록 일제의 무력이 압도적으로 강하여 당시의 신민신국운동은 성공하지 못하였으나 선생과 동지들의 헌신적인 애국 활동은 10년 후에 닥칠 3·1운동의 터전을 폭넓게 닦은 셈이었습니다. 그후 임시정부를 바로 세워 일으키고 국민대표회를 추진하고 민족혁명의 대의 아래 대혁명당운동에 전심전력하신 일은 우리가 잘 아는 사실입니다. 그야말로 밥을 먹어도 독립을 위해 잠을 자도 독립을 위해 온전히 바친 애국애족의 일생을 사셨습니다.

142년 전 오늘은 우리 민족에게 참으로 큰 축복의 날이었습니다. 오늘 우리에게는 날로 더욱 환한 빛을 발하는 등대 하나가 있기에 참으로 든든한 마음으로 오늘을 헤치고 미래를 향해 갈 수 있습니다. 도산 안창호 선생께서 소망하신 대공주의공화국과 세계대공을 향해 우리 모두의 마음을 모읍시다.

오늘 이 기쁜 자리를 마련해 주신 도산아카데미 임원님들과 실무진 그리고 회원 여러분, 수고 많으셨습니다. 이 자리에 함께 해 주신 도산 안창호 선생의 제자 동학 여러분 모두 감사합니다.

2020년 11월 9일 흥사단 이사장 박만규

도산 안창호 선생 순국 83주기 추모사

2021년 3월 20일

일본에 강제로 국권을 빼앗겨 고통스럽고 절망적인 시대에 이천만 우리 동포에게 희망의 불을 밝히시고 독립운동에 일생을 바치신 도산 안창호 선생님!

선생님 서거 83주기를 맞아 삼가 추모의 말씀을 올립니다. 아울러 늘 마음으로 선생님을 사숙하는 저희 후학들은 선생님의 삶과 철학을 상기하며 가르침을 받들고자 합니다.

모두가 인정하듯이 선생님께서는 시대와 사회의 부름에 가장 충실히 응답하셨습니다. 당시 우리 사회는 봉건사회 말기에서 근대사회로 전환하던 시기였습니다. 불행히도 이 격변기에 우리는 제국주의 강대국들의 야욕에 무방비 상태로 노출되었고, 결국 인접한 일본 군국주의 침략의 희생양이 되고야 말았습니다. 그 시기 우리 선조는 군주국가에서 민주국가로의 혁명과 자주독립을 이루어야 하는 참으로 어려운 과제에 직면해 있었습니다. 선생님이야말로 이런 우리 민족의 과제와 요구에 명징하게 대응하며 일생을 오롯이 바치셨습니다. 돌이켜보면 간난신고의 우리 근현대 역사 속에서는 수많은 선각자와 애국지사들이 출현하셨습니다. 그중에서 선생님께서는 신민新民, 신국新國, 독립獨立이라는 당대의 세 가지 과제를 꿰뚫어 보시고 이들을 통합적으로 이해하시어 민족 개조, 국가 변혁, 항일 독립투쟁에 일생을 바치셨습니다. 참으로 선각자 중의 선각자이셨고, 혁명가 중의 혁명가이셨습니다.

　나아가 선생님께서는 당신이 사셨던 시대와 사회에 매몰되지 않고 더 넓고, 더 멀리 내다보시는 혜안을 지니셨습니다. 선생님께서는 우리 민족의 해방과 행복만이 아니라 온 인류의 번영과 행복을 꿈꾸셨고, 그 꿈을 담아 대공주의大公主義 사상을 정립하고 주창하셨습니다. 각 민족이 자주독립 국가를 수립하여 안으로는 정치, 경제, 교육의 평등으로 고루 잘 사는 사회를 이루고, 밖으로는 민족평등, 국가평등의 원칙 아래서 침략과 억압이 없는 평화로운 세계를 지향하셨습니다. 우리는 선생께서 주창한 대공주의를 결코 지난 역사 속의 한 이상론으로 여기고 있지 않습니다. 비록 긴 시간이 걸릴지라도 기어이 도래할 인류 공동의 숭고한 꿈이요, 비전이라 여기면서 계승 발전시켜갈 것입니다.

　선생님께서는 저희에게 애기애타愛己愛他의 가르침을 주셨습니다. 평소 '너도 사랑을 공부하고, 나도 사랑을 공부하여 2천만 한민족이 서로 사랑하는 민족이 되자'고 말씀하시면서 '사랑하기 공부'를 강조하셨습니다. 선생께서는 전 인류의 완전한 행복을 소망하시면서, 그 요체가 바로 사랑이라고 설파하셨습니다. 선생님께서 동맹수련과 헌신봉사의 단체로 설립한 흥사단은 수련을 통해 자신을 사랑하고, 봉사를 통해 이웃 사랑을 실천하는 애기애타 조직이기도 합니다.

선생님께서는 지난 20세기 제국주의의 한복판에서 그에 정면으로 대결하시면서도 그에 갇히지 않고 오히려 '대공주의로 세계대공世界大公의 좋은 세상'을 만들고, 애기애타로 '전 인류가 행복한 인생'을 사는 방안을 제시하신 것입니다. 저희는 선생께서 밝혀주신 희망의 미래비전을 삶의 지표로 간직하고 확산시켜 나갈 것을 다짐합니다.

저희는 선생님의 인격을 배우고 닮으려고 합니다. 선생님께서는 한 인간으로서 참으로 고결한 삶을 사셨습니다. 무실·역행·충의·용감의 정신을 강조하고 권장하셨을 뿐만 아니라, 이를 스스로 체득하고 실천궁행하시었습니다. 선생님께서는 명名과 실實이 조금도 어긋남이 없는 인격자의 산 표본이셨습니다.

오늘날 가치관 혼돈의 시대, 물질만능의 혼탁한 사회 속에서 저희는 진정한 삶을 살고 가신 '겨레의 스승, 민족의 사표' 도산 안창호 선생님을 더욱 그리워합니다. 역사와 시간은 흐르고 그 기억은 조금씩 흩어지건만, 선생님의 생애와 사상은 지금의 우리 사회에 더 깊고 간절하게 다가옵니다. 후대에 남긴 당신의 삶과 정신을 이어받아 흥사단은 미래를 향한 봄하늘의 희망을 품겠습니다.

존경하는 도산 안창호 선생님, 평안히 영면하소서!

2021년 3월 10일 흥사단 이사장 박만규

도산 안창호 선생 탄신 143주년 기념사

2021년 11월 9일

도산 안창호 선생 탄신 143주년을 기념하는 제32회 '도산의 밤' 행사에 참석해 주신 내외빈 여러분 반갑습니다. 오늘 이 모임을 준비해 주신 도산아카데미 구자관 이사장님과 김철균 원장님, 수고 많으셨습니다. 감사합니다.

도산 선생께서는 일제에 빼앗긴 국권을 되찾아 깨어있는 모든 국민이 주인이 되는 새로운 민주공화국을 세우기 위해 평생을 헌신하셨습니다. 이를 위해 선생께서는 국내외 독립운동을 앞장서 지도하셨을 뿐만 아니라, 청년학우회와 흥사단을 창립하셔서 애국 인재 훈련에도 심혈을 기울이셨습니다. 또한, 애기애타愛己愛他의 정신을 바탕으로 상호 존중과 사랑의 실천을 중요한 가치로 강조하셨습니다. 도산 선생의 이런 귀한 가르침은 한 세기 넘는 지금에도 생생한 울림이 되고 있습니다.

지금 우리 사회에는 따뜻한 마음과 정성을 모아 국가 발전과 세계 평화를 위해 일상 속에서 작은 실천을 지속하는 성숙한 시민들이 어느 때보다 중요합니다. 4차 산업혁명의 도래와 더불어 전 세계적으로 '포스트 코로나 시대'의 새로운 삶을 모색하고 있습니다. 여기에 더하여 우리 사회는 70년 이상 계속되고 있는 남북분단, 이념대립, 빈부격차, 노사갈등 등 여러 문제를 안고 있습니다.

이런 상황에서 우리는 더욱더 도산 선생을 그리워하고 있습니다. 항상 시대적 과제를 정확히 파악하시고 크고 높은 해결방안을 제시하셨던 혜안을 보여 주셨기 때문입니다. 동시에 선생은 이론과 주장에만 머무르지 않고 가장 열정적으로 실천하는 행동가이기도 했습니다. 우리 도산인의 사표가 아닐 수 없습니다. 그래서 우리가 뉴노멀의 시대적 요청에 지혜롭게 대응하고, 당면한 여러 갈등을 해소하여 평화로운 한반도 공동체를 이루어 가는데도 도산 선생께서는 여전히 환한 등대의 역할을 해 주고 계십니다.

오늘 저희는 세 분께 명예로운 도산인상을 드리는 기쁨을 함께합니다. 어려운 여건에도 정의롭고 행복한 세상을 만들기 위해 헌신해 오신 분들에게 감사의 뜻을 표하고, 함께 실천할 것을 다짐하는 의미가 담겨있습니다. 엄홍길(봉사상), 안선재(교육상), 구수환(사회통합상) 선생님은 우리 사회를 더욱더 따뜻하고 건강하게 만들어 오신 분들입니다. 고귀한 열정과 실천에 거듭 존경과 감사의 마음을 전합니다.

오늘 이 자리가 있기까지 정성을 다해 힘써 주신 우리 도산아카데미 회원님들과 사무처 직원들께 치하의 말씀을 드립니다. 온라인으로 참여하고 계시는 모든 분에게도 건강과 행복이 가득하시기를 기원합니다. 감사합니다.

2021년 11월 9일 흥사단 이사장 박만규

도산 안창호 선생 순국 84주기 추모사

2022년 3월 10일

오늘 저희는 도산 안창호 선생님을 추모하기 위해 함께 모였습니다. 잘 아시듯이 지난 20세기 초 우리 겨레는 밀려드는 제국주의의 파고와 격랑 앞에 힘없이 흔들리고 있었습니다. 마침내는 일본 군국주의에 국권을 빼앗기고 말았습니다. 선생께서는 빼앗긴 국권을 되찾아 모든 국민이 주인이 되는 새로운 민주공화국을 세우기 위해 평생을 헌신하셨습니다.

이를 위해 선생께서는 국내외 독립운동을 앞장서 지도하셨을 뿐만 아니라, 대공주의大公主義로 애국애족과 통일단합을 강조하셨고, 애기애타愛己愛他의 정신으로 서로 존중하고 사랑하자고 가르치셨습니다. 도산 선생의 이런 귀한 가르침은 한 세기가 넘는 지금에도 생생히 살아있는 울림이 되고 있습니다.

무엇보다 선생님께서는 한 점의 흠이 없는 인격자의 산 표본이셨습니다. 무실역행, 충의용감의 정신을 몸으로 체현해 보여 주셨습니다. 오로지 겨레와 나라를 구하기 위한 대공의 삶을 사셨습니다. 그래서 사심 없는 솔선수범의 헌신봉사로 동지들의 신망을 받고 구국운동의 중심에서 활동하셨습니다. 당신의 말씀 그대로 60평생을 '밥을 먹어도 독립을 위해, 잠을 자도 독립을 위해' 바치셨습니다.

비록 선생님께서는 타계하신 지 오랜 세월이 흘렀지만, 저희는 여전히 지극한 존경의 마음으로 간절히 그리워하고 있습니다. 돌아보면 우리 대한민국은 정치, 경제, 사회 모든 면에서 눈부시게 발전하여 왔습니다만 아직도 여기저기 그늘진 곳들이 너무 많습니다. 우리 삶의 터전인 한반도는 남북으로 갈리어 평화와 화합이 아니라 대립과 갈등을 지속하고 있습니다. 계층 간의 격차와 불평등이 많은 사람들의 삶을 고단하게 하고 있습니다.

선생님께서는 '조각마다 금'이라고 말씀하신 아름다운 우리 대한강산에 자유와 평등이 잘 어우러진 대공주의공화국을 꿈꾸셨습니다. 저희는 선생님의 고상한 인격을 배우면서 동시에 선생님께서 설계하셨던 진정한 민주국가, 모두가 고르게 잘사는 복스러운 나라를 이루자던 소망에 함께 할 것을 거듭 다짐합니다.

도산 안창호 선생님,

선생님께서는 참으로 험난한 시기에 수난의 우리 민족을 구원하기 위해 그야말로 인고의 삶을 사셨습니다. 이제 모든 바람과 소망은 저희들에게 맡겨주시고 평안을 누리소서.

2022년 3월 10일 흥사단 이사장 박만규

도산 안창호 선생 탄신 144주년 기념사

2022년 11월 9일

오늘은 경사스럽고 기쁜 날입니다. 도산 안창호 선생 탄신 144주년 기념일을 맞아 축하의 말씀을 올립니다. 늘 마음으로 선생님을 사숙하는 저희 후학들은 오늘 다시 옷깃을 여미며 삼가 가르침을 새기려고 합니다.

첫째, 여기 계시는 분 모두가 잘 아시듯이 선생께서는 당신께서 사셨던 시대와 사회의 요구에 가장 성실히 응답하셨습니다. 선생님께서 활동하신 그 시기 우리 민족은 안으로는 한시바삐 근대 민족으로 혁신하고, 낡은 군주국가에서 새로운 민주국가로의 혁명이 요구되고 있었습니다. 동시에 일제 침략자를 몰아내고 자주독립을 이루어 내야 하는 참으로 어려운 2중, 3중의 과제에 직면해 있었습니다. 선생님께서는 이런 당시 우리 민족의 부름에 가장 정확히 대응해 일생을 오롯이 바치셨습니다.

둘째, 그런데 더욱 놀라운 일은 선생께서는 단지 당신이 사셨던 시대와 사회의 과제에만 사로잡히지 않으시고 더 넓고 더 멀리 내다보시는 혜안을 지니셨습니다. 선생께서는 우리 한국 민족의 해방과 행복만이 아니라 한 걸음 더 나아가 온 인류의 번영과 행복을 꿈꾸셨고, 그 꿈을 담아 대공주의大公主義 사상을 정립하고 주창하셨습니다.

그뿐만 아니라 선생께서는 저희에게 애기애타愛己愛他의 가르침을 주셨습니다. 평소 "너도 사랑을 공부하고 나도 사랑을 공부하여 2천만 한민족이 서로 사랑하는 민족이 되자."라고 말씀하시면서 '사랑하기 공부'를 강조하셨습니다. 선생께서는 우리 한민족만이 아니라 전 인류의 완전한 행복을 소망하시면서 그 요체가 바로 사랑이라고 설파하셨습니다.

저희는 선생께서 밝혀주신 희망의 미래비전을 저희 삶의 지표로 간직하고 확산시켜 나갈 것을 다짐합니다.

셋째, 그러나 무엇보다 저희는 가능한 대로 먼저 선생님의 인격을 배우고 닦으려고 합니다. 선생님께서는 한 인간으로서 참으로 고결한 삶을 사셨습니다. 무실務實, 역행力行, 충의忠義, 용감勇敢의 정신을 저희에게 강조하고 권장하셨을 뿐만 아니고 이를 스스로 가장 먼저 체득하시고 실천궁행하시었습니다.

오늘 저희 모두가 존경하는 도산 안창호 선생님 탄신 144주년 기념일을 가질 수 있도록 이 자리를 마련해 주신 도산아카데미 구자관 이사장님과 김철균 원장님, 그리고 여러 임원님과 회원님, 감사합니다. 그리고 애써주신 실무자님들께도 치하를 드립니다. 특별히 오늘 도산인상을 수상하시는 박기태 님, 최진식 님, 홍인표 님, 세 분께 감사하고 축하드립니다. 정의롭고 행복한 시민사회를 향한 선생님들의 귀한 노력이 우리 사회를 환하게 밝히는 등불입니다.

오늘 함께해 주신 내외빈 여러분의 건강과 행복을 기원합니다. 감사합니다.

2022년 11월 9일 흥사단 이사장 박만규